宇野経済学方法論 私解

櫻井 毅――著

社会評論社

序言

経済学の混迷が続いている。ここでは世界的に体制化されている経済学のことを指している。もちろん経済学はそれで決まっているわけではないが、それらと異質な経済学を含めてもそういうことは言えそうである。

かつては経済学は哲学的興味か理論的興味の對象でしかなかったが、二〇世紀に入ってからケインズが登場して経済学を国家の中に閉じ込め、有限な資源という条件の下での経済的な循環活動を理論化することによって、はじめて有効性への道を開いた。その誕生の契機から思えば当然かもしれないが、現在でも国民所得の変動に主たる関心があり、それと通貨供給量との関係などが主な研究領域で、それらの相互の巨細にわたる数量関係の数々を問題にしながら、それらの因果関係は明らかにできないという様相を呈しているかに見える。そこでは古典派経済学のもっていた資本主義経済総体の認識というものに対する関心は失せている。

他方、本来の伝統的なイギリス古典派経済学とケインズ以降のマクロ経済学との対応に似た関係は、マルクスの『資本論』をめぐる関係でも共通に見られるといっていいであろう。ただそこでは資本主義の総体がいつも意識されている。もちろん『資本論』は哲学的な書であると同時に経済学の書でもある。そしてマルクス経済学としてはそれを古典派の伝統を発展させた経済学の書として扱っている。しかしそれがいかに画期的な資本主義の矛盾を明らかにした書物だとしても、資本主義の本質的分析というだけでは、経済の現状の解明の武器としてはほとんど役に立たないといっていいだろう。したがってマルクス経済学にあっても、現在普及しているマクロ経済学と同じように国家の枠の中で、しかも歴史的にも変化する対象として、具体的に資本主義経済なるものを特徴付けていかなくてはならない。国家の枠をもたない資本主義は歴史的にも存在したことがないのである。

資本主義の特徴を時代をリードする国の支配的な資本形態で見極めようとする宇野弘蔵氏の考えは簡単なように見えるが極めて洞察に富んだ主張である。宇野氏は戦前の一九三六年にその構想を『経済政策論』上巻でとりあえず発表したが、多くはそれを経済政策史あるいは経済史関係の本と誤解し、そこに込められたマルクス経済学における新しい方法論の提起の意味をよく理解できなかった。それにまた、その研究の更なる発展は、大学から追放されていた宇野氏にとっては、長い戦争に妨げられて期待することはできなかった。戦後、宇野氏が東京大学の社会科学研究所に迎えられて再び学界に復帰し、戦前未完であった部分を加え改めて著書を世に問うことによって、われわれは初めてその構想の全貌を知ることが出来るようになったのである。そしてこの段階論なる議論を中軸にして構築された経済学方法論こそが宇野経済学方法論として評価を定着させたものにほかならない。今では日本国内だけでなく広く欧米にもUnorironとして知られる学説になっている。

もちろん筆者はこの宇野氏のいわゆる三段階論によって今日の経済学の混迷が払拭されるなどと考えているわけではない。しかしさまざまな思考を繰り返すことで事態が明らかになるかも知れない。マルクス経済学は、この日本では現在イデオロギー的な批判にさらされていて、研究・教育の機関から体制外のものとして排除される傾向にある。フランスの大学では同じ種類の経済学しか教えないのはおかしいと学生たちの激しい抗議の声が上がったというニュースを耳にしたことがあるが、いずれにせよ科学に政治性をもちこんで理論を差別することが望ましいことであるはずはない。かつて一部のマルクス主義経済学者たちが試みたことが今逆転して顕われていることは歴史の皮肉であるが、真理の探究のために研究の自由は当然確保されなければならないものだ。マルクス経済学にも研究の沃野は広がっているはずだ。

ここではとりあえず宇野方法論を吟味しその特徴を生かし、難点を剔抉してその内容をさらに高め、経済の現状の分析のための方法をより豊富に準備するための努力をしていきたいと考えている。

そこで本書では、マルクス経済学における宇野弘蔵氏の経済学方法論を取り扱う。宇野氏は経済学の究極の目標が各国の、あるいは世界経済の現状分析にあると述べているが、そのために資本主義的商品経済を支配しその市場の機構を動かしてゆく原理的規定とともに、現実に資本主義が特定の国家に包摂され、しかも資本主義経済の発展によって段階的に異った相貌を持って具体的に現れる国々の中での典型的な国とその支配的な資本形態の例示をもって、現状の分析のための媒介的な手段として役立てるという方法を段階論として設定した。これは宇野氏の経済学方法論の中核をなすものである。本書はその段階論を中心に宇野氏の経済学方法論について検討するが、第一部として宇野氏の段階論の構想に至る経緯とそのもつ積極的意義をあらためて明らかにし、第二部でその段階論およびそこから派生する方法論上の数々の問題点を摘出して検討する。そして第三部において、第二部での検討を踏まえて、宇野氏の段階論を中心にしたいわゆる三段階論の方法について、今後の展望を加えて改めて現代におけるその意義を問い、その有効性について論じることにする。

宇野経済学方法論　私解　＊目次＊

第三部　宇野三段階論に残された課題

第一部　経済分析の手段としての経済学

——宇野段階論の歴史的意義

第一章　段階論登場の必然性

一　プロローグ

（1）かつてマーシャルは、リカードの理論がロンドンの「シティ」の人たちだけを前提するような理論であると述べたことがあるが、そこまで極言しなくとも、リカードの『経済学原理』（一八一七年）に代表されるような、きわめて抽象的で、合理的行動をすると考えられている経済人だけを前提するような理論それだけでは、現実の経済を分析するためには無理だとマーシャルが考えていたことは確かであろう。事実、古典経済学の衰退が明らかになる一九世紀の後半に入ってから登場するイギリス歴史学派の論客たちは、古典派の理論の過度の抽象性を批判し、その演繹法を排して主として帰納法によりながら、経済の現実問題に迫ろうとしたのである。それは古典派の経済学が現実の経済現象をそのままの形では説明できないという課題にすでに直面していたことを意味する。

他方、それより前の一九世紀前半に登場し、リカードやジェームズ・ミルなどの経済学を平易に書き直しただけでそのまま経済学の通俗化・大衆化を図り、かなりの成功をみたマーセットやマーティノーなどの女性の経済学解説者たちを、マーシャル自身、彼の最初の勤務校であったブリストルのユニヴァシティ・コレッジでは、最初、教科書にマーセットの『経済学対話』使用したと伝えられているにもかかわらず、のちに厳しく批判したのは、たんにその内容を専門家的見地から批判したというより、その課題に対する安易な態度にこそ批判的な関心があったということもできる。複雑化した経済の現象を直接、古典派の経済学の一般的な説明に置き換えてみてもそのままでは理解できないという問題意識から、彼女が実例を用いて具体的にその解説（illustration）を試みたに過ぎない、と見たからである。しかしマーティノーにしても理論的説明と現実のありようがあまりにかけ離れているという事実に注目し、そのギャップを文学的表現を通じて埋めるという善良な意図と意欲にもとづいて、その一連の『経済学例解』（一八三二—三四年）を執筆したことは認めなければならないし、実際、古典派の理論をただひたすら彼女が解説したわけではなくて、読者が「絵」を見るように分かりやすくその内容を理解できるように小説の形に脚色して、経済学のポイントの例解に努めたその真摯な努力は忘れられてはならないし、評価されるべきであろう。ただそれはあくまでも当時の経済学の骨子を大衆に理解させようという試みであって、その点では大きな成功を見たことは確かであるが、ただそれは経済学をもって国民生活に起こるさまざまな問題を政策的に変革してゆこうという意図を込めたものではなかった。それは当時の新しい経済学の知識を大衆化しようとする啓蒙的意欲に限定されていたばかりでなく、そもそも政策をもって経済を動かしてゆくというような発想は当時、穀物法の是非をめぐるような大きな政治的対立課題に限定されていたのである。

　ところで他方、マーシャル自身は、リカードの価格理論の普遍性は認めながら、それだけでなく、そのような価格理論と歴史的に変化する経済環境との結合を自らの経済学において試みたと考えることができる。もちろんそれは、マーシャルの批判した、上述の女性作家による通俗的な経済学の文学的例解とは違って、理論と事実の直接的対応を求めるものではない。目指すところは、商品経済の古典派的理解を前提したうえでの時間の契機を媒介するいわば二段構えの形での理論構築であり、それによる経済対象のより正確な理論的把握をめざすものであった。そのことはマーシャル自身によって必ずしも方法論そのものとしては明示的に提起されることはなかったが、スミス＝リカード以来の古典派的伝統が、そのような商品・貨幣経済に属する経済法則の普遍的性格をいわば「原理」として分離し、その伝統の継承の上で、マーシャルが独自の有機的成長の理論を説いていることは明らかであるように思われる。それは彼自身の新しい経済学の方法を暗黙のうちに示すものでもあったと考えられるのである。それでも経済学の利用ということが大きく視野にあったわけではない。ただ経済学の枠組みを一層広げてゆくという試みであった。

(2) もちろんマーシャル以前にそのことが問題にされなかったわけではない。現にイギリス歴史学派の古典派に対する批判はまさにその極端な抽象的普遍的性格に集中した。それにたいして当の批判の中心的な対象となったJ・S・ミルは、歴史と現実感覚にもたけており、すでに「科学というものは、真理に関する一個の首尾一貫した体系であり、自然領域のある明白に限定可能な部分に関する全体的原理だからである。そして科学が科学として教授される場合、すなわち実際的応用を進んで行うよりも、むしろ純理的知識の完成を目的として教授される場合には、教師は諸事実の選択を行い、それら諸事実をある秩序において示そうとするのであるが、それはそうすることが全体の関連性と、あらゆる問題—それは主題について熟慮することによって思索的研究者に示唆される—を解決するさいの完璧さとを最もよく示すことになるからである。しかしこれは、マーティノー女史が自らに課した仕事ではなかったし、また彼女がそうするように期待された仕事でもなかった。彼女の目的はこの科学全体を明らかにすることではなくて、この科学から重要な実際的帰結が直接引き出せるような部分を例解することであった」(J.S.Mill, Miss Martineau's Summary of Political Economy (1834), *Collected Works of J.S.Mill*, Ⅳ ,1967,

p.225．熊谷次郎訳「マーティノーの経済学」、杉原四郎・山下重一編『J・S・ミル初期著作集〔二〕』御茶の水書房一九八〇年、所収、三〇一―〇二頁）と述べて、経済の原理的把握やそのもつ役割を明らかにするとともに、それの現実への適用の問題について厳格な区別を行うことで、マーティノーに対して批判を加え、さらに原理の直接的適用が絶えず変化しつつある社会体制に対しては無理だということを、たとえば三大階級の設定の抽象性などを例に挙げつつ、明らかにしているように思われる。イギリス歴史学派の論者がこの意味を十分に理解していたとは思えないが、ただ、その方法の演繹的な性格であることだけ取り上げて攻撃していたに過ぎないところがあることも確かだ。したがって、歴史的な見方でも理解の深いミルをさえ激しく批判するイギリス歴史学派の言い分は、結局、事実に偏るあまり理論自身の役割まで否定してしまう誤りをもつとはいえ、半面、一歩進んだ段階でいえば、ミルとも問題意識はある程度共有していたと考えることもできる。そういう歴史的論争過程を経て登場するマーシャルがそのような過去の論争的背景とその意義を意識していないわけがない。

一九世紀末に登場するマーシャルにとっては、古典派の賃金基金説は労働者の貧困を固定するもので容赦できなかった。そして彼の成長理論がそれを克服できるものと考えていた。したがってそれまでの経済学の限界についての認識はいわば当然の問題であったが、同時代の大陸のワルラスにとっても、その純粋理論がそのまま経済の現実に適用されるはずもなく、課題の実現のためには、市場均衡を扱う純粋理論の上に現実を媒介する段階的分析が応用経済学として必要であることは十分意識されており、さらに経済法則でなく正義の法則によって行われる分配の問題までをも含む社会経済学を包摂する彼の全体系の実現は未完成に終わったとしても、ワルラスは、あるいはマーシャルにしても、彼らの構想した経済学の方法の中に、現実の解明に経済学を役立てたいというその問題意識がある程度示されていたといってよいであろう。理論の領域に沈潜しながらも、現実に一層接近するという問題関心は等しく彼らにすでに自覚されていたのである。

（3）経済学の方法が方法の問題としてあらためて本格的に提起されてくるのは二〇世紀に入ってのことであるといってよいが、それが一九世紀末以来の資本主義経済の大規模で複雑な発展を前にした経済学の理論の有効性をめぐってのことであったことは間違いないだろう。もちろん一九世紀の後半に入ってイギリスで歴史学派が誕生したのも、リカードやJ・S・ミルの経済学の有効性を問うものではあったはずだが、その後の論争は帰納か演繹かの方法の選択の問題が中心となって、経済学の方法を扱った最初の著作ともいえるJ・M・ケインズの父J・N・ケインズの著作 *The Scope and Method of Political Economy* 1891.（経済学の範囲と方法）が示しているように、理論と歴史との関係やそれぞれの役割については方法論的に論じられることはあったが、理論と現実との対応をめぐっての方法とその適用の問題として経済学が具体的に議論したことはなく、先に示したJ・S・ミルのような例もないではないが、資本主義経済に歴史的な大きな変貌が見られたにもかかわらず、少なくとも正面からそれが直接に扱われたことは、ドイツのフリードッリッヒ・リストの国民経済学の主張を除けば、残念ながらほとんどはなかったように思う。それはリカードに代表されるイギリス古典経済学の伝統が、先のJ・S・ミルの言葉が示していたように、あくまでも構築された原理の構造的整合性の完成をめざすだけで、理論の政策的な応用ということは経済学の理論は積極的な課題としては考えていなかったということに示されている。J・S・ミルの父ジェームズ・ミルの遺稿 Whether Political Economy is Useful ?: A Dialogue between A and B, *The London Review* Vol. Ⅱ ,1836（経済学は役に立つか）という論文は、理論の効用を理論の政策など現実への適用可能性ではなく、まさに科学としての演繹的論理の原理的整合性に求めていることを明らかにしているが、それはリカードに代表されるイギリス古典派の論理展開の特徴を正しく衝いている。実際、「私は原理が正しければ、それが効用をもっているかどうかは気にかけません。それは別問題です。原理の有用性はその真理性と無関係で、私がいま打ち立てたいと思っているのは後者の方です」（*The Works and Correspondence of David Ricardo*,ed.by Sraffa,Vol. VI　p.163. 邦訳『リカードウ全集』第Ⅵ巻一八八頁）と述べたのは当のリカードであった。リカードはそのようにして自らの経済学を最初の理論経済学として体系的に確立したのだった。

二　マクロ経済学の登場の意味

(1) 周知のように、リカードの経済学およびそれを継承する古典派経済学に対決してその理論を真正面から批判したのはJ・M・ケインズである。彼は『雇用、利子および貨幣の一般理論』（一九三六年）の中で、供給が需要を生む、総需要関数は無視してかまわない、というのが古典派経済学の教義であるが、その中にも、マルサスのように有効需要の不足がありうることを説いてリカードを批判した者もまれにはいたものの、マルサスは観察した現象を事実として指摘したにとどまるために反論を構築できずに、結局リカード理論の跳梁を許した、と解説している。そして有効需要の考え方はわずかに水面下でカール・マルクスなどのなかでひっそりと生き延びていくしかなかったと補足しているのがケインズの言葉としてわずかな興味を引く。ともあれケインズはなぜこれら古典派経済学の議論が長い間勝利していたかの理由として、教育のない一般人の予想とは違った結論であったとか、一貫性をもったその美しい論理性が評価されたとか、資本家の勝手な行動を正当化することができた、などなどの理由をあげて、それで多くの支持を得られたのかもしれないと推論しているのだが、結局は、人々の望む経済の予測という点で完全に失敗してきたために経済学者の威信は大いに傷つけられてしまったのだと結論している。ケインズはこのような古典派が特殊なケースだけを問題にして一般的に論じていないのに対して、自分はその特殊なケースを含む一般化した理論を展開したという理由で、自らの理論を「一般理論」と名付けたということはよく知られているとおりである。ただ、その説明が特殊と特殊を併置して後者の特殊をもって「一般」と捉えているとすれば、その語法には疑問を感じないわけにはいかない。それはリカードからマーシャルに至る古典派の理論が、抽象的な外囲しか前提しない商品経済の論理をいわば原理的に説くことに専念していたことを十分に把握できず、経済の原理とより具体化された国家経済との異次元的な区別を厳格には認識できなかったためであるように思われるが、もちろん、それでも一般に当時の経済学のおかれた状況をある程度は的確に捉えていることは間違いないように思われる。つまり経済の現実的な変化に対して、具体的な対応策を考えることができないとすれば、従来の古典派の伝統的な道徳哲学的な経済学が何の役にも立たないということが暴露されたからである。従来の経済学が、具体的な国家の枠組みに入らない一般的な商品経済的環境の中でしか市場経済の特徴を論じ得なかったことが致命的であり、それこそケインズの言うように、「理論的な結果が事実に適用されると理論で裏付けられる、他の科学者集団に与えられるような敬意は、経済学者にはますます与えられなくなりつつある」（J.M.Keynes,*The General Theory of Employment, Interest and Money*,1936, *The Collected Writings of J.M.Keynes*,Vol.VII,1973, p.4．山形浩生訳『ケインズ雇用、利子、お金の一般理論』講談社学術文庫、八四頁）理由になる。まさにリカードの打ち立てた理論のよって立つ限界を鋭く批判するものといっていいだろう。だからケインズは「利用可能なリソースの実際の雇用を決めるのは何かという純粋理論は、詳しく検討されたことがほとんどない」（*Ibid*.p.33, 同上、五〇頁）という現実から、国家の枠の中でリソースのデータを入れた経済学を作り直そうと考えたわけである。それこそマクロ経済学の発足にほかならない。

（2）実際、それらの議論は、後から振り返って考えてみれば、資本主義の価格機構の普遍的な抽象的な原理性に対して、国家に内包された現実の資本主義の循環的展開のありようとの関係を問うはずのものでもあるのであって、今日の経済学の言い方を借りれば、ミクロ経済学に対するマクロ経済学の成立をはるかに見通すものとして理解されるべき事態であることが隠されていたのである。

もちろんその場合、通俗教科書の説明にあるように、ミクロ経済学とは単に微視的という形容詞で、同じくマクロ経済学が巨視的という形容詞で説明されて済むような話でないことは当然である。人間の意思とは関係なく客観的に自らを展開する商品経済に特有な一般的で抽象的な市場の内部構成を明らかにする原理規定として理解できるミクロ経済学と、国内の経済的資源の存在の枠内で商品経済的な運動がどのように展開され、また非商品経済の影響によって、どのように制約され、循環が繰り返されていくかを論じるものとしてのマクロ経済学との関係として考えることができるとすれば、両者の違いは明白になるはずである。つまり普遍的で供給にも販売にも基本的には制約のない、また統計的にも内部的な確定のできない従来の伝統的な理論としてのミクロ経済学だけでは、現実の国家に抱えられた資本主義の具体的な分析は不可能であり、したがってさらに言えば最近の傾向として現れているルーカスの合理的期待形成仮説登場以後、経済政策はすべて否定し、マクロ経済学をミクロ経済学の中に融解させようとする現代の新自由主義的経済学なるものの理解にしても、それが市場経済に溶解された世界経済の論理を盾にして一方的に主張されるものである限り、いかにグローバリゼーションの展開があったとしても、各国の独立性が依然として基本的に担保されてある限りで、新自由主義を標榜する経済学なるものが具体的な経済の対象の分析に直接適応されることが現実の問題にとってどれだけ方法的に限界あるものであるかは論を俟たないはずである。

すなわち逆に言えば経済学の原理的規定は一九世紀ですでにほぼ完成をみてしまったといってもよいのである。あるいはそれまで経済学が尊重されていたのは、商品経済を対象とする経済学の普遍的な客観性がそれとして広く一般的に信じられていた限りだったというべきである。それらは長らく「道徳哲学」として知られていたように、純粋に学問的領域に留まるもので、現実の経済問題を解き明かす手段にはまだなりえていないものといってよかった。ジェームズ・ミルが、上記の論文「経済学は役に立つか」で述べていたように、経済の動きを体系的に説明したものとしての経済学は天文学と同じように直接人間生活に役立つものではないが、生産、交換、分配、消費の過程を繰り返すその精妙な構造は人の知的好奇心を十分満足させるものであり、それこそ有用な証しだということになっていたのでる。しかし時代は現実の資本主義経済が国家の枠内で国家との緊張関係の中でどう動いているかを問題にするようになっている。現実に動いている経済を問題にしようとすれば、国境を持たない哲学的で普遍的な、抽象的で具体性に欠ける経済学は、それだけですでに役に立たなくなっていたのである。それは一九世紀末に現れたいわゆる限界効用価値学説についても同じことだ。かつてのリカードのように、「それは事実の問題かもしれないが科学の問題ではない」(Ricardo,*Ibid*.p.64. 同上、七三頁)と言ってすますことのできる時代ではとうの昔になくなっていたのだ。

だからこそ二〇世紀になって、世界的な大不況期を迎えて、経済学的には完全に商品化されているはずの労働力が必ずしも市場機構に従っていないことが具体的に明らかになった時、従来の経済学が不信の的になり、改めてそれを克服しようとした過程でマクロ経済学なるものが登場した事実をみれば、その意味はおのずから明らかになるはずである。実際、それは第一次世界大戦後の世界的な長期的不況への対処をめぐって初めて経済学にその課題の解決が切実に求められてからのことであったといえよう。つまりJ・M・ケインズの登場が経済学のいわば「第一の危機」を救ったという意味は、初めて経済学の方法の問題が、経済的危機に直面した課題として、いわゆるマクロ政策の登場として一般にも資本主義の危機を現実に解決するという課題として切実に意識されたということであったのではなかろうか。

(3) 誤解を恐れず言えば、商品経済の論理を原理的に扱う経済学の役割はそれ自身としてはすでに終わり、現実の経済の動きの中で、その動きを保証し、補い、修正してゆく歴史的で制度的な国家的枠組みの問題が、マクロ経済学として従来の商品経済の市場原理であるミクロ経済学に加えて、またそれとの関係において、新たに浮上してきたというべきであったのである。すなわち、旧来の古典派的経済学自身が間違っていたというのではない。それを現実の環境の下で国家に画された資本主義として登場している資本主義経済というものが、市場の範囲内で機能している部分と、さらにそうでない非市場的部分からなっており、しかもそれを統括し現実に経済の循環運動として作用せしめているのがそれぞれの国家だということとの認識が生まれたということである。そこから初めて経済学なるものの社会的な有用性が具体的に問われうることになったといえるかもしれない。資本主義経済というものはただ抽象的に論じられれば済むというものではなく、現実には国家なくして存在し得ないという認識を得た後に、初めて経済学が新しい任務を担うことになったということができるのである。

したがって新しく登場した経済学はそれまでのミクロの経済学の単なる延長線の上にあるのでは決してなくて、新しい次元、つまり国家の枠を前提するマクロ経済学としての再登場であったのである。もちろんそれは従前のミクロ経済学の内容を否定するものではなくてそれを新しい領域になかでさらに活用するものといってよいが、また同時にそれは、例えば労働者の失業問題について従来の商品経済の論理では説明できない動きが出てきたときに、まさに市場の運動を超える政府の裁量的な政策の対象領域としてマクロ経済が提唱されることを想起すればその意義は理解されよう。それは従前の地球上という以外に限界をもたない一般的で抽象的な経済学に対し、いわゆるマクロ経済学ということで国家に囲われた領域での経済の問題であり、本来の市場原理と市場経済の機能の及ばない領域さえをも政府が統合して処理する全体的な仕組みを形成するものであって、いわゆる純粋の経済学それ自体では解決できない領域の存在を初めて歴史的に明らかにするものだったのである。今日の資本主義経済においてマクロ経済学が政府のマクロ政策推進の武器としてその役割を果たしていることは、まさにその事実を告げているものにほかならない。

(4) 簡単なことだが、ケインズ自身が自らの理論のそのような学説史的意義について一応は説明しているにもかかわらず、その点の歴史的理解が今でも経済学者にそれ以上にあるとはとても言えないように思われる。例えば、ノーベル経済学賞を受賞した著名なポール・サムエルソンがかつて経済学を世界的に制度化するにあたって大いに貢献した教科書である『経済学』の第三版（一九五五年）の中で、「新古典派総合」という言葉で説明した景気変動を金融政策と財政政策で解決しながら市場原理に従う新古典派的な成長の道筋で統一するというようなミクロとマクロの経済学の統合という、両者の分析の次元の相違を無視した安易な理解が一時的にせよ広く信じられていたという事実は、問題の把握がいわゆる近代経済学において、いかに困難であったかを示しているように思われる。それればかりでない。国家を前提としたマクロ政策が普遍的なミクロ経済学に吸収されるという道筋のサムエルソンの「新古典派総合」は、サムエルソン本人によるその『経済学』の版の改訂が繰り返される中で、何時しかその言葉も内容も姿を消されてしまった。新古典派総合という一九六〇年代、七〇年代に隆盛を誇ったその言葉はすでに現在ではほとんど顧みられなくなっているが、それに代わって、フリードマンの「自然失業率」そしてさらにルーカスの「合理的期待形成」の仮説理論を通じて、先にも触れたように、ミクロ的な思考がマクロ理論の中に入り込んで、そのような形でミクロとマクロの経済学の統合が果たされつつあるという現代の理解は、いわゆるグローバリゼーションなる現象を背景にして、上に述べたような本質的な区別をますます曖昧にしてしまっているのである。

明らかに問題は混乱し錯綜している。実際、その理論に根拠を提供しているはずのグローバリゼーションの事実さえも必ずしも現代資本主義の行き着く先と決まっているわけではない。金融政策と財政政策の背反は国際間の協調を妨げているばかりか、国際的な政治的な覇権争いによる分裂そして対立の可能性さえ十分に含んでいるし、他方、従来の国際的統合はもちろん一国の統合維持ですら分裂の危機を内包しているほどである。さらにまた、自国の利害だけを優先する最近の国際的な通商政策の推移は、アメリカと中国という大国を中心としてEUやその他多くの国を巻き込みかねない動きを内包しているだけに、グローバリズムを逆転させる動きとして注目されるだけでなく、新古典派経済学の今後の展開にも影響を与えかねないものにもなっている。

ともあれここで注意しておきたいのは、マルクス経済学の領域においても、このいわゆる近代経済学におけるミクロ経済学とマクロ経済学の区別に示された問題は、類似の課題として、当然、提起されないわけにはいかなかったものである。

三　マルクス経済学における原理的規定とその現実的適用の問題

(1)　マルクス経済学にもミクロ経済学とマクロ経済学があるという理解も以前から一部で主張されていて、それは『資本論』における価値・価格理論、貨幣論・信用論などをミクロ経済学に対応させるとともに、同じく『資本論』第二部第三篇「社会的総資本の再生産と流通」をマクロ経済学に当てはめ、そのマクロ経済学分析なるものをもって社会的総供給と社会的総需要の均衡の問題を提起しているとするのである。しかし『資本論』の二部三篇は資本主義経済をトータルに把握する視点ではあっても、対象は全資本主義経済を統体として扱いその再生産の条件を問題にするものであって、決して具体的に一国経済の範囲で需給の均衡を問題にするという性格のものではない。ミクロ、マクロの区別はもともとマルクス経済学にはそのままでは通用しえない概念である。しかし他方で経済の現状を分析する場合、抽象的一般的な議論ではなく、国境に囲まれた国家の具体的な経済に即したものでなければ、役に立たない。その点で一般的抽象的な資本主義の理論としての『資本論』とそれの具体的対象の分析への直接的適用の限界は、当然、マルクス経済学にとっても、改めて視野に入ってくるべき性格の話であるが、それは『資本論』にミクロとマクロの統一があると片づけて済むという話ではない。別の説明が必要になるであろう。

(2) マルクス経済学でも一九世紀の末になれば、その商品経済学的な原理的認識と現実の国家の機能に担われた資本主義が、新しい理論的対応を求めて経済学の方法の検討にマルクス主義者を動かしていくことになるのはむしろ当然である。もちろんマルクスが『資本論』で提起した労働力という商品の特殊な性質が、その商品の代価としての賃金と使用価値として提供される労働の成果としての価値との差を剰余価値として資本家による労働者の搾取だとする証明は画期的であって、それがまさに資本主義の基本的な矛盾であることは一貫して明らかである。ただそれを指摘しただけで資本主義社会経済の具体的な分析ができるわけではない。さまざまな現象がその認識を妨げ、種々な事情が否定的な見解をよびおこす。例えば一九世紀の末にはドイツ社会民主党のベルンシュタインがその『社会主義の前提と社会民主党の任務』(一八九九年)によって、マルクスの『資本論』における経済学的理解の修正を主張したが、それは現実の経済情勢の変化による『資本論』の原理的理解の限界を指摘するとともにその修正の必要性を主張するものであった。ただそれは現実の経済に対して『資本論』のような資本主義的商品経済の原理的理解の限界を衝くというよりむしろ、ベルンシュタイン自身は資本主義経済の原理つまり『資本論』が含んでいる社会主義的なイデオロギー的な主張の修正によって、当時のドイツ社会民主党の政治的路線の転換を提唱しようとしたのであった。『資本論』を研究する経済学者というよりむしろマルクス主義政党の修正主義的党派的立場からの政治的主張であっただけに、それは新しい方法の提起というよりむしろ本質的には、『資本論』原理の修正、さらにはその否定さえも目指すものであったといってよい。それに対して同じ社会民主党に属したカウツキーがいわば正統派として反論したのは、ベルンシュタインにとって本質的な変化とみえるものは実は単なる現象に過ぎず、『資本論』の本質は今でも依然として有効性を失っていないという強弁であった。原理的にはそれは間違っていないかもしれないが、現実の経済社会の中で生活している多くの人の疑問を霧消させることは出来なかった。両者の論争は、現実の資本主義の分析の問題というより、『資本論』のような抽象的規定による現実の経済現象の解明に対して、その直接的有効性に関する当否を争うという、方法としては古典派経済学レベルのものでしかなかった。もちろん『資本論』に見られる労働力商品を基礎にする剰余労働の搾取という指摘は資本主義社会の分析の根本に位置する画期的な問題の提起ではあるが、ただその点の分析と解明を基軸に置いた経済の理論的な解釈だけで資本主義社会の具体的な説明が可能になるわけではなく、理論と現実との間に架橋すべき何らかの手段の媒介がどうしても必要となるという点こそが、ここでの問題になるのである。ベルンシュタインにしてもカウツキーにしても、いずれも現実分析に対する『資本論』適用の限界ないし難点の克服を意識したものではあったが、その難点を克服するための正しい方法の問題として提起されたものではなくて、事実としては、所詮、課題のいわば棚上げを図るものといってよかった。

もちろんマルクスがこういう問題に全然気づいていないということはない。例えばマルクスは自らの『資本論』

第一部のフランス語版の出版に当って、出版者のモーリス・ラシャトルにあてた手紙の中で、自分の用いた分析方法が今まで経済学上の問題に適用されたことのないものであるだけに、読者が「一般原理と自分を熱中させる直接的な問題との関連を知ろうと熱望して、初めからもっと先へ進むことができないために尻込みするのではないか」（*LE CAPITAL* par KARL MARX, Maurice Lachatre ,1872-75, Paris,p.7. 江夏美千穂・上杉聰彦訳『フランス語版資本論』上、法政大学出版局、一九七九年、ⅴ頁）ということが「一つの不利な点ですが、これにたいしては、真理を切望する読者にとにかく予告をして心の準備をさせるほか、私にはなんともいたしようがありません」（同上）と述べているからである。ただし解決の先行きは示されてはいない。二つの間をどう取り結ぶのかが課題だ。しかしここではマルクスはまだ問題の所在を暗示するだけだ。

(3) もちろん『金融資本論』（一九一〇年）を発表して『資本論』に新しい素材を加えて論理を現実に対応して補強しようとしたオーストリアの社会民主党の理論家ヒルファーディングにしても、『金融資本論』をもって新しい資本主義の段階の特徴を表そうとしたというよりも、新しい事態の出現に対応しうる新しい概念を付け加えるいは概念の拡張を図って『資本論』と現実との乖離を理由づけようと努力したにすぎなかったのである。それは『資本論』の論理のいわば延長という形でその有効性の維持を図ったものであり、その意図は理解できるが、新しい課題に即して正しく方法論の問題としてそれを提起しようとしたわけではなかった。『金融資本論』には時代に対応した概念規定の拡張の試みであるとか、帝国主義戦争の必然性の分析などに鋭い叙述がないわけではないが、論理と歴史の関係は依然安易な対応関係としてしか理解されていないのである。

それに対してロシアの革命家レーニンはスイスに亡命中に、ヒルファーディング『金融資本論』をはじめ、実証研究をも含む多くの研究書を読み込んだうえで、『資本主義の最高の段階としての帝国主義』（一九一七年）を執筆して新しい方法への道を準備した。『帝国主義論』と略記されて呼ばれることの多いこの本は、究極的にはロシア革命の道筋を描く簡単な書物ではあるが、レーニンらしい実践的問題意識によって構想された新しい二〇世紀の資本主義の特徴をたくみに整理したものである。そこにはヒルファーディングが試みたような『資本論』の論理の上に新しい範疇を展開するという理論的な目論見はなくて、全体として当時の先進資本主義の特徴をとらえてそれを一般化するという論旨で論述する方法をとった。そしてその近代の資本主義の特徴は生産の集積と資本の独占であり、その独占によって形成される各国の巨大な独占資本が世界市場をめぐる激しい各国間の競争の結果として、帝国主義戦争が不可避的に導かれるとするのであった。マルクス経済学における『資本論』のような原理的な問題を、抽象的領域から具体的に国名を挙げる国家にまで拡張してそれぞれの国の特徴を論じようとしたのは、まさに画期的だといってよいだろう。

しかもまた、レーニンはカウツキーの論文「帝国主義論」（一九一四年）にみられるいわゆる「超帝国主義」の議論に対して、それはカウツキーのいうように「純経済的立場からすれば、資本主義がなお一つの新しい段階として生成すること、カルテル政策が対外政策へと移行すること、すなわち超帝国主義なる一段階が生成することは否定できない」（K.Kautsky, Imperialismus,*Die Neue Zeit*,vom 11.September,1914,S.921 波多野真訳『帝国主義』一九五三年、創元文庫、三四頁）はずだが、ただそれは資本主義の闘争の段階ではなくて、資本主義の合同の段階、資本主義での戦争の廃止の段階、国際的に結合された金融資本による世界の共同搾取の段階だということになる。そしてそのことは資本主義の発展が独占に向かっており、一つの世界的独占に向かって、全世界的トラストに向かって進んでいるという命題に帰着するであろうし、この命題には争う余地はないかもしれない。だがそれは現実的には無内容である、と批判している。まさにそれこそカウツキーの「超帝国主義論」に『資本論』のような理論的展開への継続をあえて想定してみせながら、それを事実の上で否定した主張であるといっていいであろう。そこからレーニンのいう「現代世界経済の具体的＝経済的現実を対置すること」がこの抽象論に対する「最良の答え」になるというのがその判断である。実際、『資本論』の資本蓄積論にみられる資本の集積、資本の集中に関する議論から出発したレーニンの独占資本の規定も、「あらゆる工業部門に大企業があるわけではない」（W.I.Lenin,Der Imperialismus als höchstes Stadium des Kapitalismus,*Bücherei des Marxismus-Leninsmus*,Bd.14,1951,S.20. 宇高基輔訳『帝国主義論』一九五六年、岩波文庫、三一頁）という叙述にみるように、歴史的傾向ではあっても理論的な帰結ではないことは確認済みだったのである。

(4) わが国の宇野弘蔵が着目したのはその点であった。レーニンの帝国主義の段階の資本主義というのは、『資本論』のような資本主義の一般的規定からすると従来の資本主義よりさらにより高次の段階にある資本主義として、いわば『資本論』に描かれる資本主義像から一段次元を異にする資本主義像であって、それを資本主義最後の発展段階としての帝国主義段階として把握するレーニンの視点が、ここで着目されることになったのである。これはヒルファーディングには見られなかった視角であった。かねてより土地所有制度や高い小作料、現物小作料など日本の農村の固有の慣習につよい関心を抱いていた宇野は、資本主義が『資本論』の展開が示しているような方向に向かわないで『帝国主義論』にあるような方向に現に進んでいるという認識に立ってしか、日本資本主義の現状把握はできないのではないかと考えていたので、その『帝国主義論』は現状の理解を媒介する規定として『資本論』の原理論的規定に対応する歴史的規定として生かされることになるものと理解したのであった（『宇野弘蔵著作集』七、二二五頁、参照）。詳しくは後述するが、一九三五年に『中央公論』に発表された「資本主義の成立と農村分解の過程」（同上、八、所収）という論文にその意図が初めて示されている。そしてそれはとりあえず世界的規模で考えられたというより日本資本主義の帝国主義的な段階の問題としてドイツと共通の類型的な立場にあるものとしての理解に立つものといってよかった。いってみればそれはレーニンの『帝国主義論』をそのまま日本に適用して、原理的規定と日本農業の現状分析を段階論と現状分析の区別を不明確にしたままの二段階で設定する試みであったともいえよう。

ところで他方、それまでソ連やドイツで発行され日本でも導入されて一部翻訳されていたコミンテルン関係の書物やパンフレットの中に、資本主義の発展過程を、おおよそ商業資本、産業資本、金融資本（独占資本）の三段階に分けて説明しているものは決して珍しくはなかった。宇野も言っているように、「これは誰でもやっていることだと思う。ただぼくとしてはそれを『資本論』の理論と関連して考えようとした」（宇野弘蔵『経済学を語る』一〇七頁）。実際、宇野が影響を受けたかもしれないと述べているボクダーノフの『経済科学概論』(注1)をも含めて、それらが単なる常識的な歴史区分を超えるものではなかったのに対して、宇野の『経済政策論』は周知のように経済政策そのものを論じるのではなく、経済政策の歴史的検討を通じて原理論から距離を置いた段階論という新しいいわば中間的な特殊な理論領域に意義付けを与えようとしたもので、今までにない新しい方法論的見地によって裏付けられたものであった。ただ段階論として体系化するにあたっては、そのような外国文献の整理の方法はおそらく大いに役に立ったに相違ない。

（注1）アー・ボクダーノフ『経済科学概論』は林房雄と木村恭一の共訳書として一九三〇年に改造文庫として出版された。原著の初版は一八九七年に、第九版が一九〇六年に出版されているが、内容にはずいぶん変更があるようだ。ただ、本訳書には原典が記されていないが、原典は A. Bogdanoff の *A Short Course of Economic Science*, 1923 と推測できる。本書が Communist Party of Great Britain によって刊行されたものであることから、当時の官憲の検閲を忌避するために書名を明らかにしなかったものと思われる。訳書に付せられた著者の「序」は一九一九年八月となっているが、この版では「資本主義の新段階―金融資本の支配―が完成し、資本主義が最高形態に達し、ついに非常なる

危機世界大戦を惹起したことをみて」（上掲訳書三頁）内容の大改訂を行った旨が記されている。

なお、参考のために目次だけ紹介しておく。ボクダーノフは全体を「自然自足社会」、「商業社会」、「社会的に組織された社会」の三部に分け、その中の「商業社会」を「交換の発展」、「奴隷制度」、「都市手工業制度」、「商業資本主義」、「工業資本主義」、「金融資本主義時代」の六章に分けている。なお詳細は本書あるいは原典について見られたい。

日本の農村の分析に当って『資本論』の叙述をそのまま当てはめても役に立たないことに気付いてそのような分析方法から距離を置き、国家の動きに制約された後進国日本資本主義の現状の分析を指向した宇野が、ドイツなど後進の資本主義国の農業が先進国イギリスのそれといかに違っているかを確かめつつ、さらに発展を目指してうち並ぶ後進国の間では日本がその時代の典型たりえないことを感じ取る中で、先進国イギリスに対してドイツを後進国の典型とすることで、関係がはっきりしなかった現状分析と段階論とに二重化する道を開き、先の論文ではやや曖昧であったそれを、三段階論への道筋として次第に明らかにしようとしたのであった。

そして宇野が言うように、はじめは帝国主義段階の特徴としての認識であったものが、さらに帝国主義政策によって否定される自由主義政策、そしてその前の重商主義政策というように研究がさかのぼることによって体系が整ってくる。そこではまだ資本主義の純化傾向やその逆転というのちの問題意識には到達していないが、それでも一九三六年に刊行された『経済政策論上』には、下巻に予定されていたため帝国主義論の部分は具体的にはまだその内容に含まれてはいなかったものの、段階論としてその主張は上巻に付せられた「序論」の中にすでに明確に示されていたのである。その意味では経済の現状分析を目指してマルクス経済学の分野で経済学の体系化を初めて果たし、経済学の原理的規定から現状分析に至るその方法を新たな次元で経済学の方法論として明確にしようとしたのは、我が国の宇野弘蔵をもって嚆矢とするといってよいのではないか、と考えられる。ちなみに、近代日本の社会科学を論じたアンドリュー・E・バーシェイは宇野の三段階論を評して、「こうした概念的分離という基盤に立って、宇野は『西洋のマルクス主義には呼応するものがどこにもない』（Colin A.M.Duncan）ような体系を創り出した」（Andrew E.Barshay,*The Social Sciences of Modern Japan*,2004. p.92. 山田鋭夫訳『近代日本の社会科学―丸山眞男と宇野弘蔵の射程』二〇〇七年、一一三頁）と述べている。

章を改めてさらに詳しくその理論形成の跡を振り返ってみよう。

第二章　宇野弘蔵段階論の成立

一　日本の農業問題への関心

（1）一九二二年から二四年までドイツに留学した宇野は、帰国後、しばらくは赴任した東北大学で自身の担当講座の経済政策論の準備におおわらわであったが、次第に大学での研究生活に慣れてくると、講義とあわせて『資本論』の研究を押し進めることを通じて、一九三〇年代までにはすでに経済学の現実への適用問題を含めて、その体系化の方向について概略を作り上げ、先にも述べたように一九三六年にはその構想の一部を前掲の著書として出版さえしている。宇野は「あの『経済政策論』を書くということで実際上は……私のいわゆる三段階論ができたわけです」（『経済学を語る』二九頁）と述べている。ヒルファーディングが『金融資本論』を出版したのは一九一〇年であり、レーニンが『帝国主義論』を発表したのが一九一七年であることを考えれば、時期にそれほど長い隔たりはない。事実、宇野がそれらの著作を入手して読んだのは『帝国主義論』については一九二〇年にドイツ語訳が出版された直後のドイツ留学中であり、そして『金融資本論』については帰国後の二四年以降から三〇年代にかけてのことである。しかもそれらの著作が新しい視点を打ち出しながら同時に、それらが方法的にはなお『資本論』の部分的な補充と継続の試みにとどまるところが多かったとすれば、それらを方法的には否定して新たに段階論として方法論を立ち上げた宇野の全面的な問題提起は、経済学による経済の現状の具体的分析の方法の確立という点で、マルクス経済学の体系化を果たすものであり、新しい画期的な成果ともいえるのではないかと思われる。

(2) 宇野の方法論の課題は、当然のことながら経済の現状の分析と『資本論』のような経済の原理的規定をどのように結びつけ、その理論の有効性を具体的な経済現象の中でどのように主張するかにあった。経済学が依然輸入学問であり、日本の研究者は外来のその学問の理解と吸収に励んでいた当時にあって、西欧の理論をどうやって日本の現実に当てはめてゆくかは日本の学者であれば当然に意識した問題であったろう。自然科学においては日本の学者は当時すでに日本の狭い学問的領域を越えて世界的な実績を残している。それは概してヨーロッパの留学先でのことが多かったが、それにしてもその研究の成功は対象が自然現象であり、国や人種を問わない普遍的な性格をもつものであったからだ。何よりもその理論的業績は実験によって誰にもその実証が可能な自然科学の領域でなされたからであった。しかし経済学は違う。自然科学のような客観性もみてとれないし、普遍性を主張するための実験によるその再現性の証明もできない。また、その経済は各国の歴史的背景をもち、その国情にも現実的な違いがある。日本の経済学は日本の経済現象の分析とその結果について解説が出来るものでなければならないと考えるのは当然であろう。西欧の理論をそのままあてはめることで済むのかという疑問は誰でも懐いたに相違ない。

しかし同時に経済学の理論は明治まで日本に伝統がなかっただけにそれを理解し吸収するのが精いっぱいであったという事情もある。明治以降、イギリスの古典学派も、ドイツの歴史学派も、そしてマルクス経済学ですらほとんど同時に日本になだれ込んできたのである。大正時代の後半に教育を受けた宇野は、読み始めた動機はともかく、種々解説書により資本主義経済を抽象的に分析してまとめた『資本論』をすでに資本主義の経済法則を普遍的に明らかにした書物として把握していた。河上肇の個人雑誌『社会問題研究』なども学生時代によく読んでいたようだ。そしてドイツ留学中に『資本論』そのものを初めて徹底的に原書で読み込むことでその内容の理解をさらに深めることができた。また大正から昭和にかけて『中央公論』や『改造』などの雑誌に『資本論』にかかわる問題が取り上げられることが多く、宇野はそれでずいぶん勉強したと語っている。実際、宇野の初期の論文はほとんどが『資本論』の研究であった。ただ『資本論』の理解が進んだとしても、その論理は直接当時の疲弊した農村を含む後進的な日本の資本主義経済に直接あてはめられるものではないとつよく感じないわけにはいかなかった。同時にその時代の世界の資本主義は、マルクスが『資本論』を執筆した時期よりもはるかに広範囲に発展し構造も複雑化していることも宇野は十分理解していた。そういう中で後発の日本資本主義が世界の資本主義の中でどのような位置付けをもつことになるか、そこに宇野の構想が生まれる原点があったと思われる。宇野は「『資本論』を何とか理解したいということからだんだんと（講義科目の）経済政策論に対応した原理論を学ぶということになってきた」（『経済学を語る』三〇頁）と述べている。『資本論』の中に原理論をイメージして学び直すということであろうか。

他方で、ロシアのナロードニキは後進国のロシアには資本主義は発展できないという考えをもっていた。先進国によってその狭い市場さえ支配されるであろうという考えであった。それに対してレーニンがシスモンディ流の過少消費説に影響されたナロードニキとして厳しくそれを批判していることも周知であろう。ナロードニキをめぐるそれらの論争が宇野に影響を与えたかどうかは定かではないが、宇野はロシアの資本主義の発達やその農業問題に関するレーニンの著作をよく読んでいる。ただ宇野からその点についての発言はあまり聴いたことは無い。しかしどうあれ、宇野にさまざまな形での刺激が与えられ構想が生まれて、新しい問題意識が形成されていったことは確かであろう。そしてその決定的な動機は日本の農業問題であったように考えられる。仙台の東北大学にいた宇野が、東北地方で当時とくに顕著であった農民運動をつぶさに見聞し、それに啓発されたことに間違いないであろう。教え子の学生たちには農村や工場の農民、労働者の組織化などのために実践運動に励む者も多かった。若い宇野にとってそういう学生運動にも影響を受けることもあったであろう。当時の矛盾に満ちた日本の農村のあり方が、一方で高度な生産様式として持ち込まれた新しい日本の資本主義の発展とどう関係するのかという問題が、『資本論』に示されていたような資本主義的農村の典型とみられたイギリスの農業とドイツなどの遅れた国の農業との対比の中で、日本の農業にかかわる問題を改めて意識の底から浮かび上がらせたのであろう。

(3) それは先に表題を掲げておいた戦前の『中央公論』(一九三五年九月号)に宇野が発表した論文「資本主義の成立と農村分解の過程」(『宇野著作集』八、所収)にはっきり見てとれる。この短いが内容の充実した論文の中で資本主義の発展における先進国と後進国の違いについて説いた宇野は、「わが国のごとき後進国の資本主義の発展が、その出発点においては原始的蓄積の、その発展過程においては産業革命の過程を著しく異なった形態において経過するという事実は、まさに……後進国に特有なる形態の極端なる表現に外ならないのである。それは一方においては資本主義の顕著なる発展を見ながら、他方においては旧社会形態の分解を比較的緩慢に実現してゆくことの必然性を示すのである」(同上、三七頁)と述べ、日本の資本主義も他の資本主義国と「同様なる発展の法則をもって発達するのであって、それが阻害され歪曲されるところに各国の特殊性があるに過ぎない」(同上、四一頁)ことを明らかにした。この視角こそ、日本の農村も日本の資本主義の外でなくその中の農村として理解しなければならないし、帝国主義段階の後進国における農業問題として位置づけるという道筋を指し示すものであったのである。それがレーニンの『帝国主義論』やヒルファーディングの『金融資本論』と結びついて宇野「段階論」の形成に発展してくるのである。戦後になって宇野は戦前の資本主義論争を回顧して、「第一の問題は、そういう資本主義と関連して農業を考える場合に、その国が……たとえば日本が世界の資本主義の発展段階において、どういう時期に資本主義化したかということが農村の問題に非常に影響しておる根本的な問題じゃないですかね。……／それが何時も明確にせられないで論争されていたように思う」（宇野、鈴木鴻一郎、大内力、斎藤晴造『日本における農業と資本主義〈共同研究〉』一九四八年、一八一―八二頁）と述べた言葉がそれを端的に物語っている。

二　日本資本主義論争とのかかわり

（1）宇野にとって、そのような思考を形成してゆく土壌としては、それまで活発に行われていた日本資本主義論争があった。それは後進の資本主義国として日本がいかに自らの資本主義を発展させたかをめぐる論戦であり、第一次世界大戦に参加して国力を挙げつつあった日本において、日本資本主義の自己認識の過程で起こるべくして起こった論争であったといえる。日本資本主義論争は広くは大正末から昭和の一〇年代にかけて継続してわが国で行われた論争で、その後の日本の社会科学研究に与えた影響は極めて大きかったといってよい。当初は非マルクス主義者の高橋亀吉による日本経済の分析に対するマルクス主義者の側からの反論という形で始まったのだが、コミンテルンが一九二七年に発表した「日本問題に関する決議」から、政治を巻き込んだ本格的な論争にまで発展した。「二七年テーゼ」と呼ばれたそのコミンテルンの日本の革命運動に対する提言は、明治維新による日本資本主義の形成を認めながら、天皇制絶対主義に対する民主主義的変革を説くという政治的提言であり、はじめに民主革命を目指し、その過程でさらに社会主義革命に転じるという、いわゆる二段階革命論と評された内容のものである。ツァーリ支配のロシアに対する革命戦略を天皇制下の日本に擬したもので、それは日本資本主義の現段階においてなお封建的地主制度が残存するかどうかを問うという論理的に矛盾した立場に立つものであった。それに対して日本では論壇はほぼ二派に分かれて論争が行われた。

一方の論客、猪俣津南雄は封建的要因の残存は認めるものの、それはイデオロギー的な残滓にすぎないとしたが、他方、それに対抗する野呂栄太郎はやや中途半端であるが、その後の山田盛太郎など、その残存こそを半封建的な絶対主義国家の制度的支配の根拠だとしたのである。それが本来、社会の変革を目指す左翼政党の革命戦略の政治的実践綱領に関連する現実的課題にかかわる問題であっただけに、当時、政府の弾圧で壊滅的な打撃を受けていた日本共産党の、解党か再建かを巡る内部的対立と深くかかわる問題にもなったのである。猪俣津南雄や山川均など解党派は合法的無産政党の形成に向かって、雑誌『労農』によってその主張を展開したので「労農派」と称せられるに至り、再建派によって一九二七年に再建された日本共産党と厳しく対立することになる。その後コミンテルンは、その日本支部たる日本共産党に「三一テーゼ」、「三二テーゼ」なる新たな活動方針を次々に打ち出してきたが、その内容は、前者は明治維新をブルジョワ革命と規定しながら、後者は日本の天皇制国家が一方で封建的な上層地主階級に基軸を置き、他方で新興のブルジョワジーと結託して永続的なブロックを形成するという形で絶対主義国家を維持しているという理解に立つもので、両者は一貫性に欠け、甚だしく矛盾した内容になっていた。そしてそれは当時のソ連共産党内部の激しい対立の反映であるとされていた。そのような政治的状況下で行われたのが、日本資本主義論争なのであった。ここでその論争に詳しく触れることはできないが、その論争の争点は、明治維新の評価であり、日本の土地所有制度の理解であり、総じて日本資本主義の特徴をいかにとらえるかであった。そしてそれは「三二テーゼ」の強い影響下にあった。本来学問的に行われるべき検討や批判が、政治的な状況に絶えず脅かされ影響を被っていたというのがその論争の特徴になっていた。

その論争は、日本共産党と労農派をめぐる革命の戦略論的対立の最中に出版された野呂栄太郎を編集責任者とする『日本資本主義発達史講座』（一九三二―三三年）に発表された諸論文によって本格化した。その執筆には山田盛太郎、平野義太郎、小林良正、相川春喜、山田勝次郎など多くの学者が参加して「講座派」と呼ばれた。ただその執筆者に共産党員やそのシンパが含まれていたとしても、全員がそうであったわけではないが、それでもコミンテルンの影響は無視できなかった。その講座派の主張はやがて山田盛太郎の『日本資本主義分析』（一九三四年）という著作に集約されるようになる。それは山田が講座に掲載した論文をまとめたものだが、「軍事的半封建的日本資本主義」の基本規定が「半封建的土地所有＝半農奴的零細農耕」にあり、それが国家権力による経済外的強制による高率小作料の成立の根拠であると主張するものであった。そして他方、日本の権力機構を維持するため、キイ産業として近代産業の創出が導かれ、衣料部門における「生産基軸」の確立によって「労働手段生産の見通し」を得て、「再生産軌道」の「定置」を果たすというのが、山田の日本資本主義像であった。これは対象としての日本資本主義を体系的にとらえようとした最初の試みであったことに間違いないだろう。その世評は後々まで高かった。

これに対しては岡田宗司、伊藤好道、向坂逸郎などの労農派の論客が批判を加えるが、その中心となったのは向坂であった。向坂は、山田の日本資本主義把握は「型」に固定化されたものにすぎず、資本主義が発展していけばいくほど残存する封建的要因なるものも資本主義的なものに変質していくのであって、その代表作『日本資本主義の諸問題』（一九三七年）などに見られるその主張は、「特殊性の検出は一般性の否定であってはならない」というものであった。それに対して講座派側は、特殊性を一般性に解消してはならない、という反論を呈した。

それに対しては一般性に解消しているのではなくて、分化過程の進行の程度を問題にしていると応酬した。両者の対立は革命の政治路線の違いにかかわるものでもあったので、学問的論争を超えた思想・政治問題として官憲の弾圧するところとなり、コムアカデミー事件（一九三六年）、そしてそれに続く人民戦線事件（一九三七―三八年）を契機に、講座派、そして労農派が壊滅的打撃を余儀なくされ、論争そのものも消滅してしまうのである。

(2) 日本資本主義論争は多岐にわたるが、問題の焦点は、世界的には後進の資本主義国として出発した日本資本主義にみられる特殊性、とりわけ農村部における停滞ないし封建性の残存なるものをどう把握するか、にあったといってよい。

先の論文にも示されていたように、宇野の関心も当然そこにあった。ただそれを講座派のように日本資本主義に固有の「型」として固定化してしまうのでなく、さりとて労農派のように資本主義の順調な発展の中にやがては解消されるというのでもなく、日本に限らず、その問題の解決のためには後進の資本主義の発展段階に固有な歴史的な性格づけを明らかにすることが必要なのではないか、と考えた。そのために先にも述べてきたように、一方では日本の農業問題の性格を日本資本主義の後進性に見出していた宇野は、『資本論』のような資本主義の一般理論をもって直接に資本主義社会の現実に適用させるのではなくて、例えばレーニンの『帝国主義論』のように、といってもその類型論的な方法は排除しつつ、帝国主義の典型的な国をとって、まずその歴史的発展段階の一般的規定を媒介とすることにより、個々の国の具体的な特徴をとらえ、それをもって一般的規定との関連で特殊に位置づけるという分析方法を模索し、資本主義の世界史的な発展を区分して段階論として整理しようと試みたのであった。そこには帝国主義を「資本主義の最高の段階」として規定したレーニンの『帝国主義論』、そしてその段階の資本主義の特徴を金融資本の成立としてとらえたヒルファーディングの『金融資本論』に依拠した部分が大きいにしても、その発想は資本主義の原理的規定にとどまる『資本論』にひたすら依拠する従来の分析の在り方を超える大きな展開であった。それはそれぞれの発展段階を典型的に代表する国をその特徴と共に取り上げたところに大きな意味があった。そしてそのようにして構築された段階論を、宇野はそれぞれの時代を特徴づける経済政策を基準に、重商主義、自由主義、帝国主義の三段階に分け、宇野はその帝国主義段階における日本資本主義の置かれた歴史的条件の中で、先進国イギリスの農業とは異なる日本農業の後進性が温存されざるを得ない理由づけを行ったのである。

宇野に言わせれば「山田（盛太郎）君も、時期が十九世紀の七十年代以後にいい換えれば所謂帝国主義の段階で日本が資本主義化したということはよく知っているのだ。しかし問題はその時期によって輸入の形が違う点にある。これは僕の持説になるけれども、農村を分解しないでも資本主義化し得るということは重要だと思う。高度の有機的構成をもった資本主義がはいってくれば農村を直接分解しないでもその国を資本主義化し得るという点はあまり問題にしないで、その結果として生ずる農村は分解されないままで資本主義が日本に発達し得たという結果から出発する。そうすると前のものが残ったまま基柢になっている。だから資本主義の方がそういう基柢を残し得るような資本主義であったということは消えてなくなって、残ったものから規定されることになる。それによって資本主義までが決定されて来るのだ」（同上、一八四―八五頁）という批判になる。他方、労農派に対しては「労農派というのは日本資本主義を全体として取扱った山田君のようなまとまったものが出ておるとはいえないので、どれによるというわけにもゆかないけれども、大体のところ資本主義の方が決定的な原理を与えておる、こう見ておる点がちょうど逆に出ておるといえるだろう」（同上、一七三頁）という理解で、労農派は自分で積極的に理論を展開せず講座派を批判するのに性急な段階にとどまっていて、「ただ競争があるからというだけじゃ、殊に賃銀部分をも食い込むほどの高い小作料がとられており、しかも明治以来多少とも発展があったということはほかの説明を要するのじゃないかと考えて」（同上、一五六頁）、もっと帝国主義段階にある日本の資本主義について説明していかなくてはならないと判断していたようだ。結局これは、日本農業の後進性を講座派のような封建制の残存としても、さりとて資本主義の発展によって一元的に解消される過渡的なものとしても、宇野は否定したということである。いいかえれば宇野は講座派も労農派も、いずれも否定したのである。そして自らの段階論を提案することで、そのそれぞれに対置したのである。その点でまさに画期的な問題の提起であったといえよう。

そしてそこに到達するためには、宇野がドイツ帰国後東北大学で経済政策論の担当を命じられてその講義内容の決定に苦慮していた時、岳父である高野岩三郎が貸してくれたゾンバルトの *Der moderne Kapitalismus*（1902）の旧版が「資本主義の発展の歴史的過程を基礎にして政策の変遷を考えるという方法に途を拓いてくれた」（『宇野著作集』別巻、九三頁）という重要な契機もあったのであり、そこからも段階論の成立という彼自身の経済学の独自の展開がもたらされたことにさらに思いを馳せることもできよう。

三　宇野による段階論の提起

（1）ところで資本主義の歴史的な純化傾向を予想していたマルクスは、『資本論』が現実の資本主義社会の経済的分析に耐えうるものと考えていた。『資本論』の初版の序文で、マルクスが自分の理論の例証としてとっているところがイギリスであるからといって、ドイツではそんなに悪くないと安心しても、それは他人ごとではないぞと警告し、「産業の発展のより高い国は、その発展の低い国に、ただこの国自身の未来の姿を示しているだけである」と述べているのは、まさにその証左といってよいであろう。他方、『資本論』でどれだけ日本経済の現実を明らかにできるかという問いから出発した宇野は、日本の農業問題の検討から『資本論』のような資本主義的商品経済の原理的な理論だけでそれを分析することは無理であり、原理的規定と隔絶する日本経済の現状分析との間には、それを仲介する何らかの中間的、媒介的な理論を置くことが必要であると考えた。そして先に述べたように、資本主義の世界史的な発展過程を、それぞれの時代を特徴づける経済過程に直接に基づいて展開される対外的経済政策をもとに、発生期の資本主義を扱う重商主義、成長期の資本主義を扱う自由主義、爛熟期の資本主義を扱う帝国主義という三つの段階に分けたうえで、それぞれの段階に支配的な商人資本、産業資本、金融資本を媒介的な概念として、それらの特徴をそれぞれイギリスの毛織物工業、イギリスの綿工業、ドイツの鉄鋼業に典型的な規定を与えることにより、「段階論」なるものを作り上げたのである。この「段階論」こそ「原理論」、「段階論」、「現状分析」の三部から構成され、しばしば「三段階論」と呼ばれる宇野の方法論の核心となった。それは明らかに日本の経済の土壌の中から生まれた理論的思考といってよかった。従来の西欧の理論をただ当てはめるという今でも学界に色濃く残っている輸入学問信仰とは異質であった。そしてそれはマルクス『資本論』の無謬性に寄り掛かるのをやめるだけでなく、またたんに資本主義の歴史的歩みを三つの段階に分けて叙述した当時のヨーロッパのコミンテルン系のマルクス主義文献に散見されたものと形式は類似したところがあるにしても、その主張の方法論的意識はあきらかにそれらのものとはちがって、新規の積極的なものとして提起されたのであった。

宇野は述べている。「それぞれの国の経済がそれぞれに独特の歴史をもちながら、資本主義経済を採り入れるとき、資本主義の世界史的発展段階の異なるに従って、その発生、発展の過程は著しく異なることになるのであって、それは経済学の原理的規定によって片づけるわけにはいかないのである。その点、従来しばしば誤った結論が与えられてきたのであった。しかもそれは原理論を基本的に確立してきたマルクス経済学による現状分析に特に顕著であった。マルクスが経済学の原理を正しい前提をもって展開しようとしただけにそうだったともいえる。……マルクス主義の運動の中で十九世紀末以来修正派対正統派の論争を生じ、後に帝国主義の経済的基礎が明らかにされることになったのも当然であるが、ヒルファディングの『金融資本論』も、レニンの『帝国主義』も、原理論に対しては、段階論としその間の関係を明確にするものではなかった」（『宇野著作集』七、一四二頁）。もちろんそれは「資本主義の発展の歴史そのものを規定するものではない。その発展の歴史の中から一時代を画するものとして、いわば典型的な規定を抽象したものにすぎない。それはしかし単に類型的なものとしてではなく、むしろ他の諸国における資本主義の発生、発展の過程にも支配的影響をおよぼすものとして、それぞれの国の、あるいは世界経済の具体的な歴史的過程を、原理の一般的規定を基準として分析する場合に、いわば媒介の役割をなすわけである」（同上）ということになる。

実際そこにはレーニンの『帝国主義論』の方法やヒルファーディングの『金融資本論』の詳細な叙述に学ぶ部分は多かったが、しかしたんに時代に合った理論として原理の修正あるいは延長を図るのではなく、彼らに欠けていた基礎理論と現実分析との媒介手段としての役割としての必要性の面を強調した点では、方法的に彼らを大きく超えるところがあった。それは経済の原理論に対して一つの国の資本主義経済を捉えてその構造と特徴を歴史的典型として明らかにするという意味で、いわばミクロ経済学の性格上もたざるを得ない現状分析への限界をマクロ経済学の成立によって可能にした近代経済学の学説史上の展開に類似するような役割を、マルクス経済学の学説史的発展の過程の中でより方法的に明確に果たしえたともいえるのであった。また同時に、段階論には経済史とは違ってそれ自身で展開する必然性はなく、ある意味では主観的に典型国を選ぶという操作が必要であると宇野は考えた。後述するが、そこにはマクス・ウェーバーの理念型に近い発想がみられる。ただ宇野はウェーバーとの違いを、自らの理論が一九世紀中葉のイギリスで近似的に出現した純粋資本主義の基本的規定に依存し基準としていることをその科学的根拠に挙げている。

資本主義の純化傾向の帰結を資本主義の崩壊に置き、ドイツもイギリスの後を追うことになると資本主義の普遍的進行を予言したマルクスにとって、確かに株式会社の普及や資本家でもなく労働者ともいえない中間的な階層の大量の出現は、彼の純化傾向の期待に逆行する動きのようにとれる。また古い体制も分解されずに部分的には温存されたままになっている。マルクスの死後さらに顕著になったそれらの現象を方法的にどう捉えるかは確かに大きな問題である。三大階級に分化するはずの傾向が事実においてそうならないからである。特に日本のような遅れた農村問題を抱える後発の資本主義国にとってはそうである。

(2) 第一次大戦後の世界的な不況期において、日本ではマルクス経済学のほかに経済の現状を方法的に理論的に明らかにしようとする経済学はほとんど存在しなかった。あったのはただ経済の現象を拾い集めて対症的に診断するものでしかなかった。他方、当時のマルクス経済学はその解釈がソヴィエト革命やその後のソ連邦の発展にも大きく連動するものであったために、極めて政治的な色彩を帯びることになった。「日本資本主義論争」として行われた当時の論争も当然政治的イデオロギーと結び付いた党派的な闘争の場となった。したがって宇野の問題の提起も不幸なことに経済学の方法の確立という点での純粋に学問的な問題提起としては扱われなかった。東京から遠く離れた仙台の東北大学にいた宇野も中央の騒ぎに巻き込まれて教授グループの一員として治安維持法で起訴され、結局無罪となったものの大学への復職はかなわず、事実上、大学を追われることとなり、やむなく東京の民間の研究所に移り、理論的な研究は放棄せざるをえなくなった。そして研究所で若い仲間たちと世界経済のいくつかの問題に焦点を合わせつつ戦時下にも研究をつづけた。『糖業より見たる広域経済の研究』

（一九四四年）のような共同研究であるが、それらは宇野のいわゆる現状分析の領域のものであったといってよい。そのような事情から宇野の方法論上の問題提起が本格的に学問的な主題として扱われるようになったのは一九四五年の日本の敗戦後のことである。敗戦によってマルクス経済学の研究も自由になった。宇野は戦後の経済学の研究活動を、とりあえずそれまで民間の研究所で行っていた現状分析を中心に継続する形で再開することになった。やがて宇野は戦後一九四七年新しく東京大学に新設された社会科学研究所から招聘され教授に就任した。宇野は当初現状分析に専念するつもりであったが、その斬新な方法論が明らかになるにしたがって、若い研究者が集まった社会科学研究所を中心に宇野の経済学とその方法は急速に広まっていった。また新設された新制の大学院で指導する学生にも影響力は拡大していった。戦前すでに発行されていた著書『経済政策論上巻』の復刊とともにその体系にも一層の整備と展開が行われた。それは二つの方向から進められた。一方で基礎理論をなすとされた『資本論』の原理論としての再構成であり、他方で「経済政策論」としての「段階論」の一層の整備である。その出発点は前者でいえば、『経済原論』上・下（一九五〇、一九五二年）の刊行であり、後者でいえば戦前の『経済政策論上巻』に続く下巻として準備されながら未刊に終わった、資本主義の爛熟期をあつかう後半部分、すなわち「帝国主義」を加えて、新しく書き直された『経済政策論』（一九五四年）の刊行である。宇野の主張に対する正統派の反撥は激しく、それに反駁論駁した宇野の関連論文や著作も理論的分野を中心にその後多く刊行された。そして『経済学方法論』（一九六二年）は宇野自身による方法論の総括的な著作といえよう。

宇野はそこで次のように述べている。「経済学の研究は、方法論的には不明確ながらも、実際上は原理論と段階論と現状分析とに分化してきているのであって、その窮極の目標は現状分析にあるといってよい。原理論や段階論は、現状分析のための準備をなすものである。……この経済学研究の分化も、三百年の経済学研究の歴史の中で実現されてきたのであって、時代を遡れば遡るほど未分化のまま実践的に一定の役割を果してきたのである」（『宇野著作集』九、五五頁）と。かくして「経済学の研究が、原理論と段階論と現状分析とに分化されてなされなければならない」（同上、三頁）という宇野の主張が出てくるのであった。その宇野の確信が段階論の確立によるものであったことは間違いはないだろう。

宇野は戦前『経済政策論上』を刊行したが、その政策論は「資本主義の一般的法則を明らかにする原理論に対し、資本主義の発展の世界史的段階を典型的に規定する私のいわゆる段階論に属するものである」（『宇野著作集』七、二四一頁）としながら同時に、「経済政策論は原理論に対して段階論のまず第一歩をなすものであ」（同上）ることを指摘し、「段階論はこういう経済政策論でつきるものではない。農業、工業、商業、金融、交通、植民等々のさらに立ち入ったいわば段階論的解明によって補足されなければならない。しかしなお特に重要なのは財政学による解明である」（同上）と強調されている。宇野にとっては「経済政策論と財政学との両面が相俟ってはじめてその協同の道も開かれるのである。いいかえればここにはじめて科学的な国家論の研究がなしうることとなる」（同上）というのがその根拠である。ただその場合であっても、財政学は政治的要求が経済的利害関係によって制約されるために、「一様なる段階規定をもって包摂することはできない」（同上、二四二頁）と留保している。

そして宇野は「段階論は、しばしば誤解されるようであるが、資本主義の発展の歴史そのものを規定するものではない。その発展の歴史の中から一時代を画するものとして、いわば典型的な規定を抽象したものにすぎない」（同上）と繰り返し強調する。そしてそれはすでに引用した言葉を繰り返すことになるが、「単に類型的なものとしてではなく、むしろ他の諸国における資本主義の発生、発展の過程にも支配的影響をおよぼすものとして、それぞれの国の、あるいは世界経済の具体的な歴史的過程を、原理の一般的規定を基準として分析する場合に、いわば媒介の役割をなすわけである」（同上）と、宇野は説明する。要するに、『資本論』のような資本主義の一般理論もってするだけでは現状の分析はできない。それとは違った次元での歴史的段階を踏まえた段階論をもってしなければ、科学的な現状分析はできないということを明らかにした。ここに宇野の段階論の成立があった。

宇野はその『経済学方法論』で次のように述べている。「かくて資本主義の発展の段階規定は、各段階において指導的地位にある先進資本主義国における、支配的なる産業の、支配的なる資本形態を中心とする資本家的商品経済の構造を、いわゆる『ブルジョア社会の国家形態での総括』としても、世界史的に典型的なるものとして、その国家形態自身も、また『国際関係』も、この発展段階に応じて変化するものとして、解明するものとなる」（『宇野著作集』九、五三頁）と。これは彼の結論といってよいであろう。

そしてこの段階論の成立は、宇野の経済学方法論であるいわゆる三段階論の完成を意味するが、そのことは『資本論』のような資本主義経済の理論を自らの経済学の方法の中に改めて位置づけ直し、資本主義の各段階に共通する資本主義経済の原理論として再構成することを要請するだけでなく、他方で、当初は革命の政治的戦略を描くための基礎的な経済分析として求められてきた現状分析が、より広い範囲に対象を設定した具体的な分析を行う手段に置き換えられることにもなるであろう。

（3）経済学はじめ商品経済の分析と形成される市場の法則性を求めて発展を遂げてきたがそれが道徳哲学として論じられていた限りでは、その理論の有効性が問われることはなかった。道徳哲学としての成立と道徳科学へのさらなる精密化が求められていただけだった。しかしそれが何らかの形で人間生活の向上に役立てられることが期待されるようになってきたとき、その有用性が具体的に求められることになった。経済学の大きな変貌でありその役割の変化であった。二〇世紀のマクロ経済学の成立もその大きな動きであった。マクロ経済学の成立によって国民経済の再生産構造が初めて解明できることになり、具体的な政策的応用の道が開けたことはここで言うまでもないであろう。

マルクス経済学の分野でも同じように『資本論』の経済学として持つ抽象性の限界が意識されその限界の突破が、つまりいかにその理論を現実の経済の分析に適応させるかの方法の検討が問題になるに至った。現実の経済は具体的な国家によって抱かれており、しかも非商品経済的部分は必ず市場経済に共存している。国家の権力の媒介なしに経済の安定的な発展は期待できない以上、まず資本主義経済と非商品経済が一つの国家の中に統合されて初めて現実の資本主義国家として自立することになるわけで、世界経済も、そのような内実を持った一国資本主義の成立なしにはあり得ない。一国資本主義がまず段階論の対象になることは言うまでもないであろう。ただ宇野が一国資本主義と国際関係を段階論の対象として併置していることからも理解されるように、一国資本主義の成立と貿易関係などによって結ばれる国際関係は実は同時に関係し合っているのであって、順序としては一国の国家形態の方が先に検討の対象になるとしても、両者が同時に機能し合う世界資本主義の運動の中で国それぞれの性格を形づくっていることは、国の政策などを考えるときには注意すべき点であろう。

宇野が段階論でめざしたことは経済学説史の文脈の中でいえば、経済学をいかに現実の国家の経済問題の分析に利用できるかについての方法を、マルクス経済学の立場から方法論的に提示したものという位置づけになるといってよいであろう。それは宇野三段階論の中核をなす。宇野自身、戦後、東京大学社会科学研究所教授として赴任して間もなく、次のようにその抱負を語ったことがある。「僕は、研究室の同僚には繰り返し話しもし、また近く発行される僕達の研究所の『社会科学研究』第五号にも一小論として発表することにしていますが、経済学の理論的研究について、その分野を三つに分けて考えています。簡単にいえば、『資本論』のような純理論的なものと、それから僕自身が不完全ながら試みて来た『経済政策論』のような、資本主義の世界史的発展過程の段階論的解明と、そして最後に今僕達の研究所で何とかして実現してみたいと考えている『日本資本主義の分析』のような、現状分析とでもいうべきものとであります。経済学が実践に役立つというのは、直接的には最後の具体的分析といってよいでしょう」（『宇野著作集』十、三〇―三一頁）と。

宇野の段階論はこのようにしてその客観的意義とその役割をもって一定の評価を得て来たのであるが、その後その段階論について、その方法や内容そして現在の経済情勢についての適用の問題などを巡って様々な議論が行われるようになってきている。もちろんそれだけでなく、段階論の成立によって形成された宇野の経済学原理論についても、また現状分析についても、すでに多くの論点が取り上げられ議論が行われている。それは宇野の学説がなお未完成であることを告げているといってよい。実際、そこには多くの解明されなければならない問題がなお残されているように思う。そういう問題にかかわる議論については続く第二部で扱うことにしよう。

第二部　宇野経済学方法論の諸問題

第一章　段階論と原理論

一　段階論と『資本論』の原理論化

（1）先の第一部で、宇野三段階論の根幹をなす段階論の成立の経緯を考察してきたのであるが、その段階論の成立は他方で『資本論』理論の再構成、つまり原理論としての『経済原論』の新たな形成を促すことになる。そのことの過程を振り返りながら宇野原理論の成立について考えてみよう。

宇野が、経済学の究極の目標は、日本資本主義の分析とかあるいは世界経済の分析などの現状分析にあると、常に述べていたことはよく知られている。そして例えば、「こういう日本資本主義の分析をやる場合には、必ず資本とは何かという点と、日本が資本主義化したのはどういう時期か、これはもうすでに金融資本の時代だという、その前提がないと分析はできない」（『資本論に学ぶ』一九七五年、三九頁）として、段階論の必要性を説いていることも知られる通りだ。もちろんそこへの過程で、当初は日本資本主義に対する社会主義への革命戦略の前提となる分析として経済の現状分析を考える当時の一般的風潮の中で、宇野も現状分析の意義をそのように位置づけていたかもしれないが、目標が次第に一般的な内容に変化していったこともまた明らかなことであろう。

ともあれ『資本論』という抽象的な内容のものを経済学の書として現実の経済の分析にどのようにして役立ちうるものにするかについて、徹底的に思考を重ねた上で、『資本論』のような資本主義経済の本質規定と経済社会の現状の分析との中間に段階論を置くことによって、『資本論』を原理論として再構成し、マルクス経済学をいわゆる三段階論として体系化したのが、宇野のマルクス経済学における最大の功績であったということは、本論のはじめにすでに記したところであり、その根幹が段階論の発案とそれによる経済学体系の完成にあったこともそこで明らかにしたとおりである。

『資本論』がそれまで資本主義の本質的で批判的な分析の画期的な書物ではあっても、具体的な資本主義社会の分析のためにはそのものとして必ずしも有効なものとは言えなかったが、宇野は自らの体系の中で『資本論』のような資本主義の本質的分析を、具体的な資本主義経済の現状分析のために原理論として再構成すること、および現状分析と原理論の間に段階規定を置くことによって、マルクス経済学における有効性の問題を初めて提起したのであった。

そして、その体系化の手掛かりの原理論は、当初は一九世紀中葉のイギリスを基準にした原理論と考えられていたが、後には資本主義の歴史的な純粋化傾向というマルクスの理解に即して、それによってその経済学原理論の体系化の根拠とすることになったのである。

東北大学で「経済政策論」の講義をしていた頃、「『資本論』と私の経済政策論との関係ということが始終問題だったわけです。経済政策論ができるにしたがって『資本論』による原理論ができたわけです」（宇野『経済学を語る』二九頁）という宇野の言葉、あるいはまた「しだいに経済政策論の体裁が整ってくると同時に、経済政策論にたいする経済原論の意味を考えざるをえないことになった。これがいまの三段階論―原理論、段階論、現状分析を考える基になった」（同上、六二頁）という宇野の述懐が、その経緯を物語っている。

（2）宇野はその原理論において出発点となる最も抽象的な概念が、資本主義的商品経済社会の中心的概念をなす商品であることを明らかにするとともに、マルクスが『経済学批判要綱』の「序説」で示した上向論理の結果である「混沌たる人口」と違って、その概念が展開される過程では「もはや特定の国の、特定の時代の具体的な人口ではなく、資本主義一般に通ずる、その人口の階級的関係が明らかにされるにすぎないことになって来る」（『宇野著作集』一、一六頁）ことを指摘し、しかもその「経済原論」の対象をなす「純粋の資本主義社会は産業資本の時代に、しかも具体的にはイギリスにおいて最も近似的に見出されるにすぎない」（同上、一二頁）ことをそこで明確にしたのであった。もちろんというべきか、ここでもすでに一九世紀七〇年代以降の資本主義の性格や機能が変化することの指摘はあるものの、純粋資本主義の認識の根拠自身についてはまだ語られていない。この趣旨が述べられている「序論」の付された『経済原論』上巻が出版されたのは一九五〇年であるが、一九五五年に出版された宇野編『経済学演習講座　経済原論』（青林書房）の中の宇野が執筆した質問への解答の中では、宇野は次のように書いている。すなわち、「マルクスの『資本論』は、大体一九世紀中葉のイギリスの資本主義を基礎にしてその理論的体系化を大成したものといってよい。しかしこの原理は、資本主義の発展の全過程を通して、もちろんその初期においては種々なる旧社会関係によって歪曲されて未発展のものとしてあらわれざるをえないし、またその末期にももはや純粋の資本主義社会の実現の方向にあるとはいえないものがあらわれて来るが、それにしてもその基本的規定をなすとすれば、初期はともかく、末期の資本主義的発展段階にある諸国ならば、その現状の分析から原理への抽象が全然不可能とはいえないであろう。しかしながらもしそれがなされるとしても、すでに一九世紀中葉のイギリスで資本主義の発展が、純粋の資本主義社会実現の方向にあったことを前提としなければ決して適確には行われないのであって、直接、例えば日本の現状分析だけでなされるというわけではない」(『宇野著作集』二、一八二―四頁)と。そこでの「質問」が例えば日本の現状から出発して原理論を確立できるか、というようなものなので、やや分かりにくいところもあるが、ここでは一九世紀中葉のイギリスが基礎になっていると言いながら、それが同時に純粋の資本主義の実現の方向にあることを根拠にしなければ決して的確にはモデル化できないことを述べているのは明らかに宇野の資本主義純粋化の理論へあと一歩というところを示すものと推定できるであろう。

宇野が純粋化傾向を言い出す前に、対象を純粋の資本主義に設定したこと自体は決して珍しいことではない。むしろ古くからある常識的な理解だといってよいであろう。宇野が高等学校の学生の頃よく読んでいたという河上肇の個人雑誌『社会問題研究』の中で、河上は、現実には非資本主義的領域との関係なしに資本主義は存在しないが、「純粋資本主義」の「仮定」は資本主義の「本質」の解明のためには必要であるとすでに述べている(上掲誌、第五一冊二〇頁)。『資本論』が純粋資本主義をその対象にしているという理解は、その理由はともかく一般にはすでに行われていたことであった。(注2)

(注2)　A.L.Harris は Pure Capitalism and the Disappearance of the Middle Class (*Journal of Political Economy*, Vol. VII No.3,1939) という論文の中で、マルクスは意識的に純粋資本主義という言葉こそ使っていないが、この純粋資本主義という想定をすることによって、その『資本論』における方法を一貫させている、と述べていた。ハリスはその純粋資本主義という言葉を初めて使用したのはH・グロスマンであると推測している。なお管見に過ぎないが、はるか昔、ロンドンのLSEの図書館の片隅に置かれた雑誌の中で発見したこのハリスの記述は、pure capitalism という概念について私が初めて接した英語文献であった。

宇野が資本主義の純粋化傾向の重要さに注目し始めたのが何時かは実はよくわからない。宇野はのち「形態論まで本当に純化して考えるということになるのはずっとのちになってからです。なにか形態の展開自身にも商品経済の発展というのが影響していて対応してできているのじゃないかと考えていた。それは資本主義の発展段階のような明確な段階は区別できないかもしれない。しかし商品経済の発展が長い間かかって形態規定をだんだんと純化しうることになるのじゃないかという考えがあったようだ」（宇野『資本論五十年』下、一九七三年、六六九頁）と述べている。宇野は、はじめ「理論体系は、一種の内面的動力を以て展開される」（『宇野著作集』三、三五頁）として、「それは寧ろ特殊歴史的性質を有する資本主義社会の分析による抽象が、再び資本主義社会への復元を求めるものとしてあらわれる。その展開の必然性もまたそこに根拠を有するものと言える」（同上）と解していた。そしてその後、マルクスの言葉──「理論では、資本主義的生産様式の諸法則が純粋に展開されるということが前提されるのである。現実にあるものは、いつでもただ近似だけである。しかし、この近似は、資本主義的生産様式が発展すればするほど、そして以前の経済状態の残りものによる資本主義的生産様式の不純化や混和が除かれれば除かれるほど、ますます進んでくるのである」（Marx,*Das Kapital*,Buch Ⅲ,*Marx=Engels Werke*,Bd.25,S.184.『資本論』第三部、『マルクス＝エンゲルス全集』25巻第一分冊、二二一頁）という説明に啓発されて、その純粋化傾向をもって純粋資本主義の想定の根拠とするようになってくるように思う。宇野自身「ぼくはこれを非常に重要視しているんで、これがあるいはぼくの考えのエッセンスといっていいかもしれない。実際、これは他の学問にはないのではないか。理論経済学の対象をなす資本主義はその点非常におもしろい」（宇野『経済学を語る』七〇頁）と述べているほどだ。

(3) それでは純粋化という資本主義の歴史的傾向が事実としてどのように捉えられているか見てみよう。すでにみたように宇野ははじめ「形態の展開自身にも商品経済の発展というのが影響していて対応してできているのじゃないかと考えていた。それは資本主義の発展段階のような明確な段階は区別できないかもしれない。しかし商品経済の発展が長い間かかって形態規定をだんだんと純化しうることになるのじゃないかという考えがあったようだ」(『資本論五十年』下、六六九頁)と回顧している。しかしそれは商品経済自体の抽象に過ぎないと考える。やがて商品経済でなく資本主義的商品経済という対象を歴史が抽象するという純化傾向の理解に発展してくる。たんなる商品経済と資本主義的商品経済との区別という視点は、のち議論しようとしている「商品経済の原理」という問題とも関係するので、この叙述はここで記憶にとどめておきたい。

実際、宇野は、はじめは資本主義の純化傾向というよりむしろ、『資本論』は「大体一九世紀中葉のイギリスの資本主義を基礎にしてその理論的体系化を大成したものといってよい」(『宇野著作集』二、一八三頁)と考えていて、資本主義の純粋化傾向を必ずしもその抽象の根拠にはしていないように思われる。

それでは純化傾向と原理論との関係がどうなっているかといえば、それは徐々にはっきりしてきたようである。宇野は、「マルクスの場合は原理をたてるということが主になっていたせいもあるだろうが、事実もそうだったので『資本主義が発達すればするほど純粋の資本主義社会、つまりその法則性の展開がそのまままみられるような社会に近づく』というような意味のことをいっているのです。これは非常に重要な点を示したものといってよい。法則性を明らかにする原理は、そういう社会を前提しなければならないのであって、例えばアダム・スミス、リカード、マルクスでは対象自身がだんだん純粋の状態に近づいて、旧社会の残存物がなくなってくるといってよかった。そしてその後もだんだんそういう社会に近づいていく、というふうに考えていたわけです」(『経済学の効用』一四二—四三頁)と述べているが、これは宇野の基本的理解といってよい。

そして同時に、「歴史的発展は決してそういう純化を一筋に続けるものではなかった。資本主義は十九世紀七十年代以後漸次にいわゆる金融資本の時代を展開し、多かれ少かれ旧来の小生産者的社会層を残存せしめつつますます発展することになったのであって、もはや単純に経済学の原理に想定されるような純粋の資本主義社会を実現する方向に進みつつあるものとはいえなくなったのである。すなわち経済学は、ここにおいて原理のほかに原理を基準としながら資本主義の歴史的発展過程を段階論的に解明する、特殊の研究を必要とすること【を明らかにされる―宇野手沢本により補正】のであった」(『宇野著作集』二、一一頁)ということが前提にされることによって、純化の「逆転」、あるいは「阻害」、または「鈍化」という話が次に出てくることになる。「阻害」とか「鈍化」という表現は宇野自身が「逆転」という表現は言い過ぎで不正確だとして、のちにそれを「阻害」や「鈍化」に改めた経緯があるが、いずれにせよ、資本主義の純粋化傾向が金融資本の時代に入ると、その傾向が逆転することはないにしても鈍化、減速するという意味で用いられている。このことが宇野の理論にとって決定的に重要であることは明らかであろう。段階論の出現の根拠がまさにここに示されたからである。

以前からあったその考えが表現としても完全に明確化されたのは『経済学方法論』の執筆がその契機になっているのではなかろうか。『方法論』やそれに続く新『経済原論』などにおいては、明確に資本主義の歴史的な純化傾向が原理論の抽象の根拠になっていることが示されているといってよい。しかもそれは宇野の言う産業資本主義の段階に必ずしも限定されないで、「資本主義的純化作用の明確な一九世紀中葉までのイギリスの経済が、かかる原理論の展開をなすのにもっとも適していた」(同上、一八〇頁)というように微妙に表現も修正されてくる。それだけでない。宇野は「私は、かつて経済学の原理論は、単に対象を模写するのでなく、方法自身をも模写するものであるといったことがあるが、それは対象の模写が同時に方法の模写でもあることを意味することにほかならない。それは、すでに繰り返して述べてきたように、原理論の対象をなす純粋の資本主義社会なるものが、客観的に純化作用を有しているものとして想定されるものであるからである。方法自身が客観的に対象とともに与えられるのであって、対象に対して何らかの客観的な立場によって立向かうわけではない」(『宇野著作集』九、一五四頁）と述べて自らの原理論の成立の客観的な根拠としたのである。これが宇野の根本的で最終的な主張であることは確かである。

もちろんそういう根拠をもって原理論を展開するということは、単に歴史的記述による夾雑物やイデオロギー的な要素を取り除くというだけではない。さらにまたそれは対象としての純粋なる資本主義像を「実験室」的に人間の抽象力によって思惟の力で作り出すとする理解にとどまるものでもない。だからこそマルクスも概念化を通して抽象化され純化された資本主義の理論『資本論』をもって、それによる分析の例示に一九世紀のイギリスの資本主義の現実を当てたのであった。ただ宇野はマルクスの『資本論』が純粋の資本主義という対象の理論化であることを承認しつつも、資本主義の純化傾向に向かう資本主義の発展の歴史的傾向に着目して、その傾向の極限まで思惟を延長することを通じて、自らの経済学原理論を方法的にさらに徹底したのであった。ここに宇野の経済学原理論、具体的にはその『経済原論』の成立の特徴があるし、それに伴った内容の特徴もある。

（4）しかしまたそのような方法は同時に、論理のきわどい均衡の上に立つものといってよかった。すなわち、一方で宇野は、資本主義の歴史的純粋化傾向なるものを純粋資本主義つまり抽象化された資本主義の理論成立の客観的根拠とするのであるが、他方で、一九世紀末には資本主義の歴史的純化傾向が逆転するということが明らかにならないと、経済学原理の体系的純化が完成しないとするのであって、まさにこれは一見矛盾の上に組み立てられた論理と言わなくてはならないのである。

その点は「純粋資本主義をわれわれが想定する場合、一方ではそういう資本主義の純粋化過程というものが現実に存在したということを頭におきながら、他方ではそれが決して完成しないんだ、逆転するんだということをも同時に心得ながら、なおかつ純粋な資本主義を想定する。そういう、いわば二重の想定と申しますか、どうもその辺のところに問題があるような気がする」（『経済学を語る』七一〜七二頁）として佐藤金三郎に早くから難点として指摘されてきた点だが、宇野はそれに対して「逆転といったのがまずかった」、「純粋化の傾向が阻害される」と訂正すれば済むという理解であり質問への回答もそうであった。純粋化の傾向が「全然なくなったわけではない。したがってまた基本的概念には変りはない」（同上）といってその場の説明も終えている。その座談会の席上での佐藤はそこではそれ以上反論していないが、納得していなかったことは、のち彼がこの点をとらえて宇野批判を展開していることで分かる（『「資本論」と宇野経済学』一九六八年、参照）。宇野は純化傾向の「逆転」という表現をやめて純化傾向の「阻害」あるいは「鈍化」に改めれば問題は解消するように考えて済ませているようだが、果たしてそう簡単に済むものなのか。

確かに純化傾向の「逆転」をいえば「純化」と同一線上での問題ととらえられる可能性がある。しかし「阻害される」とか「鈍化する」といわれれば、複線的な見方であるということになるであろうか。宇野の頭の中では別に両者は区別されずに理解されていたようである。しかし資本主義の歴史的過程が一方では商品経済的に純化する傾向を持ちながら、他方ではその純化傾向が様々な要因によって阻害されるというのは、同じ歴史過程をみているとすれば矛盾することになりはしないか、と思うのは自然である。まして逆転するとすれば……。実際「経済の過程は首尾一貫しないから資本主義はいかんというわけにはゆかない。……新しい資本主義国が株式会社で急速に発展してきて、いわゆる金融資本の時代になると、そういう傾向は阻害される。それだからといって、この傾向が全然なくなったわけではない」（同上）というのも同じように理解しにくいかもしれない。

しかしこの純粋資本主義の成立と資本主義の歴史的段階的区別が同時に成立していることが、宇野にとっては絶対に必要な条件であった。そうなると一方で資本主義の純粋化傾向の進行が鈍化しながらも継続していることと、他方で一九世紀の終わりごろから資本主義が変貌しその純化傾向を超えて、各国の資本主義の発展が各種多様な相貌を現わしつつ変化することとの関係で、資本主義の発展の歴史的経路は複線的に理解されることにならざるを得ないのではないか。しかもそれは宇野にとっても必ずしも誤った解釈にはならないであろう。宇野は純化傾向からその否定としての不純化が出てくるわけではないと繰り返し述べているからである。これは同一線上における二つの変化であることを否定するもののように思える。佐藤金三郎の疑問は同じ歴史の軌道上の変動とみた点にあった。しかし宇野によれば資本主義の純化傾向は資本主義の商品経済的側面での問題であり、「逆転」あるいは「鈍化」というのは資本主義経済と旧社会との様々な関係などから出てくる現実的な問題で、両者は異なる論理の線上の問題だからとされるようである。ただ考えてみると一方は、旧社会的関係を排して商品関係が独立して拡大してゆく過程に着目した視点であり、他方は、旧社会あるいは国家などの非商品経済的関係と商品関係との対立ないしせめぎ合いの中での現実の展開という状況を見ているように受け取れるのである。それは明らかに互いに影響されることのない二つの道であるようにも思われる。

ただマルクスの言葉を援用して宇野が「資本主義の発展として『前資本制的な経済状態の残滓による資本制的生産様式の不純化と混合と』を『除去』してゆく傾向をもっていないわけではない。しかしまた反対にそういう『不純化と混合と』を基礎にしてその独占資本主義を展開している。そこにこそ帝国主義時代の規定が与えられる。一定の時期に発生した資本主義は、或る時期まではたしかにマルクスのいうような傾向にあったのであるが、しかしその時期を過ぎると、しかも決して『純粋』の資本主義社会を具体的には実現しないままで、逆の傾向に転ずるのである。この逆転は一定の歴史的時期に始まるということから生じることであって、そこにこそ具体的な歴史の『矛盾の発展』が見られるのである」（『宇野著作集』四、三二頁）というのもやや理解しにくい。それに実際、独占資本のような帝国主義的な資本主義の変容が果たして旧社会との関係から出てきたものと直ちにいえるものなのだろうか。イギリスに遅れて発展した資本主義国が旧来の社会関係を残しながら他方で急速に高度な資本主義を導入したことは確かであるが、そしてそこでは存在した純粋化傾向が鈍化したことはうなずかれる。ただ株式会社に代表される新しい制度的変革は旧制度との関連とは直ちには言えないであろう。新しい生産方法の導入が古い制度を残すのか、その逆に古い制度がさらに新しい生産方法の導入に走るのか。また株式会社は資本結合のより商品経済的に合理的な形態とはいえないだろうか。しかもそれは資本主義の初期段階からすでに形式的には機能していたのである。宇野は後進の資本主義国では「農業その他の中小企業に形成し、保有しながら、他方でその吸収を制限するということになったのである。……もちろん、イギリスにしてもそういう残存物を一掃したわけではない。殊に産業資本の発展が海外投資によるにしろ金融資本化をもたらすとともに、従来の傾向は逆転せざるをえないのである」(『宇野著作集』七、一七九頁)と述べているが、ここでも「分解過程を含みながらそれを阻害するものとして逆転するという内的な複雑さを示すことになる」(同上)ということの理解の複雑さは解消されないで残っているといってよいだろう。

だがこれは、宇野の三段階論の方法にとって些細な問題ではない。まさに核心的部分でなければならないのである。宇野は述べている。「マルクスにとっては、資本主義は発達すればするほど、理論的に想定せられる純粋の資本主義社会に近似するものとして、その経済学の原理論に客観的根拠を与えることになったのであるが、しかしこの資本主義の傾向が、十九世紀末には種々なる事情によって、必ずしもそういうように一面的には展開されなくなるということが明らかになってこないと、経済学の原理論の体系的純化は決して完成しえないのであった。そしてまた十九世紀末以来の金融資本の時代が解明されないと、資本主義の発生期・発展期も、その発展段階として明確に規定されえないのであった。いずれも純粋の資本主義社会への発展の過程としてしか理解されないからである」(『宇野著作集』九、三七頁)。そしてそのことが理解されないと、「特に発展期の、いわゆる産業資本の時代の諸現象は、すべて原理論的に解明されるべきもののようにも考えられることになる。『資本論』のいわゆる窮乏化説は、その点をもっともよく示している。すなわち十九世紀中葉のイギリスの具体的諸現象が、直ちに原理論的に解明されうるかのように規定されたのであって、折角のマルクスの偉業をなす人口論も、そのために十分に展開されえなくなったのであった」（同上）というわけだ。

(5) 歴史的傾向としての純粋化とその「鈍化」は、純粋な資本主義を対象とする資本主義の原理論の形成にとって欠かせない条件であって、まさに宇野方法論の核心である。なぜなら一つには、宇野の純粋資本主義に対する従来の批判が、単なる攪乱的要素を除去することで事足りるとする安易な方法に依存しており、そういう方法から「現状分析を直ちに原理をもってすます、いわゆる公式主義の生ずる原因もここにある。それはまた原理のない経験主義への譲歩の道をもなすわけである。あるいはまた原理の内容を失った形式的規定に堕する道を開くことにもなる。少なくとも機械的抽象の方法は、かかる逸脱を理論的に防止しうるものではない」（『宇野著作集』九、一二三頁）ということになるからである。宇野にとって重要なのは、「資本主義の発展も一定の段階に達すると、理論的に想定されるような純粋の資本主義社会にますます近似してくるとは、必ずしもいえなくなるという事実を明確にしないで理論的展開が行われると、異質的要因のこの歴史的過程における意義は、過小評価される傾向を免れえない。それは資本主義の運動法則を不明確にする単なる攪乱的要因として理解され、理論的研究はかかるものを捨象することによって純粋化されるもののように考えられるからである」（同上、一二二頁）ということであり、まさに核心だ。実際、日本で河上肇以来主張されてきた『資本論』を実験室的な純粋資本主義の理論とする理解は、まさにそのような機械的抽象によるものに過ぎなかったからだ。

とはいえ宇野が、一方で資本主義の純粋化を歴史の発展過程の中での明白な傾向として説きながら、同時に同じ歴史の変化する展開過程の中で、資本主義の純粋化の傾向が旧社会との対抗関係の中で鈍化して不純化するという歴史的傾向を根拠に段階論を準備して、それによって他方で純粋資本主義論の成立を説くのだとすれば、それはまさにきわどい均衡の上にある議論といえないこともないが、ただ宇野は一九世紀後半の時期に純化傾向の鈍化を説きながら、のちに資本主義の純化傾向は一七世紀あたりから始まると説くことによって、両者の交わる歴史的時期をずらして、その二つの軸の変化が重なることを巧みに避けているような印象もある。如上の、複線的な理解とも違う微妙な説明かもしれない。ここでは「純化」の時期が「逆転」の時期と重なることがなければ問題はあるまいと考えたのではないだろうか。先に、きわどい均衡という表現を用いたのであるが、宇野が表現を「逆転」から「阻害」あるいは「鈍化」に変えさえすれば誤解はないというのにはいささかその説明に疑念は残るが、先にも示したように、宇野の言う資本主義商品経済の形態的純化傾向をそれとして認めながら、他方で資本主義経済の発展が非資本主義的経済の影響から脱しきれないままに進行するという歴史を二つの断面から観ることによって、宇野の難解な説明を理解できない決定的な矛盾であるともいえないということはできよう。ただそれにしても後述するように、まだ難点は残る。しかも宇野には問題の困難さについての自覚はほとんどみられない。

ともあれその点に対して宇野は、資本主義商品経済の純粋化の傾向とその傾向と独立に旧体制との関係を温存する現実の歴史の進行を観察することによって、抽象化された対象としての原理論（基本的には『資本論』に依存して作られた経済学原理）と時代により相違する現実的な対象である資本主義国家の経済の性格を扱う段階論とを分離するという方法を見出して現実の経済の分析の道を開いたといえるのである。そしてそのことによって原理の意味と段階論の意味がおおよそ確定され、前者は資本主義の各発展段階に共通する資本主義一般の経済原理として、『資本論』とは違って資本主義経済の繰り返す法則性を明らかにするものとされ、資本主義社会の終末をその結論とするような『資本論』の役割とはその意義を異にするものとされたのである。これは従来のマルクス主義的な経済分析が『資本論』の論理をもって直接に現実の対象に適応せしめようという手続きをとることの誤りを明らかにすると同時に、現状の分析のために必要な方法的課題についても一つの提案をしたということができるのである。若干の問題を残すとはいえ、それは当時の日本のマルクス経済学研究にとっても画期的なものとしてとりあえず評価できるであろう。

(6) 宇野の三段階論は確かに資本主義研究にとって、そしてその現実の経済分析にとって、大きな方法論的前進を約束するものであったことに間違いないであろう。それは資本主義経済の原理的対象と国家によっておおわれた現実の資本主義社会を対象とする分析との相違を初めて方法論的に明確に指摘したのである。実際、それまでのマルクス経済学の研究成果に対してその鋭利な方法をもって批判する宇野の筆法には鋭いものがあった。既存の理解ではその欠陥を指摘されて反論することが難しかった。宇野理論はただひたすらマルクス主義の無謬性を維持しようとする見解には鋭い批判力を発揮した。批評の武器としてはかなり有効に作用したと思う。宇野の学説が多くの経済学者の興味と関心と同感を得ていわゆる宇野学派が形成されたのは、それが学派として人的結合を求めるものではなく、何人にも開かれた科学的・理論的集団だったからである。(注3)

（注3）「まことに、宇野のプロジェクトがもつ整合性と大胆さは、なるほど完成された最終段階こそ存在しなかったが、宇野体系に対する文字通り数百人の信奉者を勝ちえた。宇野は終戦後ほどなく東京大学に移ったが、その東大とかかわりのある経済学者たちの間では特にそうであった。……これらの学者がまたかれら自身の学生を育て、その結果、一九五〇年代半ばから一九七〇年代半ばまでの二〇年間にわたって、日本のマルクス経済学は宇野派によって支配されるようになり、あるいは少なくとも、この学派のなかから最高の学問的『著名人』が出るようになった。これは、大学の学部で近代経済学が興隆してくる以前、マルクス経済学（マル経）が必須科目として制度化されたことによっ

て守られた地位であった」（Barshay *Ibid* .p.123-24　バーシェイ前掲書、一五一頁）。

もちろん広く支持されていたとしても、その理論について反論や批判がないわけではない。かつては、マルクス主義の権威に依存して激しく宇野を論難するものは、いわゆる正統派に共通に見られたのであるが、さすがにそういう批判は最近は影を潜めたものの、逆に宇野派の中で後の世代になってくれば、世界資本主義論者のように、宇野の功績を認める者であってさえも、その方法に納得しないものもある。また最近の小幡道昭の提唱する「変容論的アプローチ」のように宇野方法論体系を根本的に批判しようという試みさえも宇野理論の内部から現われている。他方、宇野理論の方法に寄り添いながらさらに新しい深化の可能性を追求する山口重克のような試みもある。宇野的な思考は肯定的にも否定的にも今や現在の日本のマルクス経済学の中に、あるいは外国のマルクス研究者の間にさえも、少しづつ浸透・拡散しているように考えることはできるかもしれない。ただもちろん科学的な学問を志向する限り批判から免れることは出来ないはずだし、むしろそれは歓迎すべきことであろう。

実際、宇野のいう原理論、段階論、現状分析論のそれぞれについて、あるいは全体の方法論そのものについても仔細に見れば未解決の問題点がないわけではない。宇野理論は従来の権威主義的なマルクスの理解に対する批判の手引きとしてはかなり有効だったが、自らその武器を手にとってその内容を仔細に観察すると必ずしも完全なものとは思えない節が出てくる。疑問もわいてくる。実際、それらの問題の検討は避けては通れないであろう。そういう宇野説への疑問に対する解決の方向の試みもすでになされつつあるのである。そうであるならばそういう問題点を取り上げて検討することも必要であろう。その検討の結果によっては、日本のマルクス経済学における輝かしい方法論的な成果として評価されてきた宇野の三段階論そのものに、改めて問題が潜むことが明らかになるもしれないが、そうだとしても学問研究にとっては避けがたいことである。むしろそこから新しい別の道が開けてくることさえ期待できるかもしれないし、逆に宇野の段階論に更なる発展の契機が見いだされることになるかもしれないのだ。そのことを念頭におきながら論点を整理し宇野経済学方法論の検討をさらに進めてゆきたい。

二　宇野『経済原論』の体系

(1) まず最初に、原理論について考えてみることにしよう。もちろん『経済原論』の内部の問題についてではなく、その全体の方法論に関してである。そこでの根本的な問題は『資本論』を宇野が「原理論」に組み替えたことである。それによって『資本論』の内容的意味が大きく変わったということがある。両者の関係は、A・バーシェイが「半ば冗談だが」として、『源氏物語』本文とA・ウェイリーの英訳本との関係に似ていると指摘する。「どちらもオリジナルとは似ておらず、語調もまったくちがうが、それでも知的な面では、両オリジナルは『訳者』を磁石のように引き寄せ、人生観や社会観を形づくるに至った」（Barshay, *Ibid*. p.106. 訳、一三〇頁）という関係にあると述べているのは、案外、当たっているのかもしれない。実際、ウェイリーの『源氏物語』の自在な英語訳は、原典とは離れて独自の存在意義を有するものとして従来から評価が高い。他方、宇野の『経済原論』も、単に『資本論』から歴史的記述を省きイデオロギー的部分を除去して論理的首尾一貫性を貫く形で内容を合理的に整序したというにとどまらない意味を含んでいる。その「蓄積論」に見られるように、資本主義の純粋化の極致に総資本と総労働の対決があり、その結果、資本主義はその運命を終えるというマルクス『資本論』の壮大な叙事詩的な目論見は薄れ、さらにそれを唯物弁証法の実現として説くという哲学的構想は消えて、いわば純粋な経済学の理論、資本主義の純粋理論として組み替えられることによって、その本来の性格が変わったということがありうるからである。もう一度バーシェイの言葉を借りれば、宇野の実験は「資本主義という観念そのものを、その論理的極限へと、すなわち、仮定により人間関係は物化されつくしているので階級闘争と国家が停止状態にあるような領域へと押しやってみるという実験」(*Ibid*.,p.108. 同上一三三頁)だったということだ。バーシェイの表現は極端にすぎるとしても、ともかく『資本論』を哲学の書としてではなく、経済学の書として、純粋資本主義社会の原理論という形で表現し直した宇野の主張は、日本のマルクス主義経済学の正統派と称せられる人たちから、『資本論』に関してはいうに及ばず、さらにマルクス主義とマルクス経済学にたいする無理解、歪曲あるいは修正として、あるいはまた、マルクス主義哲学者たちからは、およそマルクスの弁証法を理解しないものとしてその哲学的素養の欠如を厳しく論難されたのである。

もちろんそういう批判をここで肯定的に評価しようというのではない。むしろ逆だ。こびりついていた古い権威主義的装飾をそぎ落とし、硬直した訓詁学的解釈を排して本来の意義を求めようというのは、『資本論』のような古典の学習にとって不可欠な態度でなければならないし、さらに一歩譲って『資本論』が経済学の書でなくて、マルクスの世界観を示す哲学的書物であったとしても、われわれがこの古典を経済学の書として読もうというのは、古典の理解は多様でありうるので一向におかしくないからだ。ただここでは宇野とそれまでの大方の『資本論』理解とには、大きな違いが生じているという事実をあらかじめ確認することから始めたいと思うだけである。

周知のように、マルクスが自身で『資本論』を出版したのは第一部だけであり、そこに現れたマルクスの意図はかなり明瞭に見て取ることができたが、エンゲルスがマルクスの死後、残されたその膨大な草稿を整理して『資本論』の第二部、第三部にまとめ上げた時、第一部には部分的にしろまだ顕著にみられたその資本主義批判に含まれるイデオロギー的性格は全体として完全に後景に退き、むしろ資本主義の経済構造の体系的な叙述を主眼に置く経済学の理論書としての性格がつよく印象付けられるようになった。それは第一部に含まれる資本と労働との商品関係に隠された階級関係を論じる生産過程論とそこでの剰余価値生産の問題から、第二部や第三部で資本の運動自体の考察や、資本相互の競争を通ずる利潤の配分やそこから出てくる遊休資金の遊離とその活用というような資本の効率的運用から導き出される利潤の分配関係の問題が大きくその対象となったことと深い関係があると思う。またマルクス自身が信用制度や株式会社の登場によって、資本主義の限界が緩和されるという問題について触れていることも知られているところだ。したがってそれはマルクスが『資本論』の第一部で論じた生産過程の核心と矛盾するわけではないが、ただ『資本論』の役割が第一部だけではなく、全三部の構成によってはじめてその全体像として見えてきたことも確かである。そしてそれは第一部だけでなく第二部、第三部の重要性を、そして『資本論』全体の体系構成の意義を重視する宇野からすれば、戦前のマルクス経済学者が第一部ばかりを扱い、あまり研究対象として重視してこなかった『資本論』第二部、第三部の研究に早くから自身が没頭していたことも、絶えず体系性の意義とその役割を考え続けていた宇野にとっては、自らの原理論形成の際に大きなきっかけを与える理由になったことであろう。

(2) 宇野の原理論体系について考えてみよう。それは具体的には彼の『経済原論』に示されている。最初に岩波書店から出版された『経済原論』上下（一九五〇、一九五二年）は戦後のものであるが、東北大学ではすでに戦前の一九三六年に、原論担当の和田佐一郎教授の代講で、宇野は経済原論の講義を行っている。その時の講義プリントが残っていて、宇野の著作集にも収録されている（『宇野著作集』別巻）が、そこでは細部の点はともかく、方法論的にはすでに宇野原論の方向性とその内容がほぼ明らかにされていると見ることができる。そういうこともあってか、宇野は戦前すでに「岩波全書」に『経済原論』の執筆を依頼されていたようだ。その話は戦前、宇野が東北大学を辞めることでいったん途絶えたのだが、戦後その約束は復活した。「書いてみたら長くなって二冊の本になった」と宇野は語っている。それは戦後の一九五〇―五二年に出版された『経済原論』上下のことである。その後、改訂簡略版ともいえる全書版『経済原論』（一九六四年）を出版して当初の約束を果たしているが、いずれにせよ宇野の構想した「経済学原理論」の内容はそれらにはっきり示されている。

それでは宇野原論の特徴とはどういうものであろうか。すでに論じつくされているきらいはあるが、前記の『経済原論』やその周辺の文献から、特殊なその方法論の設定の事情に限ってここで検討してみることにしたい。

それはとりあえず原理論というものの成り立ちから想像できる。これはすでにみたように段階論の構築によって独立させられた資本主義の一般的原理としての経済理論なのである。そこには『資本論』のもつ哲学的色彩はほとんどみられない。またマルクス主義に伝統的とされる経済の歴史的過程を論理的に反映するという理論でもない。それは明らかに自らの段階論を前提に構想された純粋資本主義の原理論としての経済理論として構築されなければならないものとしてある。他方、その位置づけとともに原理論は原理論として独自の演繹的な方法によって構成されなければならない。それは過去の学問を継承し発展させようとする者にとっては当然の手続きである。宇野はマルクスの『資本論』にならい自らの経済学原理論を構成していくのであるが、その場合、歴史反映説を否定し、主体的認識論も受け入れない宇野は、『資本論』を範に取りつつも、自らの理論の科学的・唯物論的根拠をどうしても必要とした。宇野はその「原理論」なるものがマクス・ウェーバーのような理念型に基づく主観的な構成された理論ではなく、資本主義の発展の歴史的傾向にのっとって抽象された客観的な唯物論的根拠のある理論であることを繰り返し主張している。それでは純粋な資本主義を前提として形成された理論だが、それは対象としての資本主義経済社会を主体がいかなる手続きで認識していくかという問題としてではなく、対象としての資本主義自身が自らを純化させるような歴史的な発展を遂げ、しかも対象を純化させせただけでなく、その純化した資本主義の内的な論理の展開の方法までも客観的に指し示してくれる、というのである。すなわち「経済学の原理論は、単に対象を模写するのでなく、方法自身をも模写するものである」（『宇野著作集』九、一五四頁）。宇野の解説によれば、「商品経済は純粋になる。つまり、自分で純粋になる力をもっている」（『経済学を語る』七〇頁）ということだし、それは「方法も対象の歴史的発展から模写する」（同、一四二頁）ことができるということを意味する。これは宇野の原理論形成の核心的部分といってよいが、問題がまったくないというわけではない。というのはこの点に宇野に対するマルクス主義哲学者の批判の力点が置かれていることからも分かる。

（3） 戦後の日本のマルクス主義の哲学者たちは、従来、一貫して宇野の純粋資本主義論をその恣意性において批判してきた。彼らは概して単純な反映論を否定し、社会的実践を通じて初めて科学的な認識ができると考えていたからである。つまり観察する主体が対象に内在しているという理解である。実践活動もできない書斎の経済学者に『資本論』が理解できるか、できるはずがないというわけである。プロレタリアートの「実践的直観の立場」からの『資本論』の主体的な把握を主張する梯明秀がその代表的存在といってよいであろう。そしてその主体性論争は戦後のマルクス主義哲学者の大きな争点であった。

そしてそのなかから登場してきた黒田寛一は、宇野が「プロレタリア的立場に規定された対象的認識の過程的構造を追求」（黒田『宇野経済学方法論批判』増補新版、三七頁）しない点に「まやかし」があるとした。そのような主体的認識なるものが同時に対象とする資本主義社会に対する批判であるという立場を通して、いかに対象を理論的に再構成するかの問題から思想と科学との統一がそこで主張されるようになったのである。

マルクスの『経済学批判要綱』の「序説」の中の第三節「経済学の方法」における「上向」、「下向」の考え方を下敷きにして、例えば、黒田の先達、梯明秀は、下向の分析過程を資本主義社会の本質分析として捉え、その本質を媒介にしての上向過程として『資本論』の展開を捉えている。そしてその下向過程を認識論として捉えて、認識する自己が同時に、認識対象でもあるという彼独自の「実践的直観の立場」なるものから、最終的には商品として矛盾的存在である労働力を冒頭商品において、労働者の一般的な否定的立場意識をマルクスが代弁して『資本論』を構成しているというような極めて特異な主張をするところまで行きつくのである。より抽象的な範疇に純化、単純化してゆくという下向の論理が本質の分析になるというような梯や黒田の理解は極めて特異なものといわなくてはならない。実際、『資本論』の冒頭商品論におけるそのような解釈は、マルクスのどのような視点からも絶対に出てこない誤った解釈であることは間違いないであろう。

かつてのそのような主体的認識の議論は今や耳にすることがほとんどないが、ともかく当時の宇野にとって、そのような批判は無視できないに違いなかった。しかも単純な反映論はもちろんとっていないし、とることはできない。それは社会科学の独自な成立を主張する宇野にとって、社会科学と自然科学との違いをはじめから無視するもので、話にならなかったからである。宇野は梅本克己との論争で「客観的認識の体系は、同時に、対象的世界への批判の体系となっている」(梅本『宇野著作集』十、に引用、四一七頁)という梅本の言葉を取り上げて徹底的に批判し、自らの思想と科学的認識の立場の違いを説明している。他方、宇野は黒田寛一の批判に対しては、認識するためには主体の主観を前提することを認めながら、方法自身が客観的に与えられるということで十分ではないかとハガキで返答したことがあった。それは宇野の確信でもあった。もちろん宇野自身も哲学的論議に十分自信があったわけでないことは、発言のところどころに見え隠れしている。前記黒田の著書新版に宇野の返信のハガキの写真版が載っている。

宇野は「マルクス主義哲学者は対象の模写をいうが、それでは観念論に負けると思う。模写する方法自身は観念的なものをまぬがれることができない。模写論は対象自身がその方法を示している点ではじめて本当に徹底する」（『経済学を語る』七一頁）と述べて、自らの主張を根拠づけようとしているが、マルクス主義哲学者も単なる模写論を述べているわけではないというだけではなく、実はその宇野の議論の重要な前提になっている「資本主義の純粋化傾向」という宇野のキーワード自体がすでに難しい問題を含んでいるということがあるのである。宇野によれば、対象自身が自ら抽象を行っているということで、しかもそこでは対象自身が当事者になっているのである。誰がそれをどうやって認識するのか、という分析者の視点はもちろん無視されている。対象自身の展開の方法も歴史が作るといっても、全体の運動の過程から対象となる事象を選び出して特定の論理を削り出してゆくのは主観的な操作に陥るのを免れないのではないか。しかし先の黒田に対するハガキの返事にもあるように、宇野自身もそのことも承知しているのではないか。

もちろんそれだけではない。宇野の純粋資本主義の抽象の方法を検討するに際しては、先に引用した箇所で、「商品経済は純粋になる。つまり、自分で純粋になる力をもっているという点が重要」（『経済学を語る』七〇頁）と述べていたことを思い出す必要がある。同様に、『資本論五十年』で語っていた言葉「商品経済の発展が長い間かかって形態規定をだんだんと純化しうることになるのじゃないかという考えがあった」（『資本論五十年』下、六六九頁）という記述も思い出すといいだろう。宇野はそこでは「純粋になる」のが「資本主義的商品経済」とは言っていない。あくまでも「商品経済」である。商品経済は確かに自分自身で純粋になる力を持っているということだ。商品の運動は人間の動きがいわば疎外されて現れているものだ。純化の動きも客観的だ。人為ではない。資本主義経済ではなくて商品経済というところがポイントであると思う。ところが他方、「資本主義の発展は、……小生産者的経済生活を資本家的に自由平等なる商品経済に純化し、合理化する傾向を示していた」（『経済原論』、『著作集』二、一〇頁）というのが宇野の一貫して示している理解なのである。市場経済の発展が商品経済を構成する諸カテゴリーを次々に析出し純化していったことに間違いはない。それが市場経済である限り、中世の市場であろうが、資本主義社会の市場であろうが、その性格に変わりはないはずだ。そしてその市場経済の形成が人間の意識を超える客観的な自己運動を展開し、そのことがやがて外部の認識の対象として識者の耳目をひくようになり、経済学として学問的認識の新たな対象として存在を高めていったとする一七世紀以降の経済学の成立の過程についてはすでに多くの人の知るところであろう。それはいわゆる「下向」の過程に合致する。宇野の言う「資本家的に自由平等なる商品経済」というのはやや理解が難しいが、いずれにせよ商品経済それ自体は人間の意思から疎外されて客観的に運動する自律性を持っていることに疑いはない。純化する過程もその通りだろう。その限りで宇野の言うことは正しい。そして一六、七世紀以来の商品経済の発展が同時にその形態範疇の純化の過程であり、商品経済的諸概念が、資本主義経済の発展に即してますます純化が進むことになることも明らかであり、同時にその抽象化の過程はマルクスのいう「下向」の過程に合致するのであって、やがてその「後方への旅」の準備をなす。そして商品経済範疇は自らのもつ自己編成の組織原理をもって形態的体系化の道を歩むであろう。

(4) 私見によれば、有名なマルクスの「下向」の道は、もともとはJ・S・ミルの経済学の方法論でいう帰納(分析)の過程とほぼ同じ認識であって、商品経済自身の歴史的展開の中でカテゴリーを純化し以後の推論(演繹)の道を準備するものである。そしてまだ社会的な生産の実体の欠けた初期の歴史過程の商品経済の運動そのものについても、観察者であった哲学者、医者、商人たちが、客観的な市場の運動として純化・独立しつつあったその法則性を客観的なものとして認識していたにとどまる。基本的にはいわゆる「下向」過程になおとどまっていた。カンティヨンやステュアート、テュルゴーそしてスミスなどの試みはあったがなお不十分なものだ。「後方への道」を演繹法によって意識的に初めて「上向」して『経済学原理』を執筆したリカードの登場以前の経済学というものはおおよそまだそのようなものでしかなかった。ジェームズ・ミルの熱心な理論的助言を得て自覚をもって演繹的に経済理論を構築したのはリカードをもって嚆矢とするといってよいのである。

もちろん商品経済の運動自体は、人間の外部の、人間の意識を超えた客観的な運動である。そして商品経済の形態自身は資本主義経済の発展によって間違いなく純化を遂げていく。しかし、それは形態の話であって社会的生産の実体を含む資本主義経済ということになると、それはそう簡単に純化する客観的過程とも言いにくくなる。商品経済の発展は必ずしも資本主義的生産にのみ依存するわけではなくて、非資本主義的生産でも、あるいは生産の由来が不明の外部からの移入品であっても、その商品経済内部に形態的に包摂して経済を発展させることはできるからである。だから多様な生産の実体がそこに入り込むことによって商品経済の動きは発展したり制約されたりして変化することになるが、同時に生産の多様化に伴って形態の対応やその機能自体の純化はさらに進むことにもなる。もちろん資本主義経済に進むことによって形態の純化がさらに進み、新しい形態の登場もありうるとしても、生産力の変化によって生産の実体に対する商品経済の形態としての対応が変動せざるを得なくなって、場合によっては新しく形態を組み合わせることで変化に対応することも起こりうる。そのようにして形態の純化や新しい形態範疇の増加はありうるが、資本主義経済自体が純化するという理解は難しい。商品経済があらゆる生産を飲み込みうるという根拠もないし、その事実もない。またあらゆる社会関係が商品経済に溶解されるという点についても同様である。

実際、資本主義の純粋化傾向といっても形態規定の展開については理解できても、その純化の過程は資本主義的生産力の水準を一定のところに収斂してゆくわけではない。また資本主義的生産が拡大していくとしても、歴史的なその純化傾向なるものの事実的根拠をイギリスの自由主義段階の資本主義のうちに発見するのはもともと無理があるのではないか。実際、宇野によれば、対象自身が行う客観的過程であったはずの「純粋化傾向」という言葉の中にも人間の恣意性が入り込んでくる危険性が十分ありうるのである。実際、宇野自身が純化傾向の及ばぬところは人間の「思惟」による傾向の延長によって補わざるを得なかったことでそれはわかる。そしてしかもそれによって純化する客体と思惟する主体との間に位置の転換が生じてしまうという決定的な論理の誤謬に宇野は気付く様子はなかった。しかしそれは宇野の理論にとっては決定的な主張の変更になるはずのものなのである。

(5) 他方、そのような無理は、大内力のように純粋資本主義を設定するために、純化傾向を阻止して生産力を固定しようとする試みさえ生み出す。「純粋資本主義を想定するということは、すでに資本主義の歴史的展開が極点に到達し、資本主義的原理が作用する限りでは完成点にたっしている」(大内力「経済学の方法」『大内力経済学体系』一、一六八頁) 資本主義を意味するので、「そこには新たな条件がつけくわわるということもなければ、既存の条件に新たな変化がおこるということもない。ひとつの完結したミクロコスモスがあるだけ」(同上) の社会だということになる。それが果たして純粋資本主義として原理論の対象になりうるものなのだろうか。

さらに宇野が、資本主義の純粋化という言葉を説明して、それが単に一九世紀の純化傾向としてとらえるのではなく、一七世紀までさかのぼり「経済学者が二百年以上もくりかえし考えてきて概念が成立してきたのだから、それをわれわれがあとから方法的に考えれば、方法自身も模写するということが明らかになる。歴史的発展とともに抽象化が確実になっている」(『経済学を語る』一四二頁) と述べていることは、宇野の純粋資本主義の理解にとって決定的に重要なポイントであるが、歴史的純化傾向によって生み出された純粋資本主義を理論的に構成するその方法自身が歴史によって客観的に与えられるということの意味は、つまりその純粋化傾向を認識するだけでなく、その純粋資本主義の論理的展開の方法自身も明らかになるという宇野の核心的主張は、実は、過去の経済学の歴史の歩みの中で次第に確実になってきた理論的な道筋であったということの言いかえに過ぎないことが明らかにされたともいえるのである。宇野の主張の核心をなしたはずの三〇〇年から二〇〇年以前からの経済の歴史的歩みの中の資本主義の傾向的純化の過程なるものの把握は甚だあいまいになってしまう。一六、七世紀の商品経済はまだ資本主義とは言えないまでもその形成期と言えるかもしれないが、その体制内でも範疇的にはその商品経済の純化はかなり進んでいたとみられる。株式会社まで登場し金融恐慌まで出現している。商品経済の純粋化傾向と資本主義経済の純粋化傾向とが、宇野にあっては、明らかに意識的に混同されているように思われるのであるが、それはのちに触れるように、重商主義時代を宇野が原始的な資本＝賃労働関係が構築される資本主義の形成期とみていることと関係があるかもしれない。

だがいずれにしてもその資本主義の純粋化傾向をめぐる問題は、宇野にとって実は理論の客観性をどう保証するかという問題に関わることだ。観念論を排してその客観的根拠をいかに確保するかということだった。そこにはマルクスの理論の根底をなす唯物論が大きく規定している。というのは認識論的な問題として、マルクス経済学が主張される以上、宇野は自分の理論がマクス・ウェーバーの理念型のような主観的な構成物で唯物論ではないとみられるのを恐れた。そのため概念の自己編成のように見られるかもしれない自らの原理論は、資本主義の歴史的発展過程の進行によって行われた歴史的抽象の成果の模写であり、同時に方法自身も対象の方法を模写しているのであって、そこには人為的なものは一切なく、あくまでも客観的な歴史的抽象であって唯物論的根拠のある抽象であり展開だということが強調されたのであった。これはとりあえず当時宇野に学ぶ多くの研究者を納得させたとみてよい。筆者ももちろんその一人であった。

三　マルクス「経済学の方法」をめぐって

（1）ただその宇野の主張は当時のマルクス主義哲学者を納得させたとはいいがたかった。彼らはマルクスと共にヘーゲルにも帰依している。ヘーゲルを観念論だと批判はするがそのいわゆる弁証法的方法には従っているとみてよい。宇野もマルクスが草稿『経済学批判要綱』の「序説」の中に書いた「経済学の方法」に基本的には準拠しながら自らの原理論の方法を勘案しているように思われる。多くのマルクス経済学者・哲学者にとってもそのことは変わらない。そしてこの「経済学の方法」をマルクスの弁証法の優れた例解とみなすのが常であった。宇野自身も背後にヘーゲルを意識しつつ『原論』を展開している。ただ宇野はマルクスの「経済学の方法」そのものに完全に準拠してその方法を選んでいるわけではない。マルクスが著書『経済学批判』の中ではこの「序説」原稿を取り下げて新しく別の「序言」を書いているという事実を宇野は重視し、この「経済学の方法」をそのまま『資本論』の方法と考えることにさえもむしろ反対しているのである。ここには大きな違いがある。

宇野の考えは「『資本論』は決してかくの如き予め樹てられたる方法論的見地によって律せらるべきものではない。それ自身に具体的にその方法論的見地を展開しているのである」（『宇野著作集』三、三七〇頁）というものだ。「『序説』を『資本論』の理解に利用することは勿論よいし、またこの『序説』自身によってマルクスの天才的な偉大さを知ることも毫も差支えないが、これによって『資本論』の方法は獲得されると考えることは、断じて誤っている。それは主客顚倒である」（同上）とまで言う。「『資本論』の方法は、『資本論』自身によって学ぶべきである」（同上）というのが宇野の基本的な考えなのである。宇野は次のように述べている。「それ自身に存立し、運動する対象を、かかるものとして理論的解明の対象とする経済学の原理論は、その理論的展開自身を弁証法的になさざるをえないのであって、弁証的方法に対する関係は、おそらく他のいかなる分野の学問体系とも異なるのではないかと考えられる。それはもはや個々の現象をとってその内に『量と質』との弁証法がみられるとか、あるいはまた『否定の否定』の法則が明らかにされるとか、というのではない。『商品』から始まって『諸階級』に終る理論的体系自身が、弁証法的に展開されるのである。原理論自身がいわば弁証法の論理学をなすのである。個々の規定は、論理的展開の例解としてではなく、経済学の原理的展開自身が弁証法の論理的展開を与えるといってよい。弁証法的論理は、自立的運動体の内部構造を明らかにするものとして体系的に確立されるのである」(『宇野著作集』九、一四二頁)と。宇野自身は『経済学批判要綱』の「序説」におけるマルクスの「経済学の方法」ではなく、マルクスの『資本論』自身の事実上の展開にみられるマルクスの方法をもって弁証的展開の証左としようとしたのである。ただもちろん宇野は『資本論』の理解に「序説」のその「経済学の方法」を利用することを妨げているわけではない。ただマルクスがそこで説いている方法をそのまま宇野の経済学原理論の方法とすることはできないということである。

段階論の構築によって『資本論』は資本主義経済の一般的な原理として再構成されなければならないという問題意識がその前提にあることはいうまでもない。「序説」のマルクスの「経済学の方法」では対象の具体的な現象の分析から得られた最初の抽象的な概念から出発して「上向」し、そこに多くの規定を盛り込んだ豊富な総体としての最初の対象に戻ってくるという方法をたどるのだが、それは原理の理論的分析から、そのまま現状に至るという方法になってしまう。宇野が理論の一般性に対して段階論をもって現状分析とわけ隔てたことが、その理解の決定的な違いとなって現れているのである。

もっともこのマルクスの草稿である「序説」は、先にも述べたように私見によれば、もともとはJ・S・ミルの『論理学体系』(一八四三年)第六篇「道徳科学の論理学」における帰納、演繹の経済学方法論に影響されたものと推定されるのであって、ミルとは「上向」、「下向」の言葉の使い方はマルクスでは逆になっていて、ミルはupwards（上向）を帰納あるいは分析の意味で、またdownwards（下向）を推論あるいは演繹的な展開の意味で使っているのだが、その分析と推論の統一的理解は何らかの形でマルクスの経済学の方法の考案に影響を与えたものと考えられるように思う。もちろんJ・S・ミルが父ジェームズ・ミルやリカードの演繹法を極端な「抽象的演繹法」として批判し、自らの「具体的演繹法」をもってその完成形態としていることは事実であるが、基本的な理解は彼らに共通であったといってよい。実際マルクスは、『資本論』が形而上学だとするある評者の批判に対して、その第二版「後書き」の中では、「本来の理論に関するかぎりでは、マルクスの方法はイギリスの学派全体の演繹的方法であって、その欠点も長所も最良の理論経済学者たちに共通なものである」（マルクス『資本論』第二版への「後書き」、*Das Kapital*, Nachwort zur zweiten Auflage, *Marx=Engels Werke*,Bd.23,S.25. 邦訳『マルクス＝エンゲルス全集』第二三巻、第一分冊、一九頁）というジーベルの批評をもって、その反論に代えているほどである。ミルについて言えば、彼は初期の一八三一年に執筆した論文「定義と方法」（On the Difinition of Political Economy, proper to to it. In, *Collected Works of J.S.Mill*, IV.1967）においては、経済学における帰納と演繹を含むとされたア・プリオリの方法を説いたが、後の『論理学体系』（一八四三年）では、演繹または推論の出発点になる最初の命題が、けっしてア・プリオリに与えられるものではなく、経験からの帰納によってしか与えられないものであることを明確にするとともに、帰納—演繹—検証という一般的な方法を道徳科学（社会科学）の方法としておおよそ明らかにしたのであった（拙稿「経済学の有効性と方法論の提起—J・S・ミルの場合—」、参照）。マルクスがミルのこの文献を知らなかったとは考えにくい。そしてマルクスが同じくその「序説」の第三節「経済学の方法」に先立って説いている第一節「生産」および第二節「分配、交換、消費にたいする生産の一般的関係」が、もっぱらJ・S・ミルの問題意識を中心にして生産論や古典経済学の生産、分配、交換、消費の四分法を扱っていることを考慮すれば、それがなおマルクス自身の学習過程での産物であって、それをそのまま使うことなく完成した著書の「序説」としては廃棄したことも当然のようにも思われる。しかもマルクスにとっては、ミルの主張は啓発されたところがあったにしても、常識的レベルを超えない代物と見えたのかもしれない。J・S・ミルに対するマルクスの嫌悪感と散見するその理論に対する評価の低さを思えば、このミルの経済学の方法論にあえて関説することを避けているのも理解できないことではない。

マルクスは先に草稿『経済学批判要綱』で示した自らの「経済学の方法」論など含む「序説」を著書『経済学批判』の刊行に際しては削除して新しく短い「序言」を書いていることは先に述べた。マルクスはそこで、自分の著書を読もうと努力するくらいの読者ならば、個別的なものから一般的なものへよじ登る覚悟を持たなければならないのだから、これから証明しなければならない結果を前もって示すことはむしろ混乱を招くだけだ、だから方法論を始めに掲げることはしない、とその「序説」を新しい「序言」に差し替えた理由をその「序言」の中で述べているのであるが、その言葉をそのまま素直に信じることはできないことはもはや理解できるであろう。実際には、マルクスが採ったリカードやミル親子の系譜に属するこの帰納と演繹を統合した経済学の方法と、他方でマルクスが依拠しようとするヘーゲルの弁証法との間に存在した乖離が、マルクスが以前書いた「序説」をわざわざ除いた理由に潜んでいたとみることもできるのではないか。両者はもともと弁証法と形式論理として異質の論理であるとされていたものである。もちろんヘーゲル哲学に造詣の深いマルクスが、その弁証法の知識をもってイギリス古典派をはるかに凌駕する精密な「方法論」の構築を自ら試みようとしていることは多分想像できるだろうし、マルクスのその「経済学の方法」はそれ自身正当な方法として尊重されなければならないが、それにしても、それをもって直ちにヘーゲル的な弁証法的な論理であり、それがまた弁証法の『資本論』への適用を示しているというにはやはり無理が出てくるのではないか。宇野がマルクスのその方法論の適用を避けたのは、あるいはマルクスと同じ思いがあったのかもしれない。「個別的なものから一般的なものへとよじ登ってゆく覚悟はもたなければならない」（『経済学批判』「序言」）とするマルクスの意図に宇野は共感しているからだ。

実際、マルクスのいわゆる「下向」の過程で経済学の諸カテゴリーを分析的に析出してゆくのは一七世紀の経済学者であり、彼らの跡を継ぐ一八、九世紀の経済学者がそれらの概念をもって「上向」に向かって努力する歩みは、一七世紀の経済学者がはじめ求めた具体的なものから抽象的なものへの分析の旅ではなくて、「下向」の過程で分析され抽象化された概念をもって次々に構成され展開されてゆく古典経済学の体系であったはずだからである。現状の理論的把握を「経済学の方法」にみられる論理の延長線上で行おうとしたマルクスと違って、現状分析と『資本論』のような原理との次元的な相違を意識している宇野の方法論への関心は、「序説」の「方法」それ自体にはなくて、『資本論』における商品から開始される経済学的諸概念の次々の展開の方法の中にこそあったというべきなのである。

(2) もちろんマルクスが弁証法を強く意識していたことは事実だろう。とはいえ『資本論』の展開でも積極的な弁証法的展開の跡が見られるのはマルクス自身が認めている最初の価値形態論のところあたりに限られると思われるのであって、必ずしもその方法で厳密に一貫しているようには見えない。そのことはマルクス自身も認めているところでもあろう。ただマルクスが絶えずヘーゲルの方法を意識していることには誤りはないはずだ。宇野ももちろんマルクスの方法がヘーゲルに学んだ弁証法的論理を柱にするものであることに疑いは持っていないし、それを尊重していることに間違いない。宇野自身も自らの『経済原論』の目次をヘーゲルの『小論理学』の目次に重ねて対照するという書き込みを残している（宇野『「資本論」と私』二〇〇八年、口絵、参照）ことでもそれは知れる。実際、宇野は「最初に『原論』を書くときは、その篇別をだいたいヘーゲルの『論理学』になぞらえてやった」（宇野・梅本『社会科学と弁証法』こぶし書房、四一頁）と述べているほどである。とはいえ宇野自身がいろいろなところで断っているように、自身へーゲルとその弁証法についての専門的知識がとりわけあったわけではないだろう。しかも宇野は弁証法をひたすら信じているわけではない。マルクスが『資本論』第二版の「後書き」で、ロシアのカウフマンの『資本論』の書評が弁証法そのものだ、と評していることなどから、宇野は「率直にいって私は、『資本論』の理論的展開は、マルクス自身が弁証法的方法と認めるものによって、阻害されていると考える」（『宇野著作集』四、三〇二頁）と述べているほどである。もちろんそうはいっても弁証法を排除しようというのではない。宇野はいう。「それでは経済学の理論的展開は、弁証法的方法を排除するものといわなければならないであろうか。私は、そうは考えない。ただ、資本主義社会の発生、発展、消滅の過程を直ちに理論的に展開するものではないが、そういう特殊歴史的なる経済過程を理論的に体系化するものとして、弁証法的方法を示しているといえるのではないか思うのである」（同上、三〇三頁）と。ただ弁証法という定義もされてない言葉だけが空虚に飛びまわっている感じは否めないものがある。

宇野は「経済学における論証と実証」（『宇野著作集』四）という論文で、「抽象的なるものから具体的なものへの上向の方法は、マルクスの言葉を借用すれば、簡単なる規定が voraussetzen するより具体的なる諸規定を一歩一歩 setzen してゆく過程にほかならない」（同上、一三頁）と述べて、あらかじめ措定された（voraussetzen）諸規定が、順々に措定されて（setzen）最終的なところに到達するというような見解を述べているが、その最終的なところが純粋な資本主義であることは、宇野の場合、明らかと言わなくてはならない。「理論的体系の出発点を資本主義社会の富の支配的形態としての商品に求めるということは、商品形態の発展としての資本主義社会を純粋の形で展開することにならざるをえない」（同上、一二頁）という言葉がそれを示している。あるいはさらにまた「資本主義の発展自身が労働の単純化とともに労働力の商品化の一般的基礎を確立し、純粋の資本主義社会実現の方向に進みつつあり、しかもかかる発展を自らの力によってなす、いわば自立的な商品社会であることを示すのであって、一社会を形成する具体的諸関係をも商品形態それ自身の内に voraussetzen するものとなすことができるのであった。理論的体系は、かくしてその出発点の voraussetzen する具体的関係をそれ自身の展開の内に setzen してその体系を完結することになるのである」（同上、一七頁）とも述べている。ただこの構成された対象としての純粋資本主義を前提しているというところが、弁証法論者に宇野は認識論を欠落しているとして批判されたのであった。

ただマルクスも「経済学の方法」では「実在的な主体は、依然として頭脳の外部でその独立性をたもって存続する。すなわち、頭脳がただ思弁的にだけ、ただ理論的にだけふるまうかぎりでは。だから、理論的方法にあってもまた、主体が、社会が、前提としてつねに表象に思いうかべられていなければならない」（Marx, *Grundrisse der Kritik der politischen Ökonomie*（1857-8）Einleitung,Dietz Verlag,1953,S.22 高木幸二郎監訳『経済学批判要綱』Ⅰ、二三頁）と述べているが、それが認識の出発点での対象としての具体的な表象である主体、社会であるならば、確かに宇野のあらかじめ設定された純粋資本主義社会とは違うだろう。マルクスは周知のように先の「序説」の第四節において、経済学のプランを書き残しており、「国家」、「外国貿易」、「世界市場」まで書いているので、測りがたいが、少なくともマルクスが、経済学の分析の対象として漠たる具体的な現実を脳裏に描いているのに対して、宇野は過去の経済学者が帰納と分析をくりかえした「下向」の過程で抽象化された理論的概念から、「後方への旅」である「上向」の道をたどるので、純粋な資本主義社会に到達するのである。つまり『資本論』でなく宇野『経済原論』では上向の結果は直接には現状分析の対象には帰着しないということなのである。

(3) とはいえ問題は『資本論』にしても『経済原論』にしても、それらは経済学の書物であって哲学の書ではないということだ。マルクス主義哲学者の限界は、せいぜい方法論の議論に内容をとどめてそれ以上経済学の内実にはほとんど検討の目を注ぐことはなかったということである。議論は「経済学の方法」の範囲にとどまり『資本論』そのものの内実の展開には目を向けてはいなかったのである。当然、マルクスの『資本論』の経済学の理解に役立つ貢献は彼らにはほとんどなかったというべきであった。

もちろんマルクスが『経済学批判要綱』の「序説」の中の「経済学の方法」でおこなっているやり方で、とりあえず「人口」から始めるとすれば、その混沌たる表象を分析していって最も単純な規定に到達したのち、再び「後方への旅」が始まり、最後に、混沌たる対象としての人口ではなく多くの規定と関係を持つ豊富な総体としての人口に到達するというのがその結論になるであろう。だから宇野は、マルクスのそれに、すでに触れたように、現状分析と理論的分析とが区別なく論じられていることによる曖昧さを指摘することになったのだ。他方、宇野が純粋資本主義社会をあらかじめ前提する形での展開方法をとったために、その方法はマルクスの方法とは違っていると、哲学者たちに批判された。マルクスがイギリス古典経済学、とりわけリカードやミル親子に学んだと思われる演繹的な経済学の方法はもちろんヘーゲルの哲学的弁証法とはもともと出自が違う。他方、宇野自身もむしろヘーゲルが例えばその『論理学』で概念だけの展開であったものを、マルクスは『資本論』で経済的内容に即して説くことによって、はじめて弁証法の展開に唯物論的根拠を与えて実質的に実現することができたと述べて、ヘーゲルに対するマルクスの『資本論』での方法を評価しようとしており、実際、全面的にではないにしてもそれに従おうとしている。とはいえここでも結局、マルクス主義哲学者には、弁証法を問題にする限り、対象としての「純粋資本主義」なるものが、現象として与えられた具体的な資本主義から導かれた帰結ではなくて、すでに初めから構成された対象物としての資本主義概念に過ぎないものとして認識され、宇野の論理は正しい弁証法的展開になっていないと批判されたのである。

確かにカントは人間の認識は具体的な対象を相手に始めるほかないし、またとらえられるのは「物自体」ではなくて、直感から出発して悟性との統一によって理性的認識に至る真理に限定されるという理解に立っている。カントにしてもそれを継ぐヘーゲルにしても対象はまず具体的なあるがままの現象であり、そこから認識は出発する以外にないのであって、認識論に限って言えば、すでに認識された対象を前提にすることはないはずなのである。

だから黒田寛一は次のように言う。「（宇野）のような方法論的立場がうまれる根拠は、要するに創造された理論体系の存在論的構造の解明が直接に、理論体系を創造するための認識過程全体の論理構造の究明にすりかえられる（存在論の認識論化）ところにある。こうして、対象的認識の問題から切断された『論証』にきわめて大きな比重がかけられる……」（黒田『宇野経済学方法論批判』増補改訂版、五九頁）と。黒田が一貫して宇野の方法が認識論抜きの存在論的な論証一辺倒だと批判するのはそれゆえである。それが批判されなければならない理由はどこにあるのか。黒田は言う。「一般に唯物論の立場にたった対象的認識において無条件的に前提されるものは、人間意識から独立した客観的実在であり、そしてこれが認識＝思惟活動をとおして分析把握されるときに、上向性の存在論的な理論が、客観的実在の精神的再生産として再構成されるのである」（同上、七六頁）。宇野にはこの認識過程が抜け落ちている。だから「認識の成果（理論・法則）をばそのまま客観的実在そのもの（客観的法則性）に投影して帰着させるという『唯物主義』に転落せざるをえない」（同上）というのである。そこでは『資本論』の存在論的理論展開（論証的叙述）を客観的な経済構造そのものに投影し、純粋化された経済原論からその物質的基礎として『純粋の資本主義』を想定し、そして想定されたこの『純粋の資本主義』の、または『純粋化傾向』の『模写』が『経済原論』であるとする、というように存在論を認識論化せざるをえなくなっている」（同上、七九頁）からとされる。ただ奇妙なことに「その思考方法においては鏡的反映論者の唯物主義と完全に同じである（つまり裏返しのヘーゲル主義におちこんでいる）けれども、経済学原理論を純粋化し、そしてこの原論的純粋性を基準にして『純粋の資本主義』なる『原論的世界』を想定するという、この存在論的操作のゆえに、宇野理論は〈**高級なる唯物主義**〉という特色を刻印されるのである」（同上、七八頁）と評価される。その評価には宇野『経済原論』の展開の厳密な論理性への黒田の学問的敬意が働いているのであろうか。

（4）ただこのような哲学論争は経済学にとってどれだけ意味があるのであろうか。確かに『資本論』という偉大な著作に主体的に取り組もうとする意欲は十分にうかがわれる。さりとてマルクス自身のプロレタリア階級に対する主体的な受け止め方を「下向」を通して追体験することによって冒頭商品から始まるその論理を理解しようというような考え方が唯一絶対的な解釈だとするわけにはいかない。われわれは『資本論』で弁証法を学んでいるわけではないし、また弁証法がわからなければ『資本論』がまったく理解できないというのもよく理解できない。実際、その弁証法というものの理解ですら人によってさまざまである。弁証法という言葉でごまかされてはならない。実際、古典には自由で多様な読み方があることは確かだし、われわれは『資本論』を経済学の書物として読もうとしているし、読んでいるのである。もちろんどう読むか、という思いはある。その際に、とりあえず今まで知りえた最高の理解に頼ろうとして、宇野の『経済原論』を利用しながらマルクスの意図を学ぼうとしている。そこではもちろんルカーチなどから始まり西欧マルクス主義研究が重視する主体的把握というような考え方は採っていない。あくまでも中期以降のマルクスの経済学研究の展開に即した理解をしようとしている。マルクスのいわゆる『剰余価値学説』草稿にも見られるように、リカードとその周辺の経済学者を中心とするマルクス自身の経済学研究への極度の関心の高まりがはっきり見て取れるのである。マルクスの基本的な意図が、あえて言えば、彼自身の批判的な観点のもとで、経済学をリカードの『経済学原理』を基にしながら、そこに欠けている信用論などを中心に古典派以降の経済学者、あるいは金融業に携わる業者や評論家などの知識・経験や学問的な成果を生かして格段に高度な経済学の論理的体系に構成し直そうとしたものと思われるからであって、その論理は共産主義社会の実現を直接にめざしたものではないし、また直ちにヘーゲルの弁証法の成果を経済学に生かしたものととらえる必要もないのである。実際また、マルクスのプラン問題にみられるように、マルクスの経済学の体系はヘーゲルの弁証法というよりむしろリカードの『経済学原理』の体系、そしてまた方法としてはJ・S・ミルによって整理された古典派に伝統的な演繹的な方法に強く影響されたものと考えられるのであって、『資本論』冒頭の価値形態論の展開に顕著にみられるようなヘーゲル弁証法の装いの中に真に貫かれている方法は、単にヘーゲル由来の弁証法というより、むしろリカードに代表されるイギリス古典経済学の伝統的な演繹的方法の上に、さらにそれを超えてヘーゲル哲学の知識をもって自ら築きあげられたマルクス自身の独自で精緻で強靭な方法だったと理解されるべきものなのではないかと思われるのである。

ついでにいえば、マルクスが『資本論』を残してから多くの時間がたち、数々の研究者がその残された著作から様々なことを学び取ろうとしたし、現になお学びつつある、という事実から、現在の我々は『資本論』が世に現れた一九世紀六〇年代よりはるかに有利な研究上の場所に立っていることになる。戦後の日本においては一時『資本論』を聖典として崇め、それを絶対的な存在として一切批判を許さないという雰囲気もないではなかったが、余程の懐古趣味でない限り、今は誰もそう考えないであろう。また『資本論』に哲学的側面があることは否定しないが、その内容が基本的には経済学的な資本主義の本質分析であることも間違いない。またそういう理解のあり方も、時代時代の変化を受けて変化し、またその中で『資本論』をめぐる宇野理論的解釈が浸透していったことも事実であろう。もとより『資本論』にしても、その解釈にしても、それらは絶対的な存在ではなくて、自由な科学的批判の対象でもあることは確かだ。そこから多くの批判的見解が出てくることはむしろ歓迎されるべきことである。実際、フランスの哲学者アルチュセールの『マルクスのために』（一九六五年）や『資本論を読む』（一九六五年）にみられるような非ヘーゲル的な斬新な解釈にしても、また同じフランスのマルクス主義研究家であるジャック・ビデの『資本論をどう読むか』（一九八五年）のように宇野の理解にも近いと思われるマルクス解釈などにしても、現代的関心の中での新しい読み方に挑戦して得た成果である。さらにソヴィエト社会主義の崩壊に続く今世紀に入ると、現代におけるマルクスの位置づけをめぐって欧米ではおびただしい研究が発表され、様々な興味ある視点が明らかになってきているが、日本ではそのような関心は消えてしまっているだけでなく、欧米で盛んなマルクス研究に対してさえ、経済学の領域だけでなく、思想や哲学の領域でも、興味を抱く研究者がいなくなっているのが現状だ。実際、そのような大胆な試みは残念ながら宇野以後、日本の土壌の中からはなかなか出てこないが、いま必要なのは自由で過去にとらわれない理解と解釈であり、問題の摘出でなければならないであろう。ただここでそれをこれ以上述べても仕方がないことである。とりあえず宇野の見解に戻ろう。

四　歴史的純化による抽象と商品経済の組織原理

（1）宇野は資本主義の歴史的な純粋化傾向にのっとった抽象の結果としての純粋資本主義という対象を設定したわけだが、そこにはいくつかの問題があった。その対象自身は資本主義の歴史的発展過程の内にみずから作りあげる構成物とされた。しかしそれは一方で対象自身の純粋化傾向に拠るのであるが、それは完全なものではないのでその傾向を人間の「思惟」によって延長するという手立てが必要とされた。これは補足だとしても明らかに分析するものが対象の歴史的変化を予想して作り上げた映像である。先にも指摘したが、宇野が無自覚的にもたらした対象と分析者との入れ替えがそこにはあるように思われる。純粋資本主義の抽象の客観的根拠はここですでに失われることになる。また純粋資本主義の原理の形成すら対象から与えられてそれを模写すればいいとする説明にも明確な根拠がない。それは『資本論』の論理をなぞれば済むというのだろうか。しかし宇野の『経済原論』の論理的展開が『資本論』のそれと必ずしも同じでないことはすでに知られる通りだ。宇野が学ぶべきは『資本論』における弁証法のロジックだということの正体がはっきりしないのである。実際、このように、そして今まで見てきたように、純粋資本主義社会が資本主義の純粋化傾向によって自律的に形成されるのを模写するだけでなくて、その純粋資本主義の展開する論理自身をも方法的に模写し得るという話はここまでくると、多分、純粋資本主義論を核心とする宇野理論存立の成否の問題につながってくると考えられてもおかしくないのかもしれない。宇野があれほど強調したウェーバーの理想型のように主観的なモデルではなくて客観的な唯物論的にも根拠のある想定であるという主張はその根拠を失うといってよいかもしれない。しかしそれでも宇野の主張に全然根拠がないとは言い切れないように思う。むしろそれは純粋資本主義の設定の論理的手続きにおける問題に過ぎないのではないか。

(2) 宇野はここで純粋資本主義的な商品経済の話をしていることに注意する必要がある。今まで繰り返し述べているように商品経済の運動には人間の意思を超えた客観的な性格がある。アダム・スミスのいわゆる「見えざる神の手」である。それは商品経済の疎外的な性格を示している。この商品経済は明らかに人間の行為によって動かされているが、人間の個人的意思とは無関係にいわば人間から疎外された形で自律的に運動していると見ることができる。一七世紀の哲学者、医者、商人たちが観察しその客観的な運動に興味を持ちその法則性を探ろうとした対象こそ、その商品経済にほかならない。それは明らかに資本の価値増殖を自らの運動原理にして自律的に展開を遂げていた。商品経済は自己組織的にその運動の連鎖を通じてその体系を資本の体系に作りあげていったのである。それは商品経済を動かしている様々な生産活動や、分配、消費活動によって概念化を進めるとともに、社会的に純化してゆく概念をその商品、貨幣、資本の形式の中で自ら体系化していったのである。古代から存在する商品、貨幣はいうまでもなく、価格の違いを利用して稼ぐ商人資本家、金貸しで儲ける金貸資本家、物つくりで利益を得る産業資本家などの存在は、商品経済をますます豊かに豊富なものにしたし、やがて株式資本の登場から金融市場の成立、その投資の失敗などで起こる恐慌は一七、八世紀にしばしば記録されている。

ただこれらは決して純粋資本主義経済社会の形成ではない。それは資本主義的商品経済を作ってゆくための形態諸規定の形成・純化の過程である。資本主義を作り上げてゆくための道具はどんどん作られ組み立てられているが、それ自身では資本主義的生産の形成にまではつながらない。問題はまさにその点にある。もちろん内部的に生産される商品もあり外部からもたらされる商品もある。それらの商品が市場の中に組み込まれて資本として運動する。しかしその運動は資本主義というにはあまりに気まぐれである。生産があくまでも外的存在だからである。しかし偶然にしろ、それらの取引のなかで利益が生まれ資金の蓄積が起こることはある。その中で当然破たんもある。しかし労働力が広く商品になることができれば、それによってそれまでの商品経済を作り上げている形態諸規定は内部的根拠を得て安定し、資本の運動にも完結性を維持できる可能性をもちうることになる。もちろんその労働力の商品化は全面的な社会性を持つものでなければならないであろう。歴史の中に登場したいわゆるエンクロージャ・ムーヴメントを通して現れる無産労働者の全面化な増大によってはじめて生産の根拠を商品経済の中に抱え込み、それを通して資本主義的商品経済の体系化の可能性が出てくることになる。資本主義的商品経済を成立させ得る形式の全体性が整うことになる。そういう諸規定の純化はまさに歴史過程にともなって遂行されるのであって、人為のなすところではない。そしてそれらの形態諸規定は自己組織性によっておのずから一定の経済秩序を作り出してゆくはずである。しかし生産がそれを積極的に担うわけではない。ただその背後の助けによって商品経済の、そして資本主義の形態的な意味での自己組織性は完結する。それは宇野がその『経済原論』の「流通論」で行った流通形態論の方法を全編に拡張しようという方向のものである。

宇野自身は原理論の展開は論理だけでは説けない、無産労働者を発生させたエンクロージャ・ムーヴメントのような歴史的な過程を前提せざるを得ないところにこの理論の特徴があるとして、そのような考えを否定していた。しかし古代から中世において物作り、あるいは物を修理する仕事はあったはずだし、その業者が労働者を雇うならばその雇用された労働者は、偶然的、個別的な発生であって、成熟した概念としてはとらえられないとしても、労働力商品であったという事実は認めることが出来るであろう。その意味では産業資本というには偶然的で規定的ではないにしても、産業資本的形式は形式としては一応成り立つはずなのである。

（3）実は、宇野はこういうことも述べているのである。「論理的には商人資本のG—W—G'から金貸資本のG……G'となる。G……G'の点線になる部分は流通過程外にある関係で、生産過程が入りうることを示すわけだ。つまり形式的にはG—W—G'とG……G'が結合されて産業資本形式に展開しうるというわけ。ただ、この産業資本がそういう形式的展開だけでは出ないで、一定の歴史的な過程の内に出るという点に、商品経済の形態的特殊性があるのではないか——こういうふうに理解すべきじゃないかと思う。形式としては、もう古代からある商人資本、金貸資本として展開されるんだけれども、その形式自身からは産業資本は出ない。一定の歴史的発展と結びつくと、商人資本的形式、金貸資本的形式が産業資本的形式を生むというわけだ」（宇野編『資本論研究』

Ⅰ、一九六七年、三一七頁）と。ここでは産業資本的形式と産業資本を分けて、産業資本的形式の論理的成立の可能性について論じているようにも見えるが、最終的には否定されている。資本形式の展開の論理的な必然性の追求については、宇野は積極的ではなかったように思われるが、産業資本形式の特徴が最初に流通から購入する商品に労働力商品が含まれるという点であることは強調していた。

ここでさらにもう一つ宇野の発言を引用しておくことも有意義かもしれない。宇野は晩年の座談会形式の自伝『資本論五十年』の中で次のように述べているのである。それは産業資本形式が労働力商品の登場という事実の問題を前提にしているということを強調したのちに、「資本形式としては商人と金貸しとは資本主義以前からかあるが、それは自身で産業資本に発展しない。ただマルクスがあの章の初めに、それこそはじめてあげる十六世紀という時代を重要に思うんだ。すでに産業資本形式が出ている時代だ」（宇野『資本論五十年』下、八一九頁）というのである。イギリスでのエンクロージャ運動は一六世紀にはまだ部分的で、宇野が考えているような意味での労働力商品の広範囲の創出がみられるのは一八世紀後半の大規模な第二次エンクロージャ運動と思われるのであるが、もちろんこの発言の趣旨は判らない。『経済政策論』の重商主義のところで説かれていた家内産業的な毛織物産業の問屋制的支配が初期の産業資本だとみなした経緯が関連しているのであろうか。それとも完全に勘違いの間違った発言だったのか。宇野の言葉としては甚だ腑に落ちないのであるが、もし発言がその通りであれば仔細はともかく産業資本的形式と広範囲での産業資本の実在とを区別していたのかもしれない。

ともあれ、産業資本的形式が社会的に普及していなくとも、形式として個別的には成立する可能性があるとしたら、社会的実体の一般的な規定がなくとも概念自身の展開によってその後の展開は可能であり、純粋な資本主義は資本自身のもつ編成原理によって構築可能なのではないか。そしてそのような概念的構造に社会的生産を入れれば資本主義の実質的な形ができる。ただそれは特定の生産力水準を考慮できないから歴史的な規定を含まない抽象的存在でしかない。純粋資本主義経済の形態としての完成ではあっても純粋資本主義という社会的生産の実体をもって運動する純粋資本主義経済社会の形成ではない。資本主義が特定の生産力水準に収斂することなど考えられないし、そもそも生産力が入ってくるとそれは絶えざる変化を免れないものとして純粋という概念には適合しないであろう。

宇野が留意すべき点はそこにあったのではないか。原理の形成は資本主義経済社会の純化傾向とそこに潜む論理の模写ではなくて、資本主義経済を形成し得る商品経済の諸規定の組織原理に基づく純粋に論理的展開であったのではないかということである。その展開は人間の利益を求める個々の商業行為に原因を持ったとしても、その行為はそのまま現れることはなくて外化されて人間の外部の疎外構造として客観化されて現れることになる。しかしまさにそのことによって純粋資本主義のモデルの構築は客観的に可能になったのではないか。資本主義経済の純化というのは商品経済だけで社会的生産を含めた全体系が完結する可能性を意味するが、生産力は絶えず変化していて一定の水準に収斂することはない。純粋化といっても特定の生産力水準に固定化することなどはありえないのだから、剰余価値生産の仕組みとそれに伴う機構が整うという以外の意味は持ちえない。したがって資本主義経済の原理はその意味でしかありえない。しかし宇野は商品経済の純化傾向をもって、直接、資本主義経済社会の純化としたところに問題を残してしまったのではないだろうか。純粋に商品関係だけで経済を完全に包摂し得るモデルを作るという前提で、純粋資本主義社会を想定するとするならば、それは我々が論理的な手順を尽くして任意に設定するというのではなくて、商品経済自身が資本の編成原理に従って客観的に作り上げていくと考える以外にないが、それはそれで大きな意味を持つことになる。

（4）ところで宇野には「私は、かつて経済学の原理論は、単に対象を模写するのでなく、方法自身をも模写するものであるといったことがあるが、それは対象の模写が同時に方法の模写でもあることを意味するものにほかならない。それは……、原理論の対象をなす純粋の資本主義社会なるものが、単に現実の資本主義社会から主観的に抽象して想定されるのでなく、資本主義の発展そのものが、客観的に純化作用を有しているものとして想定されるものであるからである。方法自身が客観的に対象とともに与えられるのであって、対象に対してなんらかの主観的な立場によって立向うわけではない」（『宇野著作集』九、一五四頁）という問題があった。ここでいわれる「対象の模写が同時に方法の模写でもある」（同上）という主張が宇野にとっての核心点である。「それこそ唯物論を客観的に基礎づけるもの」（『宇野著作集』十、一六一頁）と宇野が誇るところである。だがすでに述べたように、その問題はその根拠が十分明らかにされないままに、結局はその具体的な根拠を歴史的な経済学説の展開に依存するという説明によって具体化されたのである。「理論的に確定されたものを歴史的発展過程の内に訂正してゆく内に経済学の原理ができてきたのだろう」（宇野・梅本『社会科学と弁証法』六七頁）という宇野の説明はまさにそのことを明らかにしている。しかし経済学者たちによるそれぞれの対象の設定が主観的であることを免れないとすれば、いわば傾向的に形成されるその純粋資本主義自体の論理構成が繰り返されて最終的な原理論に至る過程も分析者の推論にゆだねられてゆくということしかない。実際、経済学者たちによって描かれる経済学の輪郭は長い歴史的経過の中で客観化され次第に純粋な資本主義像として焦点を結ばれてくるはずだ。その上で経済学者たちが商品経済という対象の中から「下向」して客観的に分析・析出してきた抽象的な諸概念を出発点とする「後方への旅」である演繹的展開こそが、その商品経済の原理形成への道でなければならないということだ。それは人間の意識から疎外された客観的な対象の形成である。いわば資本の自己組織化の過程である。そしてそれは商品から始まり、資本の商品化に至る資本主義経済の原理規定として結実する。いうまでもなく商品経済から資本主義経済へと対象への関心が進めば、社会的生産の実体が内包されたその対象はたんなる商品経済ではない。

その場合、生産の実体は労働力という特殊な商品によってはじめて商品経済的に処理されることになる。それによって資本主義経済も実体を内包した社会的生産の根拠を得ることができるようになる。そして労働力の全面的な商品化という歴史的事実は資本主義社会の成立にとって決定的に重要な役割を果たす。と同時にそれによって社会的生産を資本主義として商品経済の中に取り込むことができるだけでなく、それによって資本主義的生産の理論的体系化が可能になるはずである。宇野が想定するのはそういうことであったろう。

ただそれでも生産の在り方を資本主義が商品形態を通して処理できる範囲内で、それは理論化されるにすぎない。社会の全面的な商品経済化というのはイデオロギー的な幻想にすぎない。しかも商品経済の形態的純化という想定が一定の歴史的な客観的根拠を持ち、したがって純粋資本主義商品経済という想定が形態的には一定の客観的根拠をもって形成されるのとは違って、生産過程を含んだ資本主義経済における歴史的変化は、決して一定の生産力水準に収斂していくような性格ではないので、資本主義をたんに資本の運動の形態のシステムとして考えるのでなければ、純粋な資本主義という社会経済的な想定はたんに便宜的に仮定されたものと考えるしかない。またそれはけっして自由主義段階というような歴史的な時代に対応するものでもない。

だから原理の問題としては、抽象的にではあるが社会的生産を労働力の商品化を通じて処理できる限りでの商品経済の諸形態によって構成される全体的な構造を叙述することだけがその役割とならざるをえない。それは商品形態から始まって資本の商品化をもって終わる完結した体系をなす。形態規定としてそれは資本主義社会のあらゆる時代に対応する資本主義の原理を構成するはずであるが、国家により包摂され歴史的な時代時代の生産力によって規定されている現実の資本主義が、商品経済関係と非市場的な経済との対応の中にそれをどのような関係として築いていくかは一歩進んだ別の対象領域に属する問題として、従来の議論とはまったく別の、新しい議論対象として処理されなければならないであろう。

(5) 宇野の『経済原論』はもともと以上述べたような体系をなしうる性格のものと考えることはできる。ただしそれは無理して把握しようとした一面でしかない。宇野が純粋資本主義経済の想定を絶対視してしまっているからである。それは宇野の純粋資本主義という対象が、一方で一六世紀以来の商品経済の純粋化傾向の帰結として与えられるものとしてありながら、他方で純粋資本主義の設定が資本主義のいわゆる自由主義段階からの抽象という制約を免れていないためだと考えられる。いわば自由主義段階が絶対視されてそれが原理論の規定と重なって基準となっている。自由主義段階の資本主義が絶対視されている。これは本来宇野の意図とは違っているはずである。段階論と原理との分離は原理論成立の前提であるはずだからである。だから純粋化したはずの対象が自由主義段階の資本主義の歴史的事情に制約されて純化も中途で止まってしまうのは困るはずだ。例えば宇野の『経済原論』が「資本の商品化」まで説きながら株式会社は展開できず、生産力水準が恣意的な形で固定されているきらいがあるのもそのためだ。純粋の資本主義なるものの生産力水準が具体的に確定できるはずがない。先にも触れたが、宇野の資本主義の純粋化傾向を一方で保持しながら、他方でそれが一九世紀末に帝国主義段階に入ることで逆転するという認識とのきわどい均衡の問題が関連してくるのかもしれない。実際、純粋化傾向を「思惟」によって延長したところで純粋資本主義を想定しながら、今度は資本主義がその純粋化を「逆転させる」あるいは「鈍化させる」方向を見定めるところで、資本主義の自由主義段階から帝国主義段階への段階論としての歴史的転換を説くことになるからである。ただその問題は前に触れたのでくりかえさない。

もっとも、そこでの微妙な理論的試みに歴史がまとわりついてしまう危険性があることには留意する必要がある。例えばそれはいま述べた宇野『原論』における株式会社の問題に適用されよう。それを宇野がいう歴史的な帝国主義段階に特徴的なものとみなしたために原理の規定から外して問題を残すことになってしまったのだ。自由主義段階の資本主義を資本主義の典型としてしまったからだ。すなわち宇野はその『経済原論』で、最後を「資本の商品化」で閉じているのであるが、そこでは株式会社を説かずに、資本の理念としてしか「資本の商品化」を説かなかったために株式会社の位置づけに極めて難解な叙述が与えられることになっている。「株式会社」を『原論』で説くのか説かないのか、はっきりしないのは、上に述べたように、株式会社の規定を擬制資本の成立として、一九世紀の後半からの金融資本の形成と関連させて説こうとしているからである。しかし株式会社は資本結合の形態としては資本主義の初期の時代から存在しており、南海泡沫事件やジョン・ローのルイジアナ会社の設立から投機失敗に至る経過などをみれば株式会社と株式投資の破たんなどの現象が顕著にみられる。すでにマルクスが『資本論』の中で、産業資本の段階での生産の拡大が信用制度や株式会社形式による資本結合の利用などによって行われることが多いことを指摘している。マルクスはそれ以上のことさえも論じているが、ともあれ商品経済における株式会社は資本結合の一つの形式として原理的に一般的に説き得る形態であるといってよい。ただマルクスの場合には、『資本論』の末尾を「諸階級」で終わり、その内容は三位一体範式を通じる物神性の暴露になっている。商品の規定から開始された『資本論』の論理の展開が物神性の暴露を通じて階級対立に導かれて階級闘争に至るという道筋は、それなりに理解はできるとしても、この偉大な『資本論』の論理の帰結としては別な形があるかもしれないという感想は出てきてもおかしくはないだろう。それに対して宇野では、例えばその『原論』の末尾の「資本の商品化」の規定にはあいまいさが残らないではないが、体系として資本主義の原理としての論理の一貫性は一応これによって保たれていて、初めがあって終わりがある一つの論理的システムとしてのその存在観ははっきりしているといっていいであろう。このようにして宇野は経済学の原理という規定をこの完結性をもって初めてここに提示した功績を持つといえよう。それは言うまでもないことだが、宇野の段階論全体に対する理論の位置づけとしての原理の確定という意味である。

ただ、段階論の個々の内容との関連で考えてみると、その原理論には改めて検討の余地が出てくる。宇野の経済学原理はいわゆる純粋資本主義を前提して構築されているが、それはたんに商品経済の形態的編成原理ではなくて、その内部に社会的生産の実体が入った資本主義経済の原理である。そしてそこに内包される社会的実体なるものは歴史的社会的な変動を免れないものであり、例えば、生産力の巨大化は株式会社制度の採用を促すことにもなることでも理解されるように、形態における純化傾向とは違って、特定の生産力の水準に収斂してゆくという性格のものではない以上、一定の生産力水準において資本主義の経済原理を確定することは本来的にできないのである。しかしそれでいて思惟によって延長された資本主義の純粋化傾向なるものは、帝国主義段階における純粋化の逆転現象との同時成立によって、原理としての存在を保証し、段階論の成立を可能にするということになるのである。そのきわどい理解と不思議な均衡条件の上に宇野原理論は成立していることは先にも述べた。それではその段階論はどうであろうか。

第二章　段階論をめぐる方法論的諸問題

一　宇野の段階規定と重商主義段階

(1) 宇野の原理論についてとりあえず方法上の問題点をいくつか取り上げたので、次に段階論の検討に進むことにしよう。

まず宇野の段階論が、重商主義、自由主義、帝国主義のそれぞれの段階に典型的なそれぞれの経済政策を基準としていることから始めてみたい。

宇野によれば、経済の特殊研究は「まず資本主義の発展の段階に応じて、しかもその発展段階を世界史的に代表する国々において、あるいはそういう国を中心とする国際関係として解明されなければならない。それはしかし直ちにそういう国の個別的事情を科学的に現状分析として解明するものではない。それにはまず資本主義の世界史的な発展段階を特徴づける規定を与えるものとしての段階論的解明が与えられていないと明確には行なわれない」（『宇野著作集』七、四〇頁）。ここに段階論の必要性が宇野によって主張されるわけであるが、とりあえずそれは『経済政策論』という形で説かれている。経済政策論は「直接経済過程に基づいて展開される政策を対象とするという点で、他の研究分野に対してはより基本的な規定を与えるものとなっている。それは直ちに段階論をつくすわけではないが、その基礎規定をなすわけである」（同上、四一頁）というのがその理由だ。「資本主義の初期と中期と末期の特徴が政策的にあらわれ、とくにそれが帝国主義という段階で自由主義的傾向が明確に否定される、そこでその前が自由主義、さらにその前が重商主義というように区別せざるをえなくなる（『経済学を語る』一〇七頁）というのが体系化のきっかけのようだ。かくして段階論は「経済政策論を基準とする」（『宇野著作集』七、四二頁）ことになると宇野は言う。

それではどうして経済政策論が段階論の基準になっているのだろうか。宇野が戦前の一九三六年に刊行した『経済政策論』上巻の「序論」では次のように説明されている。「種々なる政策をその歴史的関連の下に綜合的に観察するときにはわれわれは大体において資本主義の発達に適応したる一定の経済政策を指摘することを得、而もそれは常にその経済的発達段階に応じてその中心となる資本の性質によって特徴付けることが出来るのである。……経済政策がかくの如くそれ自身寧ろ資本家的商品経済の発達の必然的傾向によって決定せられるものであり、その範囲内においてこれに対する或いは促進的なる或いは阻止的なる手段たるに過ぎないことが明かとなれば、その科学的研究は自らその方向を明かにせられるわけである」（同上、二六六―六七頁）と。もちろん経済政策は国家が主体となって実施し対外的な関係の中で問題になるものだ。宇野は「資本主義は、世界資本主義として発生し、発展し、没落するものといってよいのであるが、それは一体としてかかる歴史的過程を示すものではなく、特定の国が指導的地位にあって、資本主義の世界史的発展を示すにすぎない。他の諸国もこれに影響されて資本主義化するのである」（『宇野著作集』九、四九頁）という。しかし「産業においても、各段階に指導的地位をとる産業における、資本主義の発展が問題となる」（同上）といっても、「資本主義発展の段階区分は、特殊の型の資本を中心とする経済過程に対応した上部構造の変化によってむしろ明確にされることになる。経済政策の変遷はそのことを端的に示している」（同上、五〇頁）と直ちにいえるだろうか。

（2）重商主義政策の場合を考えてみよう。宇野によれば「この過程は、最初から国際的な商業取引を背景とし、それによって促進せられつつ国内的に地方的経済を国民的経済に転化する過程として現われた」（『宇野著作集』七、四九頁）のであるが、同時にその過程は商人資本が「直接の生産者を形式的には旧来の小生産者にとどめながら、実質的にはマニュファクチュアの労働者と異ならない賃銀労働者に転化せしめつつその資本を蓄積し、資本家的生産方法の発展の基礎を形成した」（同上、五二頁）として、「『都市手工業と家内的・農村的副業』を、資本家的に支配する資本」（同上、六一頁）をもって重商主義政策を規定する支配的資本とする。つまり家内工業としての羊毛工業が基底に「直接経済過程」としてあって、それに基づく経済政策が上部構造としての重商主義政策として展開されるというわけである。もちろん宇野はそれが常に「外国貿易に投ぜられる資本と提携してイギリス国内の資本主義化を促進した」（同上）ことを付け加えているが、それでは重商主義政策の本来の意義をゆがめることになるのではないかと考えられる。それだけでない。一般にイギリスが資本主義化したといわれるのは一八世紀末から展開を見せる工場制の木綿工業においてであって、農村の家内工業として古くからあった羊毛工業はマニュファクチュア化したとしても工場制に発展することもなく、主に零細企業として、その後もそのまま資本主義的生産の周辺に存続していたにすぎないのであって、現在でもそれは変わらない。宇野は段階論を経済史と厳格に区別することを主張しながら、ここでは資本主義の形成史上の議論に影響を受けすぎているように感じられる。もちろん誤解かも知れない。宇野自ら「典型規定と経済史的研究とは、その重点を異にするものである。十七世紀のイギリスにおけるヨーマンがたとえ産業資本家の萌芽として規定し得られるにしても、それをもって十七世紀のイギリスの資本の支配的形態が商人資本であることを否定することは出来ない」（『宇野著作集』九、三六五頁）と述べているからである。しかし宇野はここでは問屋制的に羊毛工業を支配している商人を産業資本家の萌芽とみている。どうしても典型とするには産業資本でなければならないという思い込みが強すぎる。「商人資本が資本主義初期の資本を代表する」（同上、三六七頁）ということは認めているにもかかわらず、その意味は十分には明らかになっていないのである。その理由は宇野が一六世紀を前半と後半に分けて、後半から産業資本に転じる商人資本を登場させている点にあるようである。宇野は「イギリスにおける十四世紀乃至十六世紀をもって直ちにこの典型の規定に代えることは、出来ないのではないであろうか」（同上、三六五頁）と述べる一方、「十六世紀後半以降の資本主義時代となし得る時期にあっても、大体イギリスを代表的な国として採り得るにしても、それは漸次にそうなってゆくものとしてであって、多分に過渡的性質を示している」（同上、三六六頁）と述べているからである。さらに宇野は「旧生産様式に分解的作用をなすにしても、十六世紀後半以後にあってはそれは寧ろ資本主義の初期の資本を代表するという歴史的意義をもっていた。それは直接的にはそうはいえない場合が多いが、資本形態自身が生産過程の中に入ってゆく過程を示すものであった」（同上）というのは、多分宇野の最終的発言であろう。かなり無理だがそう規定したいというのであろう。ただそれでは産業資本の導入を説くことではあっても、初期の資本主義を主導する商人資本の時代としての重商主義の資本の典型的な形態とは言えないのではないだろうか。どうしてもそこに引っかかってしまうのである。

（3）したがって宇野の主張にもかかわらず、重商主義政策はイギリスの羊毛工業の政策というよりは、やはり当時の各国の商人資本の国際貿易を背後で支えた国家の政策と等しく理解すべきであるし、実際、当時のイギリスに先立つスペイン、ポルトガル、オランダやフランスなどの商業国も共通して実施していた政策である。それは「地理上の発見」以降、新たに加えられた海外の国あるいは侵略して得た植民地などから様々な珍しい物品を輸入して他の国々に転売して利益を得ることを基本にするものである。実際、宇野も一九五八年に行われたある座談会（「研究会記録―経済政策論について、『宇野理論の現在と論点』二〇一〇年、所収）では、イギリスをオランダやフランスと対置させながら論ずべきだったとか、重商主義の場合も帝国主義と同じように、「諸相といった方がよかったかもしれない」（上掲書、二五一頁）と述べているところがあるので、多少の迷いはあったであろう。しかしその場合には、それらの国々が共通に重商主義政策を履行し、その中での「諸相」として違いを言おうというのだから、宇野がいうように家内工業の問屋制支配の担当者であった産業資本家的な商人資本の政策としての重商主義政策であるはずもない。宇野の主張がおかしいというのはまさにその点なのである。

しかし宇野は「十六、七世紀の資本主義の発生は、スペイン、ポルトガル、オランダ等の世界貿易の発展を契機とするのであるが、これらの諸国は結局イギリスにおける資本家的生産の発展におくれて脱落し、発生期の資本主義はイギリスに代表されることになった」（『宇野著作集』七、二三三頁）と述べるに至る。しかしイギリスはそこで生産された羊毛製品をもっぱら加工原料として対岸のフランダースに輸出し、そこで染め上げられ再加工されて製品として諸外国に輸出されていたのが少なくとも初期の現実であって、イギリスに先立つオランダの繁栄ひとつとってみても、イギリスの羊毛工業が世界に先んじて資本主義化したというのにはいささか無理があるのではないか。確かにイギリスにおける毛織物の輸出は原料としての羊毛から半製品そして完成品という形で輸出品目の中で最も多くの割合を占め重要な役割を演じた。だがその比率は時代が経つにしたがって低下を続け、一八〇〇年には全輸出物の三割以下に下がっている。毛織物の役割はイギリスにとっては一時大きかったとしても、それを過大評価して絶対視してはならない。ましてそれをもってイギリスの資本主義成立の証とすることは出来ないであろう。イギリスの繁栄もやはり奴隷を西アフリカから調達してカリブ海の西インド諸島に売り、その奴隷に働かせて得たタバコや砂糖を安く買い付けてヨーロッパで販売して利益を得、さらにアジアに進出してからはインドから綿布を輸入して自国やヨーロッパで売り、さらにはインドのアヘンを中国に持ち込み、それを交換して獲得した茶を、ヨーロッパに持ち込んで売り莫大な商業的利益を得ていたのである。だから宇野の理解はイギリスが綿工業において世界に先駆けて資本主義化した事実を、イギリスの羊毛工業における資本＝賃労働関係の先駆的な形成によって先取りしようとして誤ってしまったのではないだろうか。残念ながら木綿工業は羊毛工業と何の関連性も連続性も持たない。木綿工業の方はヨーロッパや自国での需要の強いインドからの木綿製品の輸入を代替するために新たに起こってきた産業であって、縦糸を自国産の麻糸、横糸をエジプトあたりから輸入した粗悪な綿花を紡いだ木綿糸で織った木綿布の代用品の混紡のファスティアン織を起源とするもので、伝来の毛織物とはまったく関係がない。イギリスは重商主義の時代にはむしろ植民地のインドから本物のインド綿布を大量に輸入して、あるいはまた植民地のカリブ海諸島から砂糖、タバコなどを手に入れ、それらを自国ならびにヨーロッパ諸国に転売することで莫大な利益を得ていたのである。それだけでなく西アフリカから調達した奴隷をカリブ海諸島に労働者として売ることで利益を得ていたことも大変に大きい。その後のアジア貿易の利益も莫大であった。これこそが重商主義時代の現実である。しかし当時イギリス経済史の権威だった大塚久雄が奴隷貿易に一切触れず、イギリスの毛織物輸出を中心に世界の貿易体制を説いていた状況を思えば、宇野の理解の不十分さはやむを得ないものだったのかもしれない。

(4)　ところで宇野が重商主義の時代にイギリスの羊毛工業の商人資本の問屋制度による擬制的な資本家的経営を問題にするとき、それが労働者の生活資料としての衣料品の製造であることを重要視している。もはや重商主義政策の話ではなくなっている。農村でかつて農民によって自家生産されていた衣料品が今度は離農した無産労働者によって問屋制家内工業で作られ、販売される商品として、そうして労働者に生活必需品として市場で購入される商品としてあるという設定が、つまり生活資料として作られ販売されるということが強調されている。そこでは問題は海外の市場ではなく国内の市場が対象になってしまう。国際的な経済政策という意味はどこかへ消えてしまう。もちろん毛織物が海外に輸出される商品であったことも確かだ。その役割を強調しようというのであろうか。でも逆に今度は、エンクロージャによって土地から切り離された農民が無産民になるとしたら衣料品だけでなく食料品をどこから調達することになるのかと言えば、国産、外国産を問わずやはり国内市場で購入する以外にないはずだ。ある意味ではそちらの方が重要かもしれない。その場合は食料品についての国内市場の成立が重要な前提条件になるはずだが、その問題に宇野はほとんど触れていない。

だからもし問題がそのように労働力の商品化に関わる形で、つまり産業資本的な形式の未熟な形での成立を説こうとした場合、重商主義の時代にイギリスと海外の市場を巡って競争していた国々と分けて、イギリスに時代を先駆ける特徴というものを与えようとすれば、宇野の意識にはまったくないが、むしろイギリス農村における一六世紀以降の農業の資本主義化の過程、つまりエンクロージャによって土地を失った無産民の農村への滞留と農業生産技術の昂進、そして封建地主の商品経済への適応の速さが、領主の代理人（あるいは有能な農家）に領主の土地全体の農業経営を任せて近代的地代を一括して取得する方向を選択するという農業における早生的な三肢構造、つまり地主、農業資本家、農業労働者、あるいは農村工業における同様の資本家、賃労働者の形成に導くというその方向性こそが、他国に先駆けたイギリスにおける資本主義の成立であったはずだ。つまり一六世紀以降、イギリスでは封建的土地所有がいち早く解体されて近代的土地所有が進み、農業に雇用された労働者の中から、あるいは別な形でも、土地を借りて生産を請け負う人物が登場してきて、地主に借地料としての近代的地代を払い農業労働者に賃金を払うことで、農業資本家に成りあがるという構造が部分的にしろ農村に導かれ、それがさらに農村の家内工業の展開にもつながってくるのであって、そのことこそがイギリスが他の国に先駆けて歩んだ資本主義への道であったというべきであったろう。もちろん当時の農業技術の革命的な進歩が農業生産力を押し上げ、その動きを促進したことも付け加えておかなければならない。（なお、以上の点については拙著『資本主義の農業的起源と経済学』二〇〇八年、参照）

ともあれ、宇野のようにイギリスの羊毛工業の農村における発展が直ちに重商主義政策を支える実体的規定とは言えないことは明らかであるように思われる。その動きを導いたものこそは世界的な商業の展開であり、国際的な商人資本の活躍であり、それに刺激された国内産業の反応であり、それを背後で支えたのが重商主義政策であったことはもちろん言うまでもない。それは他国と競争しながら世界で競争し商人資本の力で原始的な資金の蓄積に励んだ重商主義の農業を含む国内産業への刺激の結果として生まれた資本主義化の招来であろう。そうであれば重商主義政策が「商人資本としてのイギリス羊毛工業」を代表する政策として、資本主義の初期の発展段階を典型的に表すものになるという宇野の主張は無理だということになるのではないか。宇野はむしろその代わりに、イギリス商業の躍進がイギリス内部の古い体制をいち早く掘り崩し、農村における近代的な地主、農業労働者、そして地主から土地を借りて地代を払い農業労働者を雇用して利潤を得る農業資本家の三者から成るいわゆる三肢構造を早期に作り上げた面こそが、イギリスを重商主義時代の典型国とする根拠とするべきではなかったか、と感じてならない。

二　段階論における支配的資本形態と経済政策

（1）重商主義段階の支配的資本である商人資本とその時代の経済政策である重商主義政策について、両者の不整合性について先で論じて来たのであるが、さらに一般的に資本形態と経済政策の関連についてもここで検討しておきたい。

宇野の段階論にもう一度戻ってみよう。宇野はこのように言っていた。「経済学の特殊研究は……まず資本主義の発展の段階に応じて、しかもその発展段階を世界史的に代表する国々において、あるいはそういう国を中心とする国際関係として解明されなければならない。それはしかし直ちにそういう国の個別的事情を科学的に現状分析として解明するものではない。それにはまず資本主義の世界史的な発展段階を特徴づける規定を与えるものとしての段階論的解明が与えられていないと明確には行なわれない」（『宇野著作集』七、四〇頁）と。さらに「段階論的規定を与える、指導的先進国の分析は、経済史や現状分析にみられるような全面的なものではない。原理的規定を基準にして、資本主義の世界史的発展段階を特徴づける資本の型（タイプ）――商人資本・産業資本・金融資本――を検出し、これによってその時期の諸政策と階級構成並びにその動向を解明することにある」（『宇野著作集』九、九六頁）。宇野の段階論については「各発展段階区分は、支配的資本を中心とする経済過程に対応した上部構造の変化によって明確にされるのであり、一般的にこの上部構造の特質を代表する経済政策の型の推移によって、それぞれ重商主義、自由主義、帝国主義の段階として把握されることになる。これが宇野経済学における段階論である」（降旗節雄「宇野経済学」『現代マルクス＝レーニン主義事典』上、一六一頁）というような理解が普及しているが、しかし宇野自身はこれとやや違って、「段階論としては、この政策の基本がどういう資本かという問題になる」（『経済学を語る』一三〇頁）という点を強調している。実際、宇野は、戦前出版した『経済政策論上巻』（一九三六年）において次のように述べていた。「個々の政策においてはたといその目的は政治的なる一般公共的性質によって規定せられ、また反対にその方法はしばしば適当ならざるものがあるにしても、種々なる政策をその歴史的関連の下に綜合的に観察するときにはわれわれは大体において資本主義の発達に適応したる一定の経済政策を指摘することを得、而もそれは常にその経済的発達段階に応じてその中心となる資本の性質によって特徴付けることが出来るのである」（『宇野著作集』七、一六六頁）と。宇野にとって問題は明らかに各段階に見られる経済政策を規定している資本の形態であり、その型（タイプ）なのである。それは宇野が段階を規定するものが資本の形態であって、例えば現代資本主義として新しい段階論ができるかどうかの議論に対しても、新しい資本概念が出てこない限り無理だと答えていることでも分かる。「なにか後進国が出ると、いまの後進国では新しい段階論ができるんじゃないか、また、たとえば資本主義も変わってきているので、現代資本主義として新しい段階論ができるんじゃないか、という議論があるようですが、あるいはできるかもしれないのですけれども、私自身の考えでは、なにも新しい資本形態が出ているわけじゃないから、段階論のときにアメリカなりイギリスなりによってやった以上のことをやらなければいけないということはないんじゃないかと考えるんですが、どうでしょうか」（『資本論と私』、一三九頁）と答えていることでも十分納得できる。

そして資本の形態といえば、宇野は「商人資本、産業資本、金融資本」をその「タイプ」としてあげているが、それはもともとは原理論で規定されている資本の三形式以外に根拠はない。つまり対象である現実の資本主義の分析のために第一に明らかにすべきことは、その時期のその国の資本主義を規定している資本の形態であり、それによっておおよその段階の特徴が把握できるということであったはずであるが、金融資本は産業資本の具体的な形態であって、互いに比較される産業資本とはその本質において区別されているわけではない。それは一段具体的な規定であって、産業資本においても同じことがいえるはずだが、名称に区別がないということなのであろう。そうだとすれば重商主義時代の商人資本の宇野による二義性をも理解できるというものだ。そのことが宇野の言う「原理的規定を基準に」するということの意味であろう。

例えばこういうことである。「段階論で資本主義の初期をやるのは、何も資本主義の発展の初期の段階を、全部明らかにするというのではないんです。資本主義の発展の初期の資本形態を明らかにするということが、一番重要な点なんです。その資本形態に対応して、労働力の状態を明らかにすれば、段階論の基本がつかめるんじゃないかという意味でやっているんです」(『資本論と私』、二一八頁)ということ。宇野がここで言おうとする意味は資本形態こそが重要だというのであり、また併せて資本と賃労働との関係がどう変化したかの事実を重要視しようとするものであった。ただしすでに見たように、そこにあったのがただの「商人資本」ではなくて、「商人資本としてのイギリス羊毛工業」という意味を込めている点が納得できない点であったし、資本・賃労働関係の変化ということも、あとで触れるように、重要な論点ではない。要するにここで重要なのはまず段階を規定している基本的な資本形態を明らかにすること、それによって経済政策が規定されているということであったはずだということの確認であり、ここに宇野によって段階論の基本的な位置づけがとりあえず与えられていたということの確認なのである。

(2) ところがここでまた問題が生じてくる。宇野は重要なのは資本形態だというのであるが、その場合、経済学による現実の資本主義社会の解明のためには、世界史的な経済の発展段階に応じて、その段階での指導的なあるいは典型的な国の資本主義を選んで、そこでの支配的な資本形態が何かということを明らかにすることが大切で、それが宇野の言う段階論の中心課題だということであったはずだ。ただそこでは資本主義の世界史的な発展段階がまず最初にあって、それに伴って典型的な国の典型的な経済政策が明らかになり、その背後の資本の形態が解明されるという分析の順序があった。しかし世界史的な経済の発展段階とずれている国々は非典型国であって、したがって同じ順序を踏まなくても、結局、典型国の動きを追った形で資本主義化を実現する。しかもまた典型国自身にあっても、例えばその産業資本主義段階になっても世界的な商業活動をやめているわけでもないし、帝国主義段階でも、それ以前の支配的資本形態がなお共存していないわけでもない。むしろ逆に共存して強化されることは十分ありうる。大企業と中小企業の共存とか商社活動の隆盛とか、例示にも事欠かないであろう。

要するにここで問題なのは、国に特徴的な資本の形態であり、直接その資本が支配する歴史的な発展段階の区分ではないということがありうるのではないかということだ。そうだとすれば、問題はここで転回して、歴史的な発展段階における支配的資本の形態というよりは資本形態の違いによる資本主義の性格の違い―タイプの違い―こそが最初の考察の対象になるべきなのではないか、ということになる。もちろん、それが歴史に反映する場合があるということを否定しているわけではないが、むしろそういう資本主義の特徴が歴史に現れるということだったのではないか。資本主義の段階規定には内的発展の論理的必然性はない、ということは、「段階論的展開は単に論理的に行われるということにはならない。それは常に外部的なものとの関連で展開される」（宇野弘蔵『経済学ゼミナール⑴経済学の方法』一九六二年、五九頁）のであり、原理論のように内部的な矛盾の展開とするわけにはゆかないので、タイプ論になると宇野は言っている。逆に言えば、典型国でない後進の資本主義国は典型国と同じような歴史的順序で各段階を経過するとは限らないということを認めるということだ。そうだとすれば典型国と見做しうるような先駆的な国の支配的な資本形態を解明することによって、個別の国々の資本主義の特徴を、世界史的な資本主義の発展段階から自由に分析できることになるのではないか。発展途上国から発展する国々を見ていると、発展過程の多様性が目立つ。むしろ典型的な国における支配的な資本形態との違いこそが第一義的な問題になるのではないか。世界的な資本主義の強大国に影響されることがあるにしても、各国はそれぞれの国のさまざまな事情によって特殊な発展経路をたどることが十分ありうるのであって、最近のアジア諸国の資本主義化の歩みがその事実を明らかにしてくれている。だからとりあえず必要なのは、各国が世界史的な経済の発展段階のどこに位置づけられるかよりも、自分の国がその支配的な資本形態によって、どのような資本主義であるかを、先進的な資本主義国の状況に学ぶことではないかと考えるからである。実際、世界史的にみれば、各国の資本主義はそれぞれ別の歴史的過程をたどっているのであって、先進的な主要国の影響力は当然あるにしても、世界史的に各資本主義国が同時に同一の段階を経過していると考える必要もないし、段階を飛ばしたり、あるいは短縮したりする場合もあるだろう。実際、順序どおりの展開など事実にもほとんど合致しない。問題はどのような資本によってどのように支配されているか、に特徴があるのであって、そこに他の資本形態が同時に入り込んでいることは十分あることであるが、それは現状分析の領域で問題になることで、もちろんここでの問題にはならない。

しかも段階論を規定するはずの経済政策といっても、実はその内容は重商主義政策を含めても、著しく不鮮明であって、自由主義政策の内容にしても、金融資本の政策にしても、その内容は多義的でわかりにくいし、国によっても置かれた状況によって種々異なる。しかも支配的なる資本形態と経済政策との対応関係も必ずしも一対応ではない。また、それぞれの段階区分に必ずしも適応しないもの、あるいは各段階にも広く及ぶようなものがいくつも考えられるのである。とくに金融資本の政策が帝国主義政策だとはなかなか断定しにくい。これらを勘案すれば、各段階規定における経済政策による区分には問題が残っているのであり、その点でも経済政策の決定にさかのぼる資本形態の確認こそが、宇野の段階論を考える上で決定的に重要であることが想像できるはずなのである。

したがって以下では、資本主義における資本形態についてその特徴を代表的な国に即して考えることにしたいし、段階論、つまり経済の原理論と現実の資本主義の分析との間に架橋する道具としての理論としては、そのような資本形態の解明をその中心課題とするという方法を軸に考えていきたいのである。

段階論が簡単すぎるという印象を与えるかも知れないが、これは一つの方法として自由に考えて行けばよいと思っている。実際、段階論は厳密な方法に裏付けられた理論というより、もともと便宜的なものとして考えたものだと言っていたのは宇野自身であったのだから。

三　段階規定とその移行に関する大内力の主張

(1) 宇野の段階論については、その『経済政策論』における経済史的な事実関係の内容についてはともかく、その方法があまりに簡単すぎて理論の重厚さが欠けているという不満から、それをさらに突き詰めてみたいという気持ちを抱いているものが少なからずいた。

大内力は自身の段階論の説明（『経済学方法論』、『大内力経済学大系』一）の中でそれに関する新しい試みを提示している。それは宇野説を継承しながらそれを拡張しようとする試みで、各段階に複数の国を取り上げて、それぞれの段階の典型国の積極面と消極面とを代表させることによって、合わせて段階の移行の問題もそれで解こうというものであるといってよい。重商主義段階でも、イギリスの積極的典型国に対してドイツを消極的典型国として対置させ、イギリスの積極面が後進国ドイツに対する国際的影響力を通じてそのドイツを消極的典型国に位置づけ、またそのことが後進国の先進国への追い上げを促進させ、次の段階では先進国イギリスを凌駕する生産力をもってイギリスを今度は消極的な典型国とするというような構想であって、「この両者の相互関係と対比とをつうじて各段階の世界史的意義を確定するという複線型の方法」（同上、二七九頁）を主張することになる。そしてその根拠を「段階論の内容をより豊富にし、資本主義の生成・発展・変質を貫く世界史的な法則性を解明するという段階論の本来の目的を、よりよく達成するうえにも有効であることは、くりかえすまでもないであろう」（同上、二九〇頁）として、その妥当性を主張するのである。

大内はそこで各段階の「移行」の論理を明らかにしたいのである。大内は次のようにさえ述べている。「イギリスは他方に非典型国をおきこれを非典型国たらしめることによってみずからを典型国となしえたし、他の後進国はイギリスが典型国として先進的に発展したがゆえにみずからは非典型国たらざるをえなかったということであった。自由主義段階までの資本主義といえども、その世界史的展開はこのような複線型の論理構造のなかでおこなわれたのであり、この点の解明を欠いては段階論は不十分なものに終るしかないのである。宇野段階論はこういう視点を欠いたために、帝国主義段階への移行の契機を明確にしえなくなり、かつ帝国主義段階の論理構成を整合的になしえなくなったばかりでなく、自由主義段階についても、その積極面のみが一面化され資本主義の歴史的限界が不明確になったというしかなさそう」（同上、一八二頁）だというわけである。

しかしこれは一面の真理を衝いているかもしれないが、宇野の段階論に対する全面的な批判にはなりえていないし、またその論理の補強にもなりえていないように思われる。宇野はもともと段階論が世界史的な展開の必然性をもつなどということには興味を持っていない。宇野は段階論を経済史と誤解しないように強調しているし、経済政策の変遷を必然的なものとして歴史的に扱うようなことはしていない。つまり各段階の間の「移行」は問題にしていない。もともと「移行」に必然性の論理を求めていないのだ。典型国は典型を示す事実によって規定されているだけだからである。非典型国が必然的に次の典型国になるわけではない。すべて様々な歴史的条件を反映した事実の進行の結果としてそうなったものでしかない、というのが宇野の理解である。

(2) こうした宇野の段階論については宇野理論の理解者の中でも多くの異論が抱えられている。あるいは多くの者が不満を懐いているといったらいいかもしれない。如上の大内説もそうだが、段階論にどうしても移行の論理を求めたいのだ。例えば、大内説に親近感を懐く戸原四郎は、純粋資本主義の理論の法則性は「現実にそのままは発現せず、しかもその乖離がたんなる偶然によるのではなく、一定の根拠をもって生ずる。それは直接には、歴史的に継承された旧来の諸関係が資本の法則の貫徹を阻害し変形するためであろうが、基本的には各段階を代表する生産力水準によって規定されるといえよう」(「第二部報告」『経済学批判—宇野弘蔵追悼号』一九七七年、五〇頁)と述べ、「各段階の資本はこの生産力水準をとりこむことによって、その限度内で旧来の諸関係を解体するなり変形するなりして、自己に適合的な再生産構造を形成する」(同上)という。こうして各段階の再生産構造が確定され、これによって資本の蓄積様式が検出され、それとの関連で各段階の経済政策の変遷が根拠を持つとされるのである。生産力の向上が資本の巨大化をもたらし、資本と労働との関係に変化をきたすことが原動力となって段階論が展開すると言いたいのである。生産力水準を言うことだけで果たして例えば金融資本というような規定ができるものなのであろうか。それは両者の事実を突き合わせて初めていえることではないか。実際、これは宇野の主張を完全に飛び超えてしまっている。

宇野は、段階論というのは、「経済政策論で一番特徴的な規定が与えられることになるということ、資本主義の初期と中期と末期の特徴が政策的にあらわれ、とくにそれが帝国主義という段階で自由主義的傾向が明確に否定される。そこでその前が自由主義、さらにその前が重商主義というように区別せざるをえなくなる」(『経済学を語る』一〇七頁)ものであり、それをどういうふうに規定するかは、「特定の国の特定の経済史的な事実をとってやれるかどうか、それとも多くの国をとってその中に類型的なものを規定すべきか」（同上、一〇八頁）が問題になるとして、後者を選び、類型という表現より典型という言葉の方がいいとしながら、その典型をとらえる基準が理論にはなくて「事実の問題」（同上、一一一頁）としてしか決められないことを明らかにしている。そこでは宇野の頭にはウェーバーの影がちらついていたことと思う。類型を導き出すという点では帰納的論理展開によっているようだが、典型となるとそう簡単ではない。ウェーバーの「理想型」がちらつく所以である。要するに宇野にとっては、例えばレーニンの『帝国主義論』で明らかにされた規定で現状の分析をするというのではなくて、段階論は現状分析をやる時の基準としての意味を明らかにするものでしかない。役に立てばよいとする一種の「プラグマティズムかな」、と宇野が自嘲ぎみに述べているところがあるくらいである。（同上、一六三頁参照）

そこにあるのは現状分析のための資本主義の歴史的展開過程の中で典型的とみられる特徴をいくつかの段階に分けて整理しただけで、それを根拠づける理論もないということだ。「発生、成長、爛熟、この規定の間に何か共通するものがあるのではないでしょうか」（同上、一二一頁）と迫る高須賀義博の質問に、「あるんでしょうね。あるんだろうけれどなんともいえない。あまり無理をせん方がいい」（同上）という宇野の答えが、その辺の事情を物語っている。実際、佐藤金三郎はその座談会で、「段階論は人によってめいめい勝手に典型のとらえ方が違うというような非常に主観的なものになってしまうという危険がある」（同上、一一一頁）と述べていた。宇野のあやふやな説明では佐藤が指摘したように「主観的」な判断によることになるのではないかと誰でも危惧してしまうのではないか。

ただ宇野はそれに対して次のような説明を加えている。「たとえば商人資本の時代に問屋制がどういう支配的地位を占めていたかによって蓄積様式の違いが出てくるし、それによって特定の政策が行なわれるわけだが、この事実は理論的にそうなるはずだとは、いえといってもいえないんじゃないか。あの時代にマニュファクチュアが支配的だという事実が証明されれば、商人資本の段階とはいえなくなる。そういう関係ですね」（同上、一一二〜一一三頁）と。ただそれでも納得できない気持ちは残るであろう。

ここで問題になるのは、宇野が段階規定の中に、各段階を決める条件として資本の蓄積様式という問題と労働力の商品化を巡る問題を取り上げていることが、理論とのかかわりという点で改めて検討課題になってくるのではないかということだ。それについて「事実を基準として典型を設定して、その分析によって事後的に明らかになったことなのか、それとも理論的な規定を基準として蓄積様式と労働力商品化機構というものを考えておられるのか、前提か結果かということですが、その点はどうですか」（同上、一一二頁）という学生の質問に答える宇野は「それはなかなか難しい質問でどちらともいえない。ただ事実の問題、たとえば蓄積の様式がどう違うかという場合、もちろん理論的な規定を基準にして考えている。しかし事実を理論から割り出すわけにはゆかない」（同上）と上と同じように苦しそうに答弁をしている。段階論というものが、原理論と現状分析との間に立ってその媒介をする理論だということは理解されても、それが一種の原理論に対応する中間的な理論として、原理論との直接的な関連を求めた演繹的な内容の理論として暗に想定されていたことが、議論の混迷を招いているのかもしれない。宇野の段階論には初めからそういう発想はなかったのである。そこに議論がはじめからかみ合わない原因があったと言えよう。

四　ウェーバーの方法と段階論の科学的根拠

(1)段階論の方法という点については、なかなか議論が難しいが、ただどうしても宇野の段階論とマクス・ウェーバーの「理念型」およびそれを用いた彼の理論構成の考え方との関係に触れておかなければならないかもしれない。宇野は原理論については、資本主義の純化傾向という客観的な根拠に基づいて理論的に確定されているものとしてウェーバーの方法とは厳格に区別しながら、段階論については、それと違った方法をウェーバーの影響のもとに提示していることを自ら認めている箇所があるからである。

すなわち宇野は次のように述べている。「経済学の原理論の概念構成が、資本主義の発展過程に基づいて想定される純粋の資本主義社会の基本的規定によるのに対して、政策論が段階論的規定として展開する場合には、ややウェーバーの理想型に類似したものが認められるといってもよい。しかしそれもたとえば資本主義の発生期、あるいは中期の発展がイギリスによって代表され、末期の没落期がドイツを代表とし、イギリスはむしろその反面をなすというような意味でそうなので、この場合にもすでに原理論によって明らかにされた資本主義の基本的規定が、十九世紀中葉のイギリスで最も近似的に認められることを前提として与えられ、それを基準としているのであって、それは単にわれわれの何らかの主観的立場によって『一面的に高揚された』ものとして『概念的な純粋性』をもつものではない。また理論としても『資本論』の与えようとした原理的規定のような『純粋性』をもつものでないことは政策論として当然である。ウェーバーの理想型論は、原理論なしに歴史的規定を与えようとしたところから生じたものといってもよいであろう」(『宇野著作集』七、四五頁)と。段階論における典型国論がウェーバー的な主観的な概念の高揚の結果としての理念型に類似しているということを宇野は初めいいたかったのであろうが、結果的には一九世紀中葉のイギリスの現実を背景としてその基準を与えられているものとして、ウェーバーの影響を薄めようとしていることが推定される。実際、宇野のその説明では、例えばなぜドイツが帝国主義の典型国になったのかの理由が分からない。むしろそれが時代の先行性を現すモデルとしての「理念型」ということであれば、むしろ理解しやすかったように思われるからである。実際、一九世紀中葉のイギリス資本主義がいわゆる純粋の資本主義に近似しつつあったという事実だけでは、その理由の説明として十分納得できるものとは思えない。ただ宇野はその場合、典型としての概念の形成の問題であるよりは、段階論の展開の方法の問題として提起し直しているようにも見える。その点をさらに追跡してみよう。

宇野がまず「経済政策論は、段階論的規定の基準を与えるものとしての特殊の科学的地位を有するものといってよい」（同上、三五頁）と述べていることから確認しよう。そのことの理由付けについては前にも触れた。そうだとすれば段階論を論じるには経済政策論から始めるのが順当であろう。宇野は『経済政策論』の「序論」で次のように述べている。「資本主義社会の経済政策は、その経済的社会構成と同様に、いわゆる無政府的性格を脱しえないながらも一定の歴史的に決定される規定を与えられるものとなるわけである。支配的地位にある資本の利益に反するものが行なわれれば、それは新たなる政策をもって補修されることになるのである。もちろん時には政治的に有力な土地所有者階級に妥協することもあるであろうし、また小生産者層その他の新旧の社会的諸階層に、あるいは労働者階級にさえ譲歩することもないというのではない。それにしても科学的には、資本主義の発展の諸段階に応じた目的と手段とを、その段階を代表する資本主義国によって一応一般的に規定しうるわけである。実際またそういう客観的根拠によってはじめて経済政策論も可能になるのである」（同上、三四頁）。そして宇野はこれに注記して、「経済政策論の科学的理論は、それと同時に経済学の原理論とその性格を異にし、これを原理論と同様に扱うことはできなくなる」（同上）と、わざわざ付け加えている。宇野は「経済学の原理が政策決定に直接役立つものでないのと同様に、政策論も科学的に規定せられる限り具体的に政策決定に役立つわけではない」（同上、三五頁）とも付け加えている。原理論にいかに科学的根拠を与えるかが宇野の関心であったかはすでに述べてきた。それでは宇野はどうやってこの段階論（経済政策論）に科学性を与えることができたのだろうか。

（2） 宇野は『経済学方法論』では次のように述べている。資本主義の発展の過程は、「いわば商品経済の全面的なる滲透の過程にほかならない。したがってこの歴史的過程は、原理論で展開されるような、全面的に商品経済的なる社会の運動法則をもって直ちに解明されるというものではない。それは経済的過程を基礎としながら、政治的なる、社会的なる、いわゆる上部構造や対外的関係との交互作用的影響の内に展開されるのである。したがってそれは原理論が『商品』から始まって、『諸階級』に終る、純粋の資本主義社会の内部構造とそれを支配する諸法則とを明らかにする、完結した経済学体系をなすのに対して商品経済的には多かれ少かれ不純なる歴史的過程を、ますます支配的になってゆく商品経済的関係を基礎にして、商品経済的概念と諸法則とを基準にして分析し、解明するという方法によらざるをえない。ところがこの歴史的過程は、……その発展はますます純粋の資本主義社会に近接するというのではなく、一定の時期までは、初期の、発生期的段階を示すのに対応して、発展の一定の段階では、末期的な諸現象を呈することになる。それは正に資本主義の発生・発展・没落の過程をなすのであるが、しかし段階論は、直ちにこの資本主義の発生・発展・没落の過程そのものをも具体的に示すものではない。事実、資本主義は、世界資本主義として発生し、発展し、没落するものといってよいのであるが、それは一体としてかかる歴史的過程を示すものではなく、特定の国が指導的地位にあって、資本主義の世界史的発展を示すにすぎない。他の諸国もこれに影響されて資本主義化するのである。資本主義の発生・発展・没落の過程は、具体的には個々の国においてそれぞれ個別的なる特殊の事情と関連とをもって展開されるのであって、段階論的規定をもって尽しうるものではない。また段階論的規定は、それが与えられる、かかる指導国にあっても、世界史的意義を有する面をとって展開されるにすぎない」（『宇野著作集』九、四九頁）と。

宇野は原理論の対象をなすような純粋資本主義の運動法則と違って段階論は、「多かれ少かれ非商品経済的なる、あるいは非資本主義的なる経済に対する、資本主義的経済の滲透の過程として、いわば異質的なるものに対する支配を通して実現される発展である」（同上、五〇頁）ために、原理的には直ちに解明できるものではない。しかし先進国の発展の過程が後進国の発展の過程に対してその典型をなすように、「資本主義の発生・発展・没落の歴史的過程も一定の法則性をもって展開される」（同上）と言う。ただそれは、宇野によれば、「唯物史観にいわゆる下部構造自身が複雑なる異質的面を有する経済過程として、資本主義の発展を実現するのである。それと同時にこの下部構造の自立的運動は、多かれ少かれ上部構造との間に交互作用的に影響し合いながら、上部構造を規制することになる。そしてこの下部構造の上部構造に対する規制は、勿論、資本主義のかかる発展過程でも、原理論で明らかにされる経済法則が――それ自身は上部構造と独立に一社会を支配するものとして明らかにされるのであるが、それが――多かれ少かれ規定的に作用するということに基づくのである。上部構造は、資本主義の発展に対して、或いはこれを促進するものとして、あるいはこれを阻害するものとして作用しつつ、それ自身は下部構造の発展によって制約されるのである。かくて資本主義発展の段階区分は、特殊の型の資本を中心とする経済過程に対応した上部構造の変化によってむしろ明確にされることになる。経済政策の変遷はそのことを端的に示しているのであって、重商主義・自由主義・帝国主義という周知の三段階をなすのである」（同上）と結論するのであるが、そのあとさらに次のような注意を加えている。

「注意しなければならないのは、商人資本から産業資本、産業資本から金融資本への発展は、資本がそれ自身に展開するものではない。資本主義的発展の諸条件の変化とともに変化してきたのである。発生期の商人資本は、それだけでは発展期の産業資本に転化するものではない。しかしかかる転化の準備をなすものではあった。産業資本はまたたしかに原理論で想定する純粋の資本主義社会における資本の一般的な規定に、ますます近似するものといってよいのである。ところがこの産業資本の支配する資本主義は金融資本によって、もはやかかる発展をつづけるものとはいえなくなる。しかもそれは産業資本自身の内的な要因だけでかかる転化をなすわけではない。資本主義の発展の動力をなす生産方法の変化と、その発展の基盤をなす社会——多かれ少かれ小生産者的な非資本主義的経済を含む社会——との関係によって、産業資本は金融資本に転化するのである。ここでもまた産業資本はそれ自身で金融資本に発展するわけではない」（同上、五〇—五一頁）と。

要するに商人資本から産業資本、産業資本から金融資本への展開はもちろん、そして重商主義から自由主義そして自由主義から帝国主義への経済政策への変化さえもそれ自身では説けないというのである。それでは「経済政策論」あるいは段階論の展開は内的必然性を持たないものになるといったとして、その場合、「一定の法則性」との関係は一体どこに行ったのであろうか。最終的にやはり唯物史観に基づく下部構造、即ち資本主義の原理的規定に行き着くことになるのであろうか。ただここでの宇野は、「下部構造を決定的に支配する資本が、商人資本・産業資本・金融資本と区別せられる」（同上、五一頁）と明瞭に述べているが、その捉え方はやや特殊で分かりにくい。それぞれの段階の支配的な資本はそれだけでは次の資本形態に転化できないと断定しながら、それらをあえて下部構造と名付けたのは、商人資本段階と産業資本段階と金融資本段階のそれぞれに生産力と生産関係という唯物史観のあのテーゼを擬制化してみたのであろうか。かつて『経済政策論』で論じられていたウェーバーの方法へのこだわりはもう消え去ってしまったのだろうか。（注4）

（注4）先のバーシェイは次のように述べている。東北大学に職を得た宇野は担当講義科目の経済政策論の準備のため、「新カント派哲学者のハインリッヒ・リッケルトや左右田喜一郎を読み、俗流マルクス主義からは十分に距離をとっていたが、ウェーバーの仕事に対しては冷淡であった。その理由は、発展諸段階という、宇野自身に胚胎しつつある総合化がウェーバーの理念型ときわめて類似していたからなのかもしれない。宇野の議論は、客観性に根拠を提供すべく、現実の資本主義から抽象された原理論という錨なしには、ウェーバーの理念型は時間のなかでたんに『浮遊』しているにすぎず、あらゆる種類の主観主義に陥りやすいというものであった」（Barshay, *Ibid*. p.98. 訳書、同上、一一二頁）と。

（3） ところで、他方、宇野は、かねてより旧来のドイツ歴史学派に対するマクス・ウェーバーの方法的批判に関心を抱いていた。リッケルトなどのドイツの新カント派への関心ともつながっていた。宇野に言わせると、従来の歴史学派の経済政策の考え方は、全体的利益と個別的利益とを経済的効果を基準にして総合するなど一般的規定によって経済政策の目的を見出そうとするような、きわめて常識的な見解を出ないものであった。それにたいしてウェーバーは、宇野の要約によると、「経済政策の科学的研究は、一定の与えられた目的に対して適当なる手段を究め、その実行の範囲を明らかにし、その手段の適否を決することに限定される。もっともこういう研究は、おのずから間接的に目的設定を批判することにはなるが、しかしそれにしてもその目的自身は政策の実行者の個人的な価値判断によって決定されるものでなければならない。そういう価値判断の科学的究明が行なわれるとしても、それは目的の意味を明らかにするという限りでのもので、せいぜいのところ政策の主張者に対してその主張の意味を知らしめうるだけのことである。科学者としては、これ以上のことはできない。そこに科学的『客観性』が与えられる」（同上、七、二七頁）ということになる。これに対して宇野は、このウェーバーを批評して「この主張の根本的欠陥は、経済政策の目的自身が、常に与えられた歴史的、社会的関係に基づいて設定せられるものであって、いかなる実行者にしても、その単なる個人的価値判断によって主観的に決定しうるものではないということを、明確にしていない点にある」（同上）と述べている。その辺の意味を戦前の旧版の『経済政策論上』の中にさらに探ってみよう。

宇野は言う。「経済政策の目的はたといその主体にとってはその個人的価値判断によって決定せられるに過ぎないにしても、それ自身を客観的に社会的に決定せられることは一般に他の社会的活動と同様に決して不合理ではない。それはその主観的価値判断個人的世界観自身がすでにその主体の社会的存在によって決定せられるばかりではなく、広汎なる経済生活に或る程度の影響を与え特定の結果を齎らすべき経済政策の目的が社会的規定とは全然独立に単なる個人の専断的意思によって設定せられるというが如きことは有り得ないからである。寧ろ反対に社会科学としての経済政策の研究の目的とその基礎とはかかる価値判断が一定の社会関係によって必然的に規定せられるという点にかかっている。実際経済政策の主体はそれ自身客観的なる社会的存在として意識的にしろ無意識的にしろ一定の法則に従ってこれに必然的なるその目的を設定して、始めてこれを主張しこれを実現することが出来るのである。随ってまた資本家的商品経済の特殊歴史的社会関係の基本的性質の客観的認識を目的とする経済学は当然かかる目的の歴史的意義を批判的に明かにしこれを客観的に批判し得るのであって、経済政策の具体的主張もまたこれに基いて科学的に樹立することが出来るのである」（同上、二七〇—七一頁）と。新版では新しい叙述が加えられてこの部分は省かれているが、ここにはウェーバーを逆手にとっての宇野の経済政策論のいわば科学的根拠が示されているようにも読める。『経済学方法論』では、さらにウェーバーへの関説さえなくなっている。そして科学性の根拠として示されたのは、とりあえずは「理念型」のように見えるものも実は一九世紀中葉のイギリスで歴史的に純粋資本主義への近似がみられたことによる（自由主義）段階の根拠づけと、関連するその前段階の重商主義、そしてその後段での帝国主義の段階づけであり、最後にでてきたのは、政策その他の上部構造の下部構造への披拘束性に経済政策の科学的根拠があるという理解であったように考えられるが、ただしはなはだ心もとないものであったことは確かだ。したがって必ずしもはっきり理解できたわけではないが、ただ原理論とは異なる領域での科学性の根拠を示そうとした宇野の努力は認められるのではないだろうか。ただその成果はなかった。

ともあれこうなると、結局、宇野の段階論の科学的根拠なるものは、最終的に宇野が経済学の原理をその「基準」としているといったことに落ち着くことになるのであろうか。それではその基準とはいかなるものか。「基準」の意味はさらに問われ続けられなければならないことになるだろう。

五　段階論の方法をめぐって──山口重克の所説

(1) 宇野にとって段階論の方法という問題は扱いにくい問題だった。段階論を根拠づける経済政策論を経済史と峻別する宇野は、段階論における支配的資本によって規定される経済政策の変遷を歴史的に扱いながら、そこに内在的な論理の存在を認めていなかった。とはいえ、前節で見たように、その展開にまったく根拠がないとも考えなかった。ただその説明ははなはだつかみにくく判然としないままであった。そこにのち段階論をより突き詰めて追及しようという試みが生じる余地があった。山口重克の「類型論」の試みや小幡道昭の「変容論」なる試みがそれであろう。ただし山口の試みが宇野の方法に即してその方向性を維持しつつ新しい展開を果たそうとするのに対して、小幡の変容論は、宇野段階論の基本的な考えを根底から覆す試みである。したがってそれは補論として別に扱うことにして、ここでは山口の主張に注意を向けることにした。

山口はまず宇野の段階論が経済学の究極の目標たる現状分析のための単なる便宜のために設けられたとする考え方を批判して、自らの主張の輪郭を明らかにする。すなわち、「従来の段階論研究の多くは、現実の資本主義が歴史的に発展・変容してきたものであるという事実から出発して、いろいろな様相を呈する資本主義をある基準によっていくつかの段階・類型に分類・整理するという方法によるものであったといってよいだろう。この限りでも、段階論は、歴史的な発展・変容の結果であり、その過程そのものでもある現実の資本主義のいわばパターン認識に役立つという意味で有用な用具たりうることは確かである。しかし、この限りでは、段階論は現状分析にとっていわば便宜的に要請されるものとして意義づけられるにとどまり、必ずしも独立の理論分野としての必然性が明らかではないのではないかと考えられる。もちろん、理論の役割の一つは認識作業の効率化であるから、便宜を一概に否定するものではないが、便宜的にせよそれが役に立つ理論的根拠付けは必要であり、少なくとも方法論の問題としては、原理論に対する類型論の必然的な理論的補足関係を積極的に明らかにする必要があると考えられるのである」（山口『類型論の諸問題』二〇〇六年、三六頁）と。そして原理論と段階論にいかなる補足的な関係が存するかを検討して、独自の「ブラック・ボックス論」を提唱し自らの類型論の構築に努めることになる。それは原理論を成立させるために、その抽象化の過程で捨象されてしまった諸要因を一時的にブラック・ボックスに収納されたものとして抑えた上で、そのブラック・ボックスに入れられた諸要因を復元して類型化されたものが中間理論としての段階論あるいは山口の言う類型論だというのである。そしてこれこそが資本主義の現状分析にあたって原理論を補完する第二の理論になるというのである。

これは一九九三年に山口が発表している論文「私にとってのマルクス経済学・宇野経済学」（山口『価値論・方法論の諸問題』所収）の中で、宇野の段階論は「純粋資本主義におけるいくつかの仮定をはずして、その代わりに比較的長い期間にわたって持続すると考えられる現実的な諸条件を代入し、そのことによって変容した構造やメカニズムや運動をより現実的なシステムとして類型化して構成した資本主義の類型論のことであると捉え直すことができよう」（前掲書、二〇七頁）と述べていた主張の延長線上にありながら、かなりの展開があったことが判るのである。

これに近い考えは以前からもあって、例えば柴垣和夫は次のように述べていた。すなわち、「資本主義の純化傾向の側面を抽象したのが原理論ですね。そうだとすると、その原理論から、もう一度段階論にもどる場合に、原理的世界を抽象する際に捨象してしまったもののうちから再びとりこんでこなければならない基本的な要素がいくつかあって――その内容はあとでふれたいと思いますが――そのもっとも基本になるのが生産力の具体的内容であり、現実的にはそれがイギリス綿工業であると理解しているのです」（「第二部討論」『経済学批判―宇野弘蔵追悼号』一九七七年、五四―五五頁）と述べ、あとでその要素を、「生産力、国際関係、政治権力の現われ方」（同上、五六頁）と例示している。ただ柴垣がその後その問題に触れることはあっても（例えば柴垣「唯物史観と段階論」『社会科学の論理』一九七九年）、それ以上詳しく議論として取り上げていないが、山口は同じような方向でさらにその問題をより具体的に展開してみせたということができよう。

(2) 山口は次のように言う。「純粋資本主義論は、逆説的に聞こえるかも知れないが、現実の資本主義の展開が市場経済関係の一元的な純粋化という展開の仕方を示さず、不純な、つまり市場経済的でない、いわば非市場的な諸関係との合成的・混合的な資本主義を展開しただけで終り、しかも一様な混合資本主義ではなく、時代的、地域的にそれぞれ特殊・個性的な多様な混合資本主義を展開したために、その第一次的な分析の基準として要請されたものである。したがって、純粋資本主義論には、現実には、一元的な純粋化が実現できなかった市場経済というシステムの限界が何らかの形で反映されているはずである。市場経済的な諸関係だけでは社会的生産を自立的に処理できないという点、つまり資本主義は現実には混合体制としてしかありえないという点が反映されているはずであると考えられる。こうして、本来的に混合的な経済システムの分析用具としての資本主義の経済理論は、第一次的用具としての純粋資本主義論だけではなく、その限界を補完するものとしての第二次的な分析用具を必要とすることになり、ここに類型論の理論的必然性があると考えられるのである」（山口『類型論の諸問題』三六―三七頁）と。

山口は原理論の形成のために除去されてブラック・ボックスに入れられていた諸要因をブラック・ボックスから取り出して、原理論では「不問に付されていた非市場的要因を取り出し、改めてそれを原理論の世界に投入して対象の混合性を示すこと」（同上、三八頁）から始めることになる。問題はそのブラック・ボックスに入る諸要因が何であり、またいかにしてそれらの諸要因を原理論の中に投入していくのか、である。しかもその諸要因の性格は、詳しくは後述するが、非商品経済的といっても千差万別であるといっておこう。もちろん演繹的に展開された論理の中に、下向の分析の過程でいったん捨象された雑多な諸要因をどのようにして取り込んでゆくのかについては、恣意の問題が入って客観的な推論の過程としてはなかなか理解しがたいが、山口はそれらの要因は一義的に選択されたものでないが故に、それを原理に投入する仕方も一義的ではないという。そういうことがもし可能だとしても、ブラック・ボックスから取り上げられて演繹的な論理に入り込むその道筋は果たしてどのようなものか疑問が残らざるを得ない。山口は、宇野の段階論は演繹的な論理ではなく原理に外的に「現実的な諸要因を追加することによって、新たな上向を進める」（同上、一一頁）ものであると述べ、さらに「この追加される現実的要因は、まず資本主義の世界史的な発展段階に応じて類型化されて捉えられ、それが追加されることによって、原理論はいわゆる段階論として再構成される。そして、資本主義の現状は、このような段階論的・

類型論的枠組みによる再構成を前提にし、その上にさらに短期的ないし偶然的な追加要因によって規定される第三段階の上向によって、最終的な再構成を終えるというものであった」（同上）と論じて、マルクスの有名な『経済学批判要綱』「序説」の「経済学の方法」と宇野の方法を区別した。山口は「資本主義の世界史的な発展段階に応じて」まず類型化が試みられ、その上で類型化されたさまざまな要因が付け加えられたものが、宇野の段階論であると考えている。宇野が演繹的方法と帰納的方法の二つを使い分けているというのである。宇野の段階論がどのような方法で構築されているかについては前章で見たように明確ではなかった。ただ宇野がウェーバーの理念型に執着し、段階を代表する国を類型ではなく典型であると強調していることは事実である。これは直ちに帰納法だということは出来ない。もちろん、それが基本的には帰納的な方式に大きく言えば属するものであるかもしれない。ただ、レーニンの『帝国主義論』に見られたような帝国主義国の指標化は帰納的方法によるものとはいえても、宇野はそのようなやり方はそのままはとらず、典型国の世界史的な変遷とそれを主導する典型国の対外政策を基準にして段階論を構成したように思われる。それに実際、レーニンも特殊な帝国主義各国の共通性を求めるという方法を目指しながら、結局はドイツの金融資本を典型的なものとして取り上げているのであって、そう簡単に宇野の方法も演繹と帰納という二つの方法に分けるには、なお若干の問題が残っているように思われる。しかし山口は先に見たようなかたちで宇野の三段階論の位置づけを行った上で、課題である理論と歴史をどうつなぐかという難問に挑戦する。

山口はメンガーとシュモラーを代表とするかつての「方法論争」を参照しつつ、まず原理についてその純化を問題にする。宇野の場合、「本質論としてのいわゆる原理論からは一九世紀的特殊性は除去されていなければならない」のに「宇野の『経済原論』にあっては、この除去がかならずしも徹底していないという問題が残っているのである」（同上、一九頁）。そしてその除去が不徹底であった理由が「あらかじめ予定されていた上向の到達点＝行き先に制約されて上向＝演繹が行われたせいではないかといいかえることが出来る」（同上、二〇頁）という。

そしてさらに宇野の純化作業が不徹底であった理由として、手続き上の問題もあったのではないかとして、次のように述べる。それは「当時のイギリス資本主義の純粋化傾向を延長すれば、おのずから不純物が除去され、純粋資本主義が得られると考えたわけであるが、単に延長するだけでは自由主義段階の特殊性を払拭できるとは限らない。というよりも、むしろ特殊性を純粋性と見まがわないという保証はないのであるから、特殊性が純粋性として延長、拡大されないとも限らない」（同上）からである。この指摘自体は正しいであろう。純化傾向の思惟による延長という宇野の説明の矛盾についてはすでに筆者も指摘したことがあるが、そこでは宇野の言う歴史的・客観的抽象に対する主張者の主観が延長された思惟の中に入り込む可能性を指摘したかったからである。思いは共通である。いずれにしても、思惟による客観的傾向の延長という手続きは避けなければならない方法であることに間違いない。ともあれ、山口は、かくて次のように結論づける。「それでは、特殊性の払拭・純化はどのような手続きによればよいのであろうか。それは、現実の資本主義から下向して到達したもっとも単純な、抽象的な概念から出発する上向が、行く先＝到達点を予定しないで、純粋性の基準＝指標だけを決めた演繹によって行われるという手続きによるべきであろうと思われる」（同上）と。

問題は山口の言うように、「演繹＝上向していく過程で、この基準に適合的でない不純な形態、主体、機構は除去されることになる。このような演繹の過程での分析者による不純物の意識的な除去によってこそ、一九世紀的な特殊性を払拭した純粋資本主義が得られる」（同上、二一頁）のかどうか。そのような演繹的操作がそもそも可能であるのかどうか。またそのようにして作られた「資本主義一般の本質的な関係と機構を理論的に再構成した」（同上）原理が、その次に、資本主義の変容と向かい合いつつ分析基準としてどのように機能し、新たな類型論を要請してゆくかが、大きな課題になるということだ。

山口にとっては、中間理論としての類型論こそがブラック・ボックスに収められた諸要因を原理の中にさまざまな仕方で投入される「いろいろなケースを整理し、類型化して示したもののことであり、これをもって多様な現実の資本主義の分析にとっての第二の分析用具たらしめんとするものである」（同上、三八頁）以上、次の仕事は当然、山口のブラック・ボックスの中身の問題になって来る。

（3）山口は、宇野が段階論を原理論を軸にしてその方法を検討しようとしていると考えて、自らも類型論を原理論の側からさらに方法的に考察しようとしているように見える。したがって山口は「原理論ではどういう問題がブラック・ボックスに入れられているのか、つまり、どういう問題が不問に付されることによって、市場経済システムがあたかも一元的・自立的に社会的生産を編成しうるかのように説かれることになっているかを、原理論の展開の順に具体的にみて行く」（同上）として、ブラック・ボックスに入れられるべきものを原理論の展開の順序で具体的に検討してゆく。「原理論の展開の順序」というのがどういう根拠なのか、それとも便宜的なものかどうか必ずしも判然としない。それにこれらの諸要因がすべて中間理論である類型論の中にこのような順序で整理されてゆくべきものであるようにも思えない。原理論の展開に密着しうるものと、あくまでも外的な条件にすぎないものとの違いが当然考えられる。そして後者の中には雑多な条件が入りこんでいるはずだ。山口は「流通論」、「生産論」、「競争論」に分けてそれぞれの問題を取り上げて論じている。ただ、そこには共通して入るもの、あるいはいずれにも入らないものがあるかもしれない。『類型論の諸問題』でまとめられる以前の元論文では、この個所に、「以上、原理論でこれまで不問に付されてきた問題の一部を思い付くままに羅列してみた。その他にもいろいろあろうが、原理論が閉じた世界を対象にしているという意味での完結した理論ではないということと、閉じた体系的な理論を得るためには原理論に対して何らかの補足が必要であることを知るためにはとりあえずは以上で十分であろう」(「段階論の理論的必然性―原理論におけるいくつかのブラック・ボックス」、『市場システムの理論』一九九二年、一九―二〇頁)と述べている。この論文を多少訂正して採録した『類型論の諸問題』では、そのような「思い付くままに羅列し」の言葉は除かれているが、内容的には大きな違いはない。ただ内容が雑多で整理しにくいものであることも事情は変わらない。

次の問題はそのような諸要因を用いて、どのような補足理論を作るか、そしてそれがどのように可能であるかということである。山口はその前提として二つの問題を指摘している。一つは、原理に対して変容を与える特殊・個別的要因であり、それが二種類あるという。長期的に比較的安定的に作用する要因と比較的短期に消失したり変容したりする個性的な要因である。この両者の組み合わせによって、資本主義の発展段階の特殊性さらに国家や地域の特殊性なども加えて、世界資本主義の全体性を捉えたものとして世界史的な段階での類型論とする考え方である。もう一つは、補足理論あるいは類型論を構成するとき、何が資本主義分析にとって基本的なものであるか、そのうち類型が認識できて、その考察の柱にできるものかどうか、を考えておく必要があるとして、山口は次の三点を挙げる。第一が最も基本的な要因としての人間と自然である。これらは資本の運動にさまざまな制約を与えるものだ。第二は生産力の水準であり、経済諸関係を規定する基本的要因だとされる。第三は資本に対する国家のかかわり方だとする。そして山口は、こうした基本的三要因によって個別的に諸類型を導出し、また他の諸類型と組み合わせることで類型論は構成されると結論する。

ただそこからが難しい。山口は章を変え、第二章「外的諸条件の構造化と類型論の方法」と題した章で改めて類型論を構成する諸要因を本格的に検討しようとする。

すでにみたように、山口は類型論を構成する諸要因を三つに分ける。そしてそのそれぞれについて微細に要因を挙げて検討する。現状の分析を目標にするのだから、さまざまな見地からするその要因の探求はきりがない。煩雑になるのでここでは説明は省略するが、問題はそのような諸要因によって規定される市場経済の類型を組み合わせ資本主義経済の全体像を作り上げてゆく方法であり、さらに研究者の関心によって特殊だが必要な類型を作ってゆくというその方向性である。

山口はその構成作業を次のように手順化している。まず、「市場経済の総過程を規定する諸要因について、これらの三つの要因による特殊な類型化を観察し、次いで、ある段階の世界経済なり国民経済なりの全体像を構成する際にその要となると考えられる箇所にこの諸要因についての諸類型を投入し、こうして全体像についての類型を構成する」（『類型論の諸問題』、六六頁）というやり方である。前半が山口の言う帰納的方法であり、後半が演繹的方法ということなのであろう。ただ個別的な問題についての類型は無数にあり、その組み合わせもまた無数になるだろうから、その作業は非現実的だとして、実際の作業は、研究者の関心による選択によって類型もその組み合わせも最小限に抑えられることになるということだ。それによって生ずる問題は研究者の関心によって類型の内容が容易に変えられるということである。類型論が無数にできてしまう可能性がある、ということだ。これはどう考えたらよいであろうか。しかもそれは先の三つの基本的要因の範囲の問題に必ずしもとどまらないかもしれない。ただそれぞれの研究関心の違いによって類型が無数にあり、その組み合わせが膨大になれば、「必要最小限の個別的類型を選び、その組み合わせによって全体像の類型を構成して、現実分析の基準とすることにならざるをえない」（同上）と山口は言う。そしてさらに次のように議論をまとめながら先に進む。

「一般化していえば、ある段階ないしある時期の市場経済社会の類型は、これらの個別的論点によって構成された諸類型を適切に組み合わせ、これらの相互影響を考慮しながら、構成されることになる」（同上、六七頁）と。山口は、その構成の作業の方法として、原理論体系を基準とすることを考えている。それは現実の資本主義社会を、

「純粋なそれらとそれらを不純化する諸要因・諸条件という二契機に二分化して認識し、現実を両者の合成によるものと認識しようというのが、私が宇野弘蔵のいわゆる三段階論から学んだ市場経済の認識方法である。宇野にならって純粋な市場経済がそれだけで存立しうる論理を原理論として構成するが、それを不純化する要因・条件の方は外的条件と呼び、それを一定の方法で原理論に投入して原理論を再構成したものを類型論と呼んで、原理論と現状分析論とを架橋する中間理論としたいと考えている」（同上、六八頁）と結論する。

これはすぐ理解するのは難しい。というのは、外的条件を原理論に投入して原理論を再構成してできたのが類型論だとすれば、類型論は歴史的にあるいは地域的に変容する原理論のいわば具体的な姿であるということが考えられるからである。その考え方は実際にはここで初めて明確になったものだからである。もちろんそれは原理論と段階論をいかに関連付けるかという最初の問題意識に内包されていたものであることに間違いはない。しかしその内容は抽象的に述べられているだけで、具体的に理論的な形で展開されているわけでないので想像するしかないが、原理論に様々な要因・条件を投入してそれらを組み合わせて再構成したものを、果たして直ちに類型論として呼ぶことができるであろうか。先に引用した山口の言葉を繰り返せば、外的条件として不純化する諸要因・諸条件を「一定の仕方で原理論に投入して原理論を再構成したもの類型論と呼んで、原理論と現状分析とを架橋する中間理論としたいと考えている」というのであるが、それは、結局、具体的な要因や条件を多数入れ込むことによって、いろいろな形に変貌してしまった原理論ならぬ原理論の修正拡大版が多数出現することになりはしないか。というのは、山口は類型論が諸要因の組み合わせで構成されるとした場合、それらが単なる羅列でなく「何らかの体系的な方法によるべきであるとすれば、その方法として原理論体系を基準にする方法が考えられる」（同上、六七―六八頁）と述べているのに対して、非商品経済的と言われる外的要因ないし条件には、原理に対する関係が必ずしも単純に割り切れないものが含まれているのではないかと考えられるからである。つまり「要因が原理論体系ではどこの問題であるか、どこのブラック・ボックスに入れた条件であるか、を確定することによって、資本主義的経済におけるその要因の位置づけを明らかにすることに役立てる」（同上、六九頁）と言われているが、外的要因は必ずしも原理論の体系に即して存在しているものだけではないだろうということである。例えば、国家の存在などの役割は原理論の各所で多重的に期待されているだろう。そしてさらに大事なことは歴史的な区切りをどう設定するかである。宇野の場合はただ世界史の事実において段階区分を決定しただけであって、歴史の必然性などいう論理はとっていない。帰納の問題でもないし演繹の問題でもなく理論の前提の話である、それは経済学者なりあるいはその理論家の判断にかかることになるのだろうか。

（4）ここでもう一度整理してみよう。山口は現実の経済の分析には、抽象的な純粋資本主義の基礎理論だけでは不十分で、不純な資本主義である混合資本主義についての類型論が中間理論として必要であると述べていた。そしてその混合資本主義は純粋の資本主義的な市場経済と非市場経済的な経済との合成であるとしていた。その後者の分析のための類型論の必然性が出てくるというのであった。それは少なくとも一部は原理論のいわゆるブラック・ボックスの中に入り込まれているものと考えられよう。しかしその非商品経済的な条件はあくまでも純粋市場経済にとって直接原理論の展開に関わらない消極的な背後の条件であって、原理論を構成している環境の中から必然的に導き出されたものとは言えないのではないか。その外的条件を原理論の中に投入して改めて原理論を類型論として作り直すというのがここでの山口の展開のようであるが、その外的条件とされるものの中に、一方は原理論の展開に直接かかわるようなもの、そして他方に、まさに外的条件として具体的な相違をもたらすようなもの、というように必ずしも原理論とのかかわり方が同じではないものが含まれているのではないだろうか。そうした場合、商品経済の機能をいわば外部から支えている諸条件をどのようにして原理論の中に入れることができるのだろうか。その場合の原理論はどのようにイメージしたらよいのだろうか。生産の実体規定の入った原理論がそこにそのままの形で存在できるのであろうか。その時、類型論に変貌する以前の原理論は実体の入らない形態規定だけの理論でなければならないのではないだろうか。あるいはその時、原理論は一定段階における中間理論としての類型論にすでに変貌していると理解すべきなのだろうか。類型論を理論として構築するという難問がこのような難しい展開を招いているのかもしれないが、さりとて宇野のように、段階論の位置づけをもっと簡単に考えておいても済むということではないのである。

『類型論の諸問題』の「はしがき」で山口は、類型論はただ現実の資本主義の特殊性・個別性をモデル化したものではなくて、それが中間理論である限り、「現実のある時代、ある地域での特殊性・個別性の一定期間の類型をモデル化したもの」（同上、vi頁）でなければならないとしていた。「分析対象としての現実について、その特殊・具体性のある一定期間における類型がモデル化されていて、その類型化された現象の根拠や要因の類型が確定されていれば、その類型論は純粋資本主義論から現実論への中間的な理論になりうる」（同上）ということであった。「類型をモデル化する」というのは理解がなかなか難しいが、諸類型をさらに類型化する帰納の過程を指すのであろうか。いずれにせよそこではかなりの抽象化された類型論になっているはずだと思う。だから中間理論になれたのであろう。

「中間理論としての類型論というのは、……いろいろなケースを整理し、類型化して示したもののこと」（同上、三八頁）と山口は述べている。しかし現実には研究対象が研究者の問題関心によってさまざまであるとするとき、それぞれ成立する類型論はその点で同じ類型論と呼べるものではないのではなかろうか。そこにモデル化という過程が入るかもしれないが、類型がモデル化するということはそこでは困難になると考えられるからである。

結局、現実に即した諸要因の集合とそれらの組み合わせが直接現状分析の手段なるところまで、行ってしまうのではないだろうか。類型論はどこかでそれを構成する諸要因の類型への細分化を断ち切らないと類型論であることを否定しなければならなくなる恐れが出てくるのではないだろうか。中間理論としていかに整理していくかの問題は依然として残るように思われてならないのである。実際、例えば、歴史の類型化は難しい。過去の解釈に従うのか、研究者の関心で任意に設定できるのか。歴史といっても世界史と個別の国の歴史などがあり、その時代区分は研究者の関心とどのように関係づけられ、またどのような過程を通じて類型化されるのか。多くの疑問は残っているのではないだろうか。

(5) 山口はそのあと類型論の構成の具体的作業に入るが、その作業の内容をとりあげても複雑になるだけである。また、そこで参照されるのが加藤栄一の要因論と柴垣和夫の要因論であり、それらを利用しつつ原理論のそれぞれの該当箇所にはめ込みながら展開するその方法が山口の期待する望ましい方向にあるのかどうかが、筆者には実はよく理解できないのである。ただそれが試論として提示されたものだとすれば仕方のないことだ。さらに山口が「結論を先に述べておくならば」として「様々な外的諸条件の類型を原理論的な市場経済のモデルの該当箇所に投入してみて、それぞれのところで原理論と比べてどのような変容が生じるかをシミュレートし、それらの諸条件のもつ特殊な意味・役割を確定するという作業をした上で、次にそのそれぞれがある組み合わせで同時的に存在する全体像を構成する」（同上、七六頁）という目標をめざすものであることだけは指摘しておこう。

山口の論稿には興味ある批判的視点が多くみられる。ただ宇野段階論を超えようとする山口の類型論の試みにはまだ検討されるべき難問が待ち構えているように思われる。理論と歴史を繋ぐ中間理論の必然性の追求というその意図の実現のためには、依然としてなお越えなければならない大きな方法論の壁が残されているといってよいのではないか。

第三章　自由主義段階論の問題

(1)　次に自由主義段階について考えてみよう。ここではイギリスを典型に取り出すのであるが、当然イギリス経済の現状分析を行うわけではない。だが宇野の言う段階規定を決定する自由主義的経済政策の背後にある経済過程はイギリスの国内産業というよりむしろ国際的な産業としての綿工業であり、その生産のための貿易の自由は、絶対的条件とは言えないにしても、原材料の輸入にとっても、また製品の輸出にとっても望ましい条件であることは確かである。他方、段階論における産業資本として自由主義政策は政策としては航海条例（Navigation Act）の廃止や穀物法（Corn Law）の廃止に向けた激しい運動にみられるように重商主義の批判、あるいは旧来の地主階級に対する批判として意味があるのであって、産業資本の典型的政策とまで規定するのはかなり行きすぎのきらいがあり、むしろイギリスの現実に密着した分析で現状分析に近いように思われる。

ところで重商主義段階では、商人資本が取引する生産物はほとんど外国からの輸入品としてあり、それを自国で売り、あるいは再び外国に輸出して利益を得るというのがほとんど基本的構図といってよかった。そしてそれを国際的に支援する政策として重商主義政策を考えると理解しやすかった。それに対して綿工業はもともとインドからの輸入品の代替的な産業として成立したものであって、その生産の過程が初めて自国での資本と労働者の関係の中で行われたところに最大の特徴がある。つまりイギリスにおける資本主義的生産様式の成立である。産業革命と相まってここに産業資本の初めての広範囲の成立があったということである。その綿工業としてのイギリス資本主義を自由主義段階の資本主義の典型として捉えるとすれば、それは当然、国際関係の中に置かれたイギリスをそのままで典型国としていることだ。

イギリス資本主義が綿工業を世界市場的な環境の中で営んでいたというのは事実ではあるが、産業資本一般で考えればかなり特殊で具体的な設定である。それは産業資本にとって言えば、原材料の輸入の問題であり、出来上がった製品の輸出の問題であって、生産過程の問題ではない。つまり一般的には自由貿易政策は自国の貿易の優位性を保つために貿易の自由を阻止あるいは妨害しようとする相手国ないし植民地に対して主張するものであって、産業資本それ自身にとって必然的な上部構造というわけではないのではないか。もちろん宇野は自由貿易体制を自由主義段階の特徴としてあげているのであるが、それはイギリスを先進国として他を後進的な農業国として位置づける歴史的状況の中のものであって、互恵的な自由貿易体制というにはまだ客観的な歴史的条件の形成が必ずしも十分ではない状況下のものである。だからイギリスではその後成長してくる新興の資本主義国と相互的な貿易協定を締結することに腐心することになる。段階論としては自由主義経済政策が典型的な政策として浮上したのだが、それは積極的に主張されたというよりむしろここでは、重商主義と帝国主義の両段階に挟まれたこの段階での政策としてあえて選ばれなければならなかったのが自由主義政策だったに過ぎないように思われる。それはイギリスが基本的には貿易立国の国であったということが基礎にある。だが産業資本の成立に関連させようとするここでは、むしろ国内的な国家の干渉を排した産業資本の自己蓄積による自立可能性の追求こそが強調されるべきではなかったか。つまり外部からの資本蓄積への干渉の排除ということである。もちろん逆に自由主義政策との対応では前提としてこのような国際的な環境での綿工業が必要であったことは容易に理解できる。だから自由主義政策をもって自由主義段階論の経済政策として設定することをやめるべきだとここで今いうつもりはないが、ただここでは干渉を排除する「レッセ・フェール」の方がネガティヴではあるが、産業資本の自立にとってふさわしい表現ではないかと思っただけである。

(2) しかし振り返ってみると宇野『経済政策論』における産業資本という規定そのものが実ははっきりしていない。産業資本は、原理的には、生産過程を資本が労働力の商品化を通して実現した資本形式に基づいて実現された資本の一般的な運動形態を指している。これは理論的規定である。それにまたこれは生産を包摂した資本の原型であり、その形式が産業資本形式なのであって、その形式自体には変化する時代性、歴史性はない。資本主義的生産の本質的規定である。産業資本が理論的規定だとすれば当然のことである。ただその場合には、商人資本とは生産過程の媒介がないから明らかに違った並置される概念といえるが、『経済政策論』の中では、金融資本も産業資本と対等の並立される概念になっている。しかし産業資本は理論的に言えば金融資本とは対立あるいは並立される概念ではなくて、むしろそれを包摂するより上位の概念であると思う。生産力の増大によって生産手段が巨大化するなどの変化により、銀行の媒介により株式会社化することによって成立した産業資本の結合が金融資本と呼ばれるようになったとしても、金融資本も生産資本としては所詮産業資本の資本が結合した資本であって、またそれによって新しい資本の集積機能を持つようになったとしても、労働力商品の媒介によって生産過程で剰余価値を生産する産業資本としての運動それ自体に新しい機能を付け加えるというものではない。そういう点では産業資本と金融資本は同次元で比較される概念ではなく、産業資本がより抽象的な概念であって、金融資本が産業資本と同じように段階を規定する経済過程の中心に位置するというのは本来的におかしなことになりかねない。もちろんその違和感は金融資本概念にあるのであって産業資本概念にあるのではない。金融資本というのは恐らく産業資本のある一つの具体的な形状を指すのであろう。そうであれば商人資本も原理論で説かれる商人資本と同じものを意味しているわけではない。それらの具体的な形を指しているものと理解するほかないが、事実として宇野は重商主義の段階での商人資本を、「商人資本としてのイギリス羊毛工業」として、つまり産業資本の萌芽的な形態として捉えていることは先に述べたとおりである。もちろんだからといって金融資本概念を今ここで急いで否定しようというのではない。それはそれで段階論を規定する意味ある概念として成立することができるはずだからである。もちろんそこに問題がないわけではないが、あとでまた触れることにする。

(3) さて、問題を元に戻そう。宇野に言わせると、産業資本といっても、それは段階論で扱う場合には、原理的に規定されたものとは違う。「産業資本は原理的規定に一番近いが、しかしそれでも段階論的規定は別になる」(『経済学を語る』一一一頁)ということだ。それは多分、自由主義段階の産業資本は、ただの原理的意味での産業資本ではなくて、従来の重商主義的な政策を否定する運動の担い手として登場しているので、そういう歴史的段階を規定する典型として存在する資本ということなのであろう。事実、具体的に産業資本として自由主義時代を代表しているのはイギリスの綿工業である。そういう意味では国家的規制を排除する産業資本の政策という面が強く出ている。資本の動きに反する動きは客観的に資本の政策によって否定されるという客観的な資本の動きが強調されている。自由主義政策といっても従来の重商主義的規制に反対する政治的側面が強調されがちだが、むしろ消極的だが、政治の保護を受けないという産業資本の自負の精神「レッセ・フェール」という性格こそが産業資本の主張としては強調されるべきかもしれない。ただその場合でも、産業資本として段階論的に規定されるためには、それは段階論の基本的規定としては当然、現状分析に近い綿工業のように国際的に関連付けられた資本よりも例えば鉄工業のように国内的にその生産と消費をいわば完結している産業資本として設定された企業の方が一般的には例解として理解しやすいかもしれない。イギリスで生産される石炭、鉄鉱石を原料に鉄を造り、製品として加工して国内さらに外国に売れれば、産業資本として現実的でかつ典型的に見えるかもしれないが、しかし、初期の鉄工業は多数あったが小規模の工業でしかない。イギリスで株式会社の形をとった鉄工業が新たに大規模な鉄鋼業として発達を遂げるのはほとんど二〇世紀に入ってからの話である。綿工業も株式会社として大規模化するのはやはり二〇世紀に入ってからである。ただ一九世紀に入ると株式会社にはならなくとも綿工業の工場の大規模化はどんどん進んでいた。そうであれば、どちらが理想型あるいは典型として選択されるかの答えは容易に導かれるであろう。

いずれにしても段階論における産業資本がイギリスを典型とし、そのイギリスだけが当時その綿工業をもって自立した唯一の資本主義国でしかも世界的存在であり、他の資本主義国はいわばイギリスを世界の唯一の工場とする国際的な関連の中で資本主義化の遅れた農業国と位置付けられることになる。そういう見取り図は歴史的には正しいとしても、その中で自由主義段階の典型国をイギリスとすることの座り心地の悪さは残る。イギリスはそういう中で自由貿易主義を主張し、周辺の国々もそれに応じて通商条約の締結に努力するが、実際のところ、他の国々は交易関係ではまだ製品をイギリスから輸入し、原料、食料を輸出する国でしかない。これから資本主義的生産を拡大してゆこうという国々である。実際、現状分析のための方法的手段として設定される典型国であるといっても、他の国はすべて後進国としてイギリス資本主義の影響下に置かれる国々であり、そういう段階規定を媒介にして現状分析の対象になるからである。言い換えれば、イギリスにはるかに遅れた後進の資本主義国が現状分析の対象になる時、実際役に立つのはイギリス以外の資本主義国のありようであり、典型国が現状分析の参考になることは少ないはずなのである。先に引用した宇野の言葉に従えば、イギリスを中心とした国際関係が段階論を規定するということの意味が、重商主義段階や帝国主義段階の場合とまったく違うからである。

（4）先に取り上げて批判した大内力が各段階の移行を明らかにするべく持ち込んだ典型国をイギリスとドイツのように表と裏の二面に分ける複線方式は、各段階の歴史的変遷を明らかにするためではなくて、自由主義段階論の場合には、典型国イギリスがきわだって特殊な位置を占めているだけに、現状分析のためにはあるいはそれが適切な方法になるかもしれないとも考えられるほどである。むしろ宇野にあっては、案外、イギリスは段階論というよりむしろ経済学の原理的規定の具体的な体現者として、観察の対象になっている面が強かったのではないだろうか。宇野は自由主義が産業資本にとってあたかも生得的なものであるかのように考えていたのではないだろうか。実際、宇野は、自由主義が「資本主義の本来の形態として理解せられる」（『宇野著作集』七、七六頁）とか、自由主義は「資本主義を一般的に規制する社会的意識形態」（同上、七八頁）などとの言葉を残しているのである。そしてしかも金融資本との対比では、産業資本では資本家は一人というイメージである。要するに自由主義段階での産業資本は、宇野の意図には反してかなり理論的規定に偏っているように思われるのである。

そういう点でいうと、産業資本というのは生産をつかさどる資本として資本主義における基本的な形式であるので、それがイギリスの綿工業のような世界的規模でのものを段階論の典型として一義的に自由主義政策を展開するとするのは、重商主義段階と帝国主義段階に挟まれたこの段階で適切に対応し得るものかどうか難しいものがある。上でも述べたように自由主義というのは重商主義的な政策、あるいは国家の干渉的な政策に反対するという意味での色彩が強く、政策としてはむしろ消極的な性格のものに過ぎないのではないかと思われるからである。圧倒的な生産力をもって安値で相手市場に割り込んでいけば、それはいわゆる自由貿易帝国主義のようなものになるだろう。それは宇野がここで意図している状況とは多分違ったものだろう。実際、イギリスが当時相手にするのは、買うのは後進資本主義国であるアメリカ南部の地主の大農場で働く奴隷労働をもってする綿花であり、同じく後進資本主義国としてのドイツにおけるユンカー経営による穀物であり、それらの国は原材料や食料の販売には協力的でも、イギリスのような先進国において作られた綿製品のような工業製品の販売に対しては、逆に必ず国内の産業の育成・保護のために関税政策で対応してくる。その場合も未熟ながらアメリカやドイツの産業資本主義が自らの自立を求めてその経済過程としてその背後に控えている。そうした場合、関税政策は国家が意図するというより後発の産業資本自身にとっても選ばれるべき経済政策ではないかということができる。実際、宇野も関税の撤廃の要求も関税の保護も、「いずれも資本の要求にほかならない」(『宇野著作集』七、一三九頁)と述べている。ただそれらは「発展の段階を異にする」(同上)要求だという。しかしイギリスでも穀物法はずっと後まで残っている。穀物法はイギリスの農業資本主義に対してどういう意味を持つかはあまり問われたことがない。そこでは農業資本も広義の産業資本と考えれば、実際その意図も効果もなかったとしても、産業資本の自立をむしろ保護するという役割を本来持っていたと考えることもできよう。それは一般的に産業資本の積極性を表すものとはいえないだろうが、しかしだからといって国際的な自由主義政策なるものをあげて産業資本の上部構造だとするのは事態には適応しない考え方のように思われる。一八世紀にはすでに確立していたイギリス農業資本主義は、その現実を十分には知らなかった宇野が誤って理解してしまっていたように農業までも資本主義化が及ぶとされた一九世紀に入ると、宇野自身もはっきり認めているように、工業製品の輸出の見返りに、逆に、安価な穀物を外国から輸入することによって農業はむしろ衰退に転じて行くのである。いわばその事実の確認こそが穀物法の廃止運動だったのである。安価な穀物を外国から輸入することで労働者の賃金を下げ資本の利潤を拡大しようとする工業資本の要求に農業資本が屈したことでもあった。「レッセ・フェール」という一つの時代的潮流が外部の干渉を排して自立を目指す産業資本の特徴を的確に示していると理解するにしても、保護関税でも資本主義的な産業育成であることにも留意しなければならないし、それが資本蓄積にとって有効であるならば、単なる育成を越えて有効である限りでは、イギリスのような工業先進国であってさえもあえて保護主義を採用することがあり、そしてもちろんそれが有効でなければ廃止も辞さないという資本の現実も知らなければならないのである。いわゆる自由貿易帝国主義の問題として知られるように、イギリスはその圧倒的な生産力を維持しながら、なおインド綿業に対して徹底的な差別関税を課したことがそれを示している。(注5)

(注5)「従来、産業革命期の保護政策は後進国に限定されて述べられてきたが、イギリス綿工業も一旦、政策的に保護育成され生産力の絶対的優位を確保した上で自由貿易政策を採用した。即ち自由貿易政策を世界市場の『独占』に基づく帝国主義的性格を持つとしただけでは十分ではなく、イギリスの自由貿易政策あるいはそれを支える綿工業の生産力自体が国家の保護政策の直接的な産物だったのである。そして、このことは、産業資本的蓄積様式を形成してゆくイギリス綿工業が主体となって重商主義保護政策を排除してゆき、それを国家の消極化ないし純粋化傾向の一つと捉える宇野氏の理論的前提を崩してゆく。宇野氏の理論（段階論と原論抽象）は、その出発点から歴史的事実と照応していないのである」（金子勝「段階論と『世界市場』像の再検討—イギリス綿業の資本蓄積と植民地インド—」、『社会科学研究』第三四巻第六号一九八三年、三三頁）。

(5)　ともあれここでは資本が国家の政策に頼ることなく資本自らの力で蓄積するという点にその段階の産業資本の本来の積極的な特徴を見出した方がはっきりする。宇野自身も、「産業資本の自立的な性格、それ自身の力によって資本主義社会の発展を実現するということは、……一方では経済政策を、それも資本主義の発生期に採用せられてきた種々なる政策を廃棄することによって、具体的に否定することになり、他方ではまたそれが経済学の理論的主張によっても要請せられるものとして現われることを可能にするのである」（『宇野著作集』七、七六頁）と述べているからである。国家の政策に依存しないのが自由主義政策であるとするのなら、宇野の言うように、そのように表現した方がいいかもしれない。実際そのような意味で、それは当時、世界に先駆けて産業資本を確立させたイギリス資本主義に典型的にみられるところであるといえるだろう。

一方、宇野は、資本主義社会の発展は、発生期の経済政策を廃棄することによって実現されてきたとして、自由主義が「資本主義の本来の形態として理解せられるのであるが、それは決して誤れるものではない」（同上）と述べ、「自由主義は……資本主義を一般的に規制する社会的意識形態」（同上、七八頁）としている。実際、宇野は『経済政策論』の第二編「自由主義」のその第一章「成長期の資本主義」において産業資本の一般的説明を行っている。そしてしかも「外国貿易関係自身は、イギリスの資本主義的関係の実体をなすわけではない」（同上、八九頁）と述べ、その内部の資本主義的な関係自身をもって対外的な自由主義的政策の展開の根拠にしているようである。しかし自由主義的政策は海外的な政策であって、そのことが逆にイギリスの自由主義段階の典型を示すものであったはずだ。それをここで無理に内面化して説明する必要はないように考えられる。確かに、いかなる生産関係の下で生産されたかを問わない輸入品を国内の資本家的生産過程で加工して、それを資本主義国とは言えない外国に積極的に売るということは、内面化して原理的に翻訳して考えれば、産業資本の自立化の中に収まりきれるとしても、そのままでは、イギリスの自由主義政策なるものが、のちに「自由貿易帝国主義」と名付けられたイギリスの植民地への強制的な輸出と共通のものと考えられてしまうからである。かように自由主義政策というものにはあいまいな部分が残されているのである。

資本主義の発展段階に応じて、原理がそれぞれ異なる歴史的現象形態をとり、その蓄積様式に応じて経済政策も変わることが段階論としての解明になるという理解については、他の力なしに自力で資本主義が発展するということを自由主義政策ということで表現していることになるのではないかと考えるが、それは宇野が「自由主義は資本主義の本来の形態」（前出）と述べていたことと平仄はあっても、原理的説明における産業資本と段階規定として現れる産業資本とは相互に区別されなければならないとする説明には必ずしも役に立たない。つまり宇野は原理論に偏り過ぎていた。もし具体的な産業資本の発展ということを考えるのならば、イギリスが自由主義であるのはいいが、後進資本主義国はどうでもいいというのなら別であるが、そうでないとすれば後進国は独自に関税政策などをとって自国の産業資本の育成を図るという選択は当然ありうるはずである。したがってそれを自由主義段階論でどう説いていくかが問題に残ろう。

第四章　帝国主義段階をめぐって

(1) 自由主義段階の話題から帝国主義段階の話になると宇野派の中でも議論が急に活発になってくる。重商主義段階や自由主義段階についての議論は従来ほとんど見られなかったが、帝国主義段階ということになると現代の問題にかかわるだけに、問題が続出する。いわく、なぜ帝国主義の段階になると段階論の組み立てがそれまでの重商主義や自由主義の段階論と違っているのか、金融資本の規定にしても、帝国主義段階ではドイツが典型としてとらえられながらも、イギリスやアメリカの金融資本が諸相としてなぜドイツと同格にとらえられているのか、そしてまた第二次大戦後の資本主義国と社会主義国との対立がもたらした冷戦体制とそのなかでの社会政策の強調と福祉国家としての国家の役割の増大、社会主義体制の崩壊後のパックス・アメリカーナの形成までの歴史的展開を、依然として帝国主義段階としてその中で説くことで済むのか、次の第四番目の段階を規定する必要があるかないか、あるいは宇野が『経済政策論』の改訂版に付した「補記」で記したように、第一次大戦後の資本主義の発展を社会主義社会への過渡として「現状分析としての世界経済論」の中で説くということがどういうことなのか、しかもその場合、宇野はそれが「段階論としての帝国主義論に包摂されてすまされるものともいえない」（『宇野著作集』七、二四七頁）と言いながら、他方で「新しい支配的な資本形態が明らかになれば新しい段階としていいと思う。しかし……（財政政策とか雇用政策のように―引用者、補足）政策的に共通な面があるというだけで新しい段階とはいえない」（『経済学を語る』一三二頁）とも述べているのであって、「世界経済論」がそもそも現状分析の対象であることは、その分析を媒介する段階論というもののもつ概念は相当曖昧なものとならざるを得ないであろう。この辺の理解はどうなっているのであろうか。その辺の曖昧さが、宇野自身第一次世界大戦で打ち切ったはずの帝国主義段階について、さまざまな主張を安易に引き出すことになったのであろうか。とにかくさまざまな問題が提起されていることは確かであるが、それらに対して多くが納得する解決が与えられているかと言えば、いまだに否定的に答えなければならない状況は変わらないのである。

さてそういう中で、まず宇野の『経済政策論』に直接かかわる問題として、宇野が帝国主義段階で、一方でドイツ重工業の金融資本に典型を求めながらイギリスの対外投資を中心とする金融資本を重要視して、事実上ドイツと並ぶ典型国としてとらえようとする根拠は何か。しかもイギリスは宇野の東北大学の戦前の講義では典型として取り上げられない存在だったといわれているのに、どうしてその後ドイツに並ぶほどその比重を大きくしたのか。そしてまたさらに金融資本の「諸相」としてアメリカのトラスト運動をとらえる視点というのは何なのかは、しかもアメリカはタイプの一つと言われていたのに、のち典型に格上げされたという意見もあったので、宇野派の中でも多かれ少なかれ疑問を懐いているものは少なくない。しかしそれらの議論の集約も図られてないのが宇野派の現状である。

(2) ドイツの金融資本の成立は、「資本主義の発生、成長の過程を株式会社形式によって軽工業としての衣料品生産の資本家的経営によって展開するというだけでなく、進んで鉄工業を中心とする重化学工業をも発展せしめ、しかも大銀行が単にイギリス流の商業金融に留まらず、……大陸型の産業金融を通して直接的に産業の運営にも関与するという新関係をも展開せしめ、資本主義の新段階を画することになった」(『宇野著作集』七、一四五頁)という形で宇野によって説明されていて、それはヒルファーディングやレーニンの遺産の重みもあってほぼ納得されている。もちろん理論的展開の問題としてではなく事実認識の問題として承認されたものである。

しかしイギリスの金融資本になると、自由主義段階での対外投資との関係など、その独自性が問題視される。イギリスの金融資本はもともと「金融資本の諸相」という章の中で説かれているのであるが、イギリスのそれは遅れて発展したドイツの資本主義の進出的立場に対して防衛的立場にたつというところにその根拠があるとされている。しかもその資本はイギリスの産業の生産過程に根拠を持たないという形で、海外投資の面で金融資本化したとされたのである。実際、自由主義段階からあるいはそれ以前からも含めてイギリスは世界各地に海外投資を行っており、イギリスの金融市場は、たんにイギリス国内の産業向け短期金融のほかに、長期にわたる海外投資のための潤沢な資本市場としても大きく発達していたのである。そしてマーチャント・バンカーと称する国際的な仲介業者が社債や公債、証券の発行を仲介してそういう形で金融資本化したのがイギリスだというのである。それは性格的には自由主義段階の延長線上にあり、帝国主義段階でのその特徴は多分その急速な量的拡大にある。それによって金融資本化と名付けられるほどに成長したのであろう。だがそれがなぜドイツと並ぶ金融資本概念を形成することになるのか、そこにはなお若干の論点が残されているように思う。

ところで最近、発見され公開された前述の宇野自身も参加者とする『経済政策論』をめぐるある座談会の中で、宇野は次のように語っている。「証券投資が金融資本だというよりは、ドイツ的な金融資本をもってそして海外投資を理解すると、やはり金融資本的性格がそこへ付着して出てくるんじゃないか、こう思うのです。……ある意味からいえばイギリス金融資本も、自分で生産過程において基礎を作らなくても、イギリス全体では金融資本的な帝国主義的な政策を、全体としては非常に持ってくるんですね」(『宇野理論の現在と論点』一一五八頁)と。「カイザーの下に帝国主義的な進出をしようとする。それに対してイギリス側が受けて立ちながらますます帝国主義的になった」（同上）と宇野は述べているが、宇野にとっては第一次世界大戦が段階論を考える上で非常に重要視されていることが明らかである。むしろ帝国主義戦争を引き出すためにイギリスが無理やり金融資本化されているような印象さえ受ける。宇野もいろいろなことを言っている。海外投資が投資の中で重要な「モメント」を占めると、国内への投資が株式会社ができても増加することが阻害されるのではないか、と国内が「飽和状態」になっていたかのように述べている。利益率の高い海外に資本が流出して国内産業の空洞化がすでに生じていたという認識なのであろうか。

もちろんイギリスでも資本合同による大銀行の成立や株式会社の発達もあったが、ドイツのような銀行と産業との株式会社による独占組織の形成という形はなかった。そこが積極的なドイツ・タイプに対して消極的なイギリス・タイプの金融資本の成立だというのである。ただそれにしてもドイツとの対抗関係の中で海外投資がそう規定されているにすぎない。というより宇野によれば「典型的にはドイツとイギリスを対立国としてとってくるということが、帝国主義の説明にはどうしても免れない方法」（同上、一五一頁）だったのである。

イギリスは「金融資本の諸相」の一つとしてドイツ、アメリカと並置されているが、その持つ典型としての役割は、その点でドイツに次いで重いとされている。ただこれは馬場宏二の研究〈「『経済政策論』の成立」、『宇野理論の現在と論点』所収〉によれば、宇野の初期の、少なくとも戦後の『経済政策論』が出版される前の戦後に行われた大学での経済政策論の講義の時期までは、イギリスの位置づけは動揺していて金融資本の自立的存在とはなっていなかったとのことだ。これは極めて興味深い指摘である。宇野が世界経済論的な視野を経済政策の枠組みの中でどう扱うかについての対応の取り方に関連したものかもしれないが、また同時に、帝国主義段階に入ってイギリスが多くの植民地を獲得してそこに投資を積極的に行うというところに、新たなイギリス金融資本の成り立ちがあったと付け加えることもできよう。

(3) ところで「金融資本の諸相」の中にアメリカが加えられているのは、ドイツやイギリスとちがって銀行主導の産業との癒着が存在せず、また海外投資による金融資本化もなかったにもかかわらず巨大な独占を形成した独自性を金融資本の一類型としたためで、それは株式会社の特徴を利用し株式の売買操作を通じて創業利得を取得するという目的で行われる資本集中をもって金融資本の成立とするものであった。支配集中の手段としての株式会社という制度的な性格からいえば、アメリカの方がイギリスよりもドイツを典型とする金融資本の規定に近いような印象を受けるが、帝国主義政策という点では典型から遠い。あとでまた問題にするが、それについてはスウィージーがその『資本主義の発展の理論』の中でかつて指摘していたように、ドイツのように銀行が産業を支配する構造はなくむしろ銀行自身が巨大企業に従属していてドイツとは逆になっている。アメリカについては宇野はあまり自信がなさそうである。第一次大戦までに金融資本が確立しているとは断定できないし、フィリピンに対するアメリカの植民地政策も独立の方向を認めて、アメリカ自身もかなりの負担をしており、帝国主義政策とはいえない部分があることを認めている。つまりアメリカは諸相としても、その居心地は必ずしもよくないのだ。

なお二〇世紀後半に入ってからのアメリカの役割の変化は、いわゆるパックス・アメリカーナとして、ここでの段階論の典型規定を巡る議論について新しい視角を提供することになりうると考えられるし、そこから最近の宇野派の中での多くの論争がもたらされている。ただ宇野の『経済政策論』の議論の中では、アメリカはドイツとイギリスを対抗軸とする帝国主義政策の規定から除かれてしまって、アメリカ金融資本の変化とその独自の典型としての意味ははっきりしないままで終わっている印象がある。第二次大戦後のアメリカについて、宇野は、アメリカが帝国主義の典型国になっているという意味は、ドイツとイギリスが対立しているという意味ではなく、ソヴィエト社会主義と対立するという構図の中での話になっている。これはもう現状分析の対象だというのが宇野の理解であったと思う。

こうなると帝国主義段階における金融資本の「諸相」にみられる典型はとくにアメリカについては単なる類型になって、宇野の言う典型の意義を失っているようにも思える。さらに一九世紀末から二〇世紀にわたる資本主義経済の発展と世界経済の複雑な展開がもたらした変化に、帝国主義段階自体が段階としての性格を変え、その持つ典型の把握が困難になると同時に、その典型自体の概念がはっきりしなくなったという事情が明らかになったともいえるのである。宇野が『政策論』改訂版に付した「補記」が、第一次世界大戦後の世界経済の発展について論じた時、それによって新しい資本主義の発展段階が規定されるのではなく、資本主義に対立する社会主義の影響を受ける問題として、世界経済論としての現状分析がその対象になると述べたことが、宇野派に大きな議論を引き起こす原因となった。それは宇野段階論に対するいくつかの異論や修正論を導き出すとともに、社会主義体制が失われた今、世界経済のグローバリゼーションが進行する中でさらに議論は継続されている。宇野段階論そのものもなおヨーロッパ＝アメリカ中心史観から免れていなかったことを示すものともいえるのであって、巨大な中国の異形の資本主義国がアジアをグローバリズムの中心にいざなう新しい動力の出現だとすれば、それはいわば宇野の議論が終わったところからの出発であって、段階論の理解に大きな幅を与えるとともに、すでにその範囲を超えそれを無視した議論も出てきている。時代の経過を考えればそれもある意味では当然であろう。

（4）大内力の『国家独占資本主義』（一九七〇年）の発刊がその種の論争の最初の糸口であったかもしれない。大内はのち改めて「通貨管理を基軸として労働力をさまざまな形で資本の運動のなかに包摂しつつ体制を維持してゆくのが、国家独占資本主義の本質をなす特性であると理解できる」(大内『経済学方法論』、『大内力経済学大系』一、三二四頁)として、国家独占資本主義論を現代資本主義の現状分析のための方法論として位置づけた。簡単に言えば、金本位制を廃止して管理通貨制度に移り、インフレーション政策を展開することで労働賃金の上昇を抑制しつつ恐慌を回避し、資本主義の現体制を維持してゆく資本主義をもって国家独占資本主義として定置させ、新しい現状分析のための段階論の「サブ・ステージ」をなすものとして問題を提起したのである。これには批判も多かったが、段階論と現状分析について再考するきっかけを与えることにもなり、とくに大内門下の中で、現代資本主義と宇野段階論を巡って種々新しい構想が導かれることになった。

初めに出てきたのは馬場宏二『富裕化と金融資本』(一九八六年)であろうか。日本の成長が奇跡として世界に評価され研究された時代を背景に登場したその考え方は、いわゆる経営者資本主義を超えて日本的経営の資本主義が現代の資本主義を先導する展開を遂げていることを前提に、その資本主義の継続する展開が「富裕化」を導き、環境汚染を引き起こして人類の滅亡に至るという道筋を描いている。そしてそれを金融資本が継続して維持する帝国主義段階のサブ・ステージとして位置づける。これは大内の国家独占資本論がインフレ政策をもって現代資本主義の延命を図るとしても、所詮発展を否定した延命に過ぎないとしたその見方を批判する主張であったと思う。ただその後の日本経済の長期にわたる停滞はその主張を事実において退けることになった。

次に現れた加藤栄一の主張は、宇野の段階論に対する根本的な批判的見地に立つものであり、宇野の金融資本の蓄積を中心とする帝国主義段階の歴史的意義は尊重しながらも、宇野の段階論を否定してそれを完全に組み替えてしまうものといっていいだろう。彼のそれに関する論文は加藤の遺著『現代資本主義と福祉国家』(二〇〇六年)の中にほとんど収録されている。加藤は国家を資本主義の発展に対する歴史的条件として、その国家と経済との関係を自身の段階論の基礎に据える。そのうえで初期資本主義段階、中期資本主義段階、後期資本主義段階に区分する。宇野にあった重商主義段階は独立の段階としてではなく自由主義段階を準備した時期として、自由主義段階の中に組み込まれて連続的な過程として前期資本主義段階とされ、それ以後は宇野のいわゆる帝国主義段階を、産業構造の高度化と独占の形成、それに伴う景気循環の変容と対外政策の変貌などと合わせて、第二次大戦後に顕在化する福祉国家の構成要素が未成熟な形で登場する時期として、一九七〇年代までに延長して中期資本主義段階と名付け、それ以後を後期資本主義段階として福祉国家の解体からその体制の行き詰まりを告げる時代の到来とするが、その内容はあまり定かではない。なお加藤の主張については、あとで「補論」というかたちで別個論じる。

イギリスのポンド体制を国際通貨制度として集約し世界資本主義論を唱えた岩田弘やそれを継承しパックス・ブリタニカからパックス・アメリカーナへの局面の転換を明らかにしようとした侘美光彦は、宇野の段階論自体については批判的であったと思うが、その世界資本主義的発想はその後の研究に影響を与えた。その系譜につながる河村哲二は、アメリカ経済についての精力的な研究の成果をふまえ、資本主義の発展を資本主義の世界的な展開としてとらえ、パックス・ブリタニカ段階およびパックス・アメリカーナ段階の二大区分をもって資本主義の発展段階とすると規定した（河村「グローバル資本主義の歴史的位相」、『グローバル資本主義と段階論』二〇一六年、所収）。

なお宇野の段階論を基本的に継承する立場でその構想を明らかにしている山口重克についてすでに論じたが、ここではその帝国主義段階についての発言にも触れておこう。山口は述べている。―「私は、段階論には支配的資本の蓄積様式論と世界経済の構造ないし枠組み論という二つの基本的規定要因があると考えており、この両者の関係については、資本主義の世界史的発展段階を前者によって三段階に区切り、後者によってその中をさらにいくつかのサブ段階に分けてその特徴を類型化するというような方法を考えている。／たとえば、一九世紀末から現代までの資本主義は金融資本的蓄積様式が支配的な段階という意味で、金融資本段階と名付けることとし、その段階をさらに、⑴一九世紀末から二〇世紀初頭にかけてのドイツ資本主義を積極的（＝攻撃的）基軸とする多極化構造、⑵二〇世紀の二〇年代、三〇年代の米国を積極的基軸とする多極化構造、⑶二〇世紀後半の米ソ共存＝冷戦構造、⑷二一世紀初頭の現在の米中を積極的基軸とする多極化構造への移行過程、といったサブ段階にわけてそれぞれにおける金融資本の行動様式の特徴を類型化して考察するというアプローチを考えている」（「小幡道昭の宇野理論批判」、櫻井、山口、柴垣、伊藤編著『宇野理論の現在と論点』二〇一〇年、所収、一五四頁）ということであるが、ただすでにみたように、山口は以前から宇野の段階論に代えて「類型論」を主張しているのであって、ここだけでは整理できないので、ここではその言葉を紹介するにとどめたい。

(5) 以上、述べたことについてここで詳しく論じることはできないが、全体として宇野段階論の再考が宇野段階論の発展というよりむしろその歴史的な発展段階を扱う側面に拘泥してその再編、もしくはその解体を促す方向に進んでいることが明らかであるように思う。宇野段階論とは全く違った基準での区分になっている場合が多いだけでなく、そのことがことさら宇野段階論の否定として意識されることさえも少ないように感じられる。もともと宇野の段階論は演繹的な理論ではなく、すでにみたように便宜的なもので帰納論的な整理ともいえないものであったからだというように考えることもできるが、それにしても多くの問題をはらむ仮説として出発していることがその原因になっていることも確かであろう。そうなると今や宇野段階論そのものにその存在意義自体が問われているといってよいかもしれないが、他方で、宇野の段階論そのものについて、従来十分な議論が尽くされていなかったことも事実だ。そのため段階論という言葉もはなはだ便宜的にとらえられ、論者によってかなり勝手に概念化されて用いられていたこともその混乱の原因となっているようにも思われてならない。そういうことを含めて宇野の段階論そのものに対する議論はなお深められる必要は残っているように思われる。

第五章　現状分析について

（1）宇野の三段階論の内最後に残っている現状分析についても少し触れておこう。

現状分析とは何かということはある意味では非常に難しい問題である。宇野のもともとの問題意識は、社会主義政党が革命戦略・社会主義革命のための実践綱領の作成を考えるときに、資本主義の現状分析を前提しなければならないということであって、そのため日本経済の現状の分析が必要で、その目的のために経済学の原理論から始まり段階論によって日本資本主義の特徴を帝国主義段階における後進資本主義国と位置づけ、その位相を具体的に明らかにすることであった。戦前に始まるそのような発想は、宇野の主張そのものの形成が日本資本主義論争に多くの影響を受けていたことを想うと頷けるところもあるが、敗戦後になってからは、第二次世界大戦後の日本資本主義社会の現状の分析に重点を移してゆくことになる。しかしそれは実は同時に世界経済の分析という問題と重なっていて、しかもそれが国際的な政治的実践行動に反映するというきわめて興味ある視点になっていたのである。それにしてもその求められる考察の範囲はかなり絞られていたように思われるのであって、宇野の現状分析という問題を考えるとき本来注目すべき論点になっていたはずである。もちろん他方で、実践運動に役立てるためという考え方だけではなくて、現状分析の対象をもっと広くとらえるべきだという考えは当然出てくる。実際、現在の資本主義の分析といっても、明治維新以来の日本資本主義の発展とその特性を分析したうえでなければ現在の分析も十分にはできないという問題がある。しかしその点宇野は現状分析については特に何も語っていないのである。しかも現状分析の対象を広く求めれば、それは無限に広く、また無限に深く拡大深化していくであろう。宇野派内部でも、宇野の段階論からの距離はすでにさまざまに遠く離れてしまっていて基準は今や何もないに等しくなっている。そうした状況で何をやっても現状分析だということになると、宇野三段階論の体系は根底から怪しくなってくる。ただ第一次大戦後の世界資本主義の動向というのが宇野にとっての現状分析の最大の課題であったことには間違いないように思われるのである。

宇野は例えばその『経済学方法論』などで現状分析が経済学研究の究極の目標であると繰り返し述べているのだが、その内容について「世界経済論」を例示したことはあるが、そのほかに対象についてとくに具体的に語ったことはほとんどみられない。また原理論は段階論や現状分析の基準になるともいうのだが、どのようにしてその基準になるのかも一向につまびらかではない。宇野は「理論的解明は、その対象の歴史性を歴史的過程としてそのままには展開しえないで、いわばその成果としての純粋の資本主義社会の内部構造を解析しながらその運動法則を明らかにするものとしてしか展開しえないのである。……ところが現状分析となると、その対象はいかなる時期にも、多かれ少かれ旧来の歴史的残存物の内に、ますます支配的となる資本主義の発展としてあらわれるのである。……いずれの国も、先進国は先進国で、また後進国は後進国で、資本主義の世界史的発展の段階を規定しながら、あるいはまたそれに規定されながら、その歴史的過程をそれぞれに特有な具体的な関係のもとに展開するのである。一方に体系的に完結される原理論と、他方に無限に複雑なる具体的な過程を解明しようとする、したがってまた決して完結することのない現状分析と、この両者の間に入って原理を現状分析にその一般的基準として使用する場合の媒介をなすものとしての段階論の規定を要するのである。それは歴史的過程を理論的に解明する特殊の方法をなすものである」(『宇野著作集』九、五九—六〇頁)と一般的に説明するだけで、両者の関係は依然として明確ではない。対象も浮かび上がってこない。ただ現状分析が資本主義的な商品経済以外のところに、両者の分析の関係に一つの焦点があることが分かるが、それも単なる指摘でしかない。

宇野自身の業績としての現状分析というものもあるが、それはごく少数で、しかも戦時中のものや、敗戦直後に発表したものが大部分である。それらをもって宇野理論による現状分析の成果とすることはできないし、またそれによって現状分析の方法を語れるものでもない。むしろ宇野が現状分析の対象として「世界経済論」を特に挙げている点が注目に値する。世界経済論というものとふつう考えられる一国を中心として形成される国際経済を対象にした現状分析との関係という問題である。

(2) 宇野は「世界経済論の方法と目標」(一九五〇年)という論文(『宇野著作集』九、所収)を書いているが、そのやや難解な論文のめざすところは農業問題に焦点を当てて世界経済を分析するという目標を描いていることだ。前にも触れたが宇野にとって現状分析は本来、矛盾に満ちた現代社会を変革し社会主義革命を実践するための活動の指針となるものであるはずだった。日本資本主義論争の時代にあってはまさにそのことが隠然たる課題であったし、戦後になってもその問題意識は継続しているのであって、「経済学的な現状分析は、(社会主義的な)運動における活動に対して、その情勢判断の基礎資料を与える」(『宇野著作集』九、五七頁)ものとされている。ただ「それだけでは決して具体的な方針が樹てられるということにはならない」(同上)として、「かかる運動の展開は必ず全国的な、乃至は国際的な組織をもって行われるのであって、その組織を通して得られる資料が直接的にその判断の資料をなし、また組織自身がその判断をなすのである。経済学的な現状分析は、その他の社会科学的研究と共に、その判断に基礎資料とともに科学的な基準を与えるのである」(同上、五七—五八頁)として、その限定も行っている。ただその実践的要求は必ずしも社会主義的革命戦略の為だけでなく、国際連盟の実践的要求も含まれていることにも留意しておく必要がある。そしてそのことからも推定できるように、現状分析としての世界農業問題も同じような問題意識に縁取られていることにも注目すべきである。

宇野は世界経済論がなぜ必要かを説いて次のように言う。「国際経済の分析には、（商品、貨幣、資本）の形態規定の発展を当然その基本的理論として利用しなければならないのであるが、現実的には、特にすでに資本主義の発達を見た後の国際経済においては、一方にはなお極めて低度の商品経済の発達を示すに過ぎない地域もあれば、他方にはすでに極度の資本主義的発達をとげた国もあり、それらの間の国際経済はいうまでもなく単に商品経済の発展の抽象的なる理論的反映としての商品、貨幣、資本の形態規定をもって片付けることは出来ない。資本主義の世界史的発展の歴史的規定が与えられないと、かかる関係の具体的分析をなすことは出来ないのである」（同上、三四七頁）と。ここには現状分析と資本主義の原理的分析の間を架橋する段階論の媒介の必要性が改めて説かれているのである。

そしてさらに言う。「現在までの世界経済が、資本主義諸国の資本主義経済のように統一的な、勿論その内部にはなお多分に旧来の生産方法の残物を抱きながらも、ともかく有機的な全体をなしているものと、一様に扱い得ないことは明らかである。十七、八世紀の国際経済とは勿論のこと十九世紀中葉とも異って、殊に前大戦後は、国際経済関係が極めて複雑な、従来とは比較にならぬほどに緊密なものとなって来たことは何人にも明らかなことで、したがってまた世界経済なる概念も出来て来たのであるが、しかしなお未だいわゆる国民経済に対比し得るものとはいえないであろう。この点は、一国の経済とはまた異なったもののあることを明確にして置かなければならぬ所以である」（同上、三五〇頁）と。そして宇野は世界経済の分析が一国資本主義の分析と違って、国際連盟やコミンテルンなどの実践的要求に基づく世界経済の分析として、世界的な政治活動の物質的基礎を明らかにするという目的に役立つ分析でなければならないとする。一九二九年の大恐慌以後、経済構造論が問題とされ新たな観点が出てきたが、それはまだ明確になっていない。金輸出禁止による国家主義的傾向も問題をますます曖昧にする。そういう中で宇野は「世界経済論も、その焦点を明らかにしなければならぬものと考えるのである。そしてそれは世界農業問題にあるのではないかと考えるのである」（同上、三五一頁）と結論づける。なぜ世界経済論なのかという問題は依然残るが、宇野にとっては第一次大戦以後の世界経済が、単なる一国の総和ではなくて、一方に、ソヴィエト社会主義共和国の成立があり他方に国際連盟などの国際機関の誕生などがあって、全体として相互に関連付けられたものに変貌しているという事実が問題になっているのかもしれない。そこで農業問題というものが、資本主義にとって処理しにくい対象として浮かび上がり後進国を含めて資本主義諸国が世界的な形でその問題を解決しようとして国際的な対立が生じるということを、世界経済論の「焦点」としたのであろう。なお世界経済の混乱要因としては世界の農業のほかに国際通貨問題があるということは馬場宏二が早くから指摘していたところである。それは二〇一九年の現在の時点での国際通貨の状況を考えれば、当時の問題状況を超えてしまっているが、新しいグローバリゼーションの下で、等しく妥当する問題といえるかもしれない。もちろんそれは為替の完全自由化以前と以後ではその意義はさらに異なることにも注意しなければならない。

(3) この問題について詳しく論じることは避けるが、宇野が現状分析の課題として一国分析を超えて世界経済を重視するのは、一方で世界経済は「単一の経済体をなすものではない。各国の国際経済として存在するに過ぎないのであるが、しかし最近では単にかかる国際経済に留まるものではなくなりつつある」（同上、三五六頁）という状況、他方で「世界経済論は社会主義にとっても重要な課題となって来る」（同上、三五三頁）だけでなく、現実に資本主義国と社会主義国が世界経済を構成している限りでは、それは一層複雑な関係の中に置かれることになる。のちの宇野の『経済政策論』の「補記」に記されている文章によれば、「第一次世界大戦後の資本主義の発展は、それによって資本主義の世界史的発展の段階論的規定を与えられるものとしてではなく、社会主義に対立する資本主義として、いいかえれば世界経済論としての現状分析の対象をなすものとしなければならない」（『宇野著作集』七、二四八頁）ということで、農業問題が資本主義体制の下でいかに解決が難しい問題であるかを、社会主義との対立競争の中で世界経済の問題として提起しようとしているのである。世界経済の矛盾が農業問題として現れるという問題意識といってよいであろう。宇野がそこではソ連を中心とする社会主義諸国の消滅までは想定していなかったとしても、一九二九年の大恐慌以降の、今日いうところの経済のグローバリゼーションへの方向性はある程度みてとっていたことは間違いないだろう。その点でいえば、宇野が現状分析として、様々な方向で幅広い研究を認めながら、現代の資本主義の分析には世界経済的な観点を欠かすことのできないものとして考えていたことは確かであろう。その背後にある「世界的政治活動の物質的基礎を明らかにするという目的に役立つ分析」（『宇野著作集』九、三五一頁）のために、その分析の「焦点」は、世界農業問題であり、また国際通貨制度の問題だとしても、それらはまさに世界経済論の「焦点」として存在していることに間違いないからである。

（4）それではなぜ世界農業問題が世界経済論の「焦点」になるのだろうか。宇野によれば、「世界資本主義が前大戦後に課せられたる農業問題は、もはや十九世紀末葉のドイツその他西欧諸国における農業問題のように、単にそれぞれの国民経済にとっての農業問題であるというものではなかった。実にそれは世界資本主義そのものの問題となって来たのである。……／資本家的工業国自身が農産物を輸入しなければならぬ事情にありながら、自国の農業のためにはそう自由に輸入し得ない関係のもとにおかれ、また農産物を輸出しなければならぬ後進諸国が必ずしも工業品の輸入を増進し得ない事情におかれることになって来たのである。農産物は世界的に殆んど慢性的過剰状態に陥らざるを得ないことになったのであって、農業問題を解決し得るものが、資本主義に代って新たなる社会を建設し得るものとなることは、世界的にも明らかになって来たといえるのである。国際連盟の組織もその一つの試みと見ることが出来る。……／いわゆる農業恐慌は、元来は資本主義的生産方法に必然的なる恐慌現象と同じ根拠に基くものではない。後者は、資本主義自身の内部的な矛盾、労働力の商品化による矛盾を基礎とするものであるのに対して、前者、即ち農業恐慌は資本主義的生産方法が農業を資本主義的に処理し得ないという外部的な原因に基くものである。勿論『資本論』のような原理論では、農業もまた完全に資本主義的に経営されるものとして、資本家的原理を明らかにする方法を採らざるを得ないのであるが、実際上は決して資本主義に農業問題を解決し得る力はなかったのである。それはしかし現実的にも一応の解決もなし得ないというのではない。イギリスのように農業問題を外部に押しやることも一種の解決であるし、またその他の後進国のように金融資本の支配下にいわゆる保護政策によって小農的経営を温存することも、解決でないとはいえない。しかしかくの如き現実的解決は、決して問題を根本的に解決するものではない。前大戦後の世界農業問題は、各国におけるかかる現実的解決の根本的解決でないことを示すものにほかならない。それと同時に資本主義に必然的なる一般的恐慌現象と農業恐慌とは、漸次に接近し、融合して世界資本主義のいわゆる構造問題として、資本主義の矛盾の総合的表現をなすに至ったのであった」(『宇野著作集』九、三五二～五三頁)。農業恐慌としてあらわれる世界農業問題こそ宇野にとって世界経済論の焦点であった。それが世界貿易問題の程度にとどまっている限りその「焦点」の意味を曖昧にしてしまう。「しかし世界経済の問題が決して単なる貿易問題でないことくらいは明確にして置きたいのである」(同上、三五四頁)と宇野は強調している。そして「問題は、単に世界的に資本主義がいかなる性格をもって来ているかというだけでなく、世界経済自身が、これらの諸国の資本主義に指導せられながら具体的にその解決を求められる問題を提起して来ているという点にある。それは単に世界資本主義の発展過程の一般的規定によって片付けられるものではなく、逆にかかる規定によって分析されなければならぬ具体的事実なのである」（同上、二五六頁）という。世界経済が今では単なる国際経済の域にとどまらない変化を遂げ、農業問題を「焦点」とする世界経済論の問題になってきているということがまさに宇野の強調するところなのである。

もちろん第二次大戦後の世界経済の展開は、農業問題を「焦点」とする世界経済を現状分析の対象とするという状況に変化を生じさせている。科学の発展による農業生産力の飛躍的な増大によって世界の農業事情にも変化が生じている。また一方で資本主義的農業が拡大するとともに小農の規模の拡大傾向もあって安定度は増している。しかし一方で過剰な生産があり、他方に飢餓に悩む多くの難民がなお多数存在することも事実である。ただこれが資本主義の農業問題と直ちに言えるかどうかには問題があるように思う。もちろんこの問題の解明を過去の宇野に求めても所詮無理なことである。ともあれ宇野の第一次大戦後の世界経済論を現状分析の対象にするという意図はかなりはっきりしていたように考えられるが、それをあえて個別的な各国分析と分けて焦点として論じることの意味を理解することはなお難しいというほかにない。

(5) それにしてもこの宇野の「世界経済論の方法と目標」という論文は一九五〇年という発表の時期もあって、多くの問題を含んだ論文である。まずこれは宇野の三段階論が成立する以前の痕跡が残った論文である。あえて言えば原理論と現状分析が直接に対比されていて段階論がまだ十分には見えていない。またこれを媒介するはずの段階論があるとすれば帝国主義論になるかと言えば多分そうならないであろう。またこの世界経済論を現状分析の領域とするという視点は宇野に一貫していて、例の『経済政策論』の「補記」の問題意識につながるといってよいが、少なくともここでは「補記」にあるような社会主義との共存の段階に入っているという認識があるようには思えない。ここでは社会主義でも農業問題は解決できないというようなニュアンスさえある。いずれにしてもこの論文はなかなか含蓄のある論文であることに間違いない。ただ宇野自身になお段階論とそこでの世界経済論との位相の相違が十分説明されていない、というよりむしろ並行的に論じられているきらいがあるので、ここでは問題にできないが、宇野の問題意識自体は、現在のグローバリゼーションの問題につながっていると見ることもできないわけではない。ただ段階論や現状分析についての従来の把握だけでは今や十分でないことだけははっきりしているといってよい。その方法論は時代の経過もあってそのままでは維持する力を失いつつあるようにも見える。多くの問題を抱えた宇野三段階論をいかに継承していくが真剣に問われる時期にきていることに間違いはない。

第三部　宇野三段階論に残された課題

はじめに

　第二部では宇野経済学方法論になお残るさまざまな問題について、関心の赴くままに摘出してみた。誤りと思われるもの、その疑いのあるもの、あるいはなお検討を要するものなど、新しい発見などをも含めてほとんど思いつくままの羅列であった。その中では、段階論を歴史的な変化と同時代性の中での多様性を含む類型論として再構成しようとする山口重克の試みなども紹介した。いずれにしても体系的に論じるというより問題点の指摘が中心で、それらの問題点に対する論評よりむしろその紹介が主たる目的であった。なお歴史を原理論の中に溶解して宇野方法論に真っ向から論戦を挑もうとする小幡道昭の「変容論」にはそこでは触れることができなかったが、それについては［補論］の形でその紹介と若干の検討を別途行うことにした。

　この第三部では引き続いて、それらの議論の検討を踏まえた上で、段階論を中軸とする宇野の方法論についての考察をさらに進めて、今後の展開の方向を探ることにしたい。

　ところで、すでに見てきたように、宇野段階論は支配的な資本形態に基づいて典型国における資本の経済政策の時代的特徴を歴史的に整理することによって「経済政策論」として体系化されていた。それは経済史ではないという宇野の注意にもかかわらず、歴史的な叙述の形式をとっていたことから、しばしばある種の資本主義発展史として、あるいはそれに類するものとして理解され、資本主義の発展をいかに段階づけるかという問題意識でさまざまな指標をもってさまざまな論者による検討が重ねられてきた。それについてはすでに多くの論者によっておびただしい業績が発表されていることは周知のとおりだ。それはそれ自身、事実上あげられた多くの成果によって、現実の資本主義経済の研究に多大な貢献を事実において果たしたことに間違いはない。しかしそれが宇野自身の段階論の問題意識と、したがってまたその方法論と少なからず乖離したものであったことは、これまで縷々述べてきたことから容易に推測されるであろう。したがってその研究は宇野の方法論を扱うここでの目的のためには直接関与しにくいものとして、残念ながら、その領域で行われてきた研究の紹介は割愛せざるを得なかった。だがそれは、実際、後述するように他方では宇野自身の側の段階論の限定的性質にも責任があるものである。多く取り上げるべき業績があり、しかもそれぞれは宇野段階論にとって重要な挑戦でもあり、多大な貢献も含みうるものなので、今回は紙幅の都合もあり、そのような意見の代表的存在であった加藤栄一の論考をとりあえずとりあげて、新しい段階規定の方法論的な試みの一つとして、改めて「補論」で別途追加検討することにした。

なおそれに関連して、ここで、鈴木鴻一郎＝岩田弘の世界資本主義論にも触れないでおくわけにはいかないかもしれない。それは宇野の段階論によって「経済学の原理論と世界資本主義論とへの分化関係が方法論的にはじめて明確にされることになり、資本主義の世界史的過程の具体的考察も、原理論としての『資本論』体系の純化も一段と進捗することになったことは、争えない」（鈴木鴻一郎・伊藤誠「経済学原理論」、鈴木鴻一郎編『経済学研究入門』一九六七年、四〇―四一頁）と高い評価を与えつつも、「世界史的過程としての資本主義を、産業資本段階の断面から抽出想定した『純粋の資本主義社会』に代表させて考察する方法が」（同上、四五頁）採用されている点、あるいは「資本主義の世界史的過程の具体的分析がまず典型論的になされねばならぬとする」（同上）宇野独自の方法などに疑問があるとして、宇野段階論を正面から退けるものだったからである。しかし世界資本主義を「内面化」するというその理論形成の方法は、資本主義の歴史的経済過程が他の経済過程の生産物や他の社会関係との相互作用の過程としてあり、「資本主義の経済過程は、この相互作用を、商品形態とそれによる労働力の商品化の関係をとおして、資本主義的産業自身の内的関連のうちに集約し内面化する機構をそれ自身にもっている」（同上、二二頁）というような解釈を前提するものであって、あらゆる社会関係が商品関係に還元されるとするその極端な理解は、資本主義的商品経済機構と国家権力のような非商品経済的な外的条件との関係を問題にしようとする宇野の本来の段階論の課題と、その問題意識において必ずしも合致するとはいえない。実際、岩田弘、鈴木鴻一郎、侘美光彦と世界資本主義論者たちの説明には多少のニュアンスの違いはあるが、ともに宇野のいわゆる帝国主義段階において、イギリスのロンドンの金融市場に媒介された世界各国の景気変動が同時的に進行するという共通の認識をもとに、イギリスの世界資本主義における中心的役割を論じてその結論を共有している限りでは、宇野の典型国概念による段階論とはまるで話の筋が違っていると考えられるので、ここでは世界資本主義論者の諸見解も方法論の議論としては割愛することにした。

以下では宇野の当初の問題意識に立ち返って、その展開過程に着目しながら、さらに立ち入って新しい展開の視角を探ってゆくことにする。

第一章　段階論と資本主義の純粋化傾向およびその逆転または鈍化

（1）宇野段階論の今後の方向性を求め新しい視角を探るという以上、改めて宇野段階論の登場のいきさつをもう一度簡単に整理しておく必要がある。そこから始めよう。

宇野自身の語るところによれば、ドイツ留学から帰って東北大学に助教授の職を得、そこで「経済政策」の講義の担当を命ぜられたとき、その講義に『資本論』を何とか利用できないものかと考えながら『資本論』自体の研究に励むとともに、ゾンバルトの著作などを参照しつつ経済史的な内容の講義を続ける一方、日本の遅れた農業をいかに経済学的に解明すべきかという問題が日本資本主義論争として華々しく展開されていたのを横目で眺めつつ、自分でもそういう問題につよい関心をもって考えているうちに、どうもそういう論争に足りない部分があることに気付きはじめ、自分自身、始終関心をもってそれを研究するということになって来たということらしい。すでに書いたことの繰り返しは避けなければならないが、遅れた日本の農業問題がきっかけとなって、世界史的にはすでに帝国主義の時代に入っている日本の資本主義が、高度の技術の導入を株式会社企業によって実現し、それまで発達の遅れていた資本主義の高度化を一気に実現したことと、その反面として遅れた農業を温存したことの積極的意義とその役割を問うことが、いわゆる講座派あるいは労農派の主張との相違を超えて、まさに宇野にとって段階論の発案の契機になったことだけは、ここであらためて銘記しておこう。

もちろん、すでにも述べたように、レーニンの「資本主義の最高の段階としての帝国主義」という規定とヒルファーディングの金融資本の概念規定などが、宇野の段階論という意識形成に大きく貢献したことに間違いはないだろう。しかしそれだけで段階論の理論構成が果たせるわけではない。もちろん、もともとの段階論の構想は戦前にすでにまとめられて『経済政策論上』として出版されている。ただ段階論自身としてはもう少し方法論的により確実なものにしたいという要請が宇野自身にあったのであろう。その思考の過程で大きな影響を受けたのは、マルクスが『資本論』中で述べている、資本主義の純化傾向の関する叙述である。すでに引用しているものであるが、改めて説明すれば、現実には近似だけだとしても資本主義は純粋に展開されるが、「この近似は、……資本主義的生産様式の不純化や混和が除かれれば除かれるほど、ますます進んでくるのである」（Marx,*Das Kapital*,Buch Ⅲ, *Marx=Engels Werke*,Bd.25,S.184.『資本論』第Ⅲ部、『マルクス＝エンゲルス全集』第二五巻第一分冊、二二一頁）というもので、宇野はこれを自らの思考の「エッセンス」だと述べているほどである（宇野『経済学を語る』七〇頁、参照）。そして段階論の形成と共にそれに対応する原理論の確立と論理的展開の方法の根拠をそこに得たのである。この一方でのいわゆる資本主義の純粋化傾向という問題と、他方で、資本主義の発展の一定の段階で出てくる資本主義の不純化という問題が、まさに『資本論』のような資本主義の純粋理論の確立と資本主義の発展段階の特徴をその時期の代表的な資本が主導する経済政策をもって区別しようとする段階論のさらなる本格的な編成を宇野に促す契機となったのである。

（2） それではその資本主義の純粋化傾向とは何であろうか。すでに検討してきたことではあるのでくりかえすことは避けるが、ただ宇野は純化といい鈍化といっても、その表現をほとんどこだわりなくかなり自由に使用していたきらいがある。例えば、「資本主義の発展にとって障害となるような諸条件は常に排除される。しかし経済法則の展開を阻害する諸条件も、ある時期までは、資本主義の発展を阻害するものとして排除されるのに対して、ある時期を越えると、逆にかかる条件がその発展に利用されることになるのである」（『宇野著作集』九、五二頁）ということになると、同一線上の歴史的変遷として理解されてしまう恐れがある。だから難問も同時にそこから発生してくる。一方で純化傾向を言いながらそれが鈍化するというのは一体どういう歴史的傾向を読み取ることなのか、という疑問である。

この問題についてもすでに論じておいた。そこではそれは単線的にではなく複線的に理解すべきではないかと論じた。つまり一方で資本主義商品経済の純化という問題は商品経済の拡大としては一貫して存在する。それは間違いないだろう。しかし鈍化の方は非資本主義的商品経済関係を含む現実の資本主義の歴史的発展の過程の問題で、純化過程の問題とは同時並行的に重なっていても問題にはならないという理解である。宇野も同じ経路上でそれが起こるとは考えていないと思うが、そのように取られても仕方がない表現はたくさん残している。純化の傾向という方はまだ理解できる。問題はその、阻害とか鈍化という表現で何が考えられているかということである。宇野はそれを旧来の小生産者の温存と説明する一方で、「資本主義の現実の発展は、一定の時期までは純粋化の傾向を示しながら常に多かれ少かれ非商品経済的要因によって影響され、また一定の発展段階ではこの傾向を阻害する強力なる要因を発生せしめる」（『宇野著作集』一、一三頁）と述べ、純化を阻害する要因について触れている。これは同じ経路上で起こる現象を指してはいないであろう。実際、この「非商品経済的要因」というのは必ずしも旧来の「小商品生産」のことを意味するものではないだろう。小商品生産は資本主義的生産ではないにしても、非商品経済的要因でないことは間違いないからだ。ではそれは何を指すのか。その資本主義の純化傾向を阻害するものは、客観的な傾向的な動きなのか、それとも純化に逆らう外的な要因に過ぎないのか。もちろん後者でしかありえないであろう。

宇野は次のように言っている。資本主義も発展の一定段階を超えると、「労働力の商品化を増進しつつ労働の強化と、旧来の小生産者的な生産物の商品化の拡大や中小資本の収奪とに基づくいわゆる独占的資本を、資本の組織的独占体として形成することになる。労働力商品化の基礎をなす旧社会関係の分解を徹底的に推進しないで得られる資本の利益が重要性を増してくるわけである」（『宇野著作集』七、一九頁）と。これが宇野のいう資本主義の純化傾向の「鈍化」であり「阻害」の原因となる非商品経済的な要因なのであろうか。あるいは宇野は「いわゆる重商主義、自由主義、帝国主義という段階論の展開では当然に収奪過程が問題になる。だから、その移行は原理的に説けない」（『資本論に学ぶ』一二六頁）と述べて、段階論における非資本主義的な要因の一つとして収奪を例示してその影響を論じている。この帝国主義段階における説明は、上に引用した「一定の発展段階ではこの傾向を阻害する強力なる要因」を指しているのであろうか。また次のような説明もある。一九世紀七〇年代以降になると、「農村を分解しないでも資本主義が発展する――分解するということは資本主義が農村まで入っていく、つまり純粋化するわけですけれども、そういう純粋化の傾向がある程度とまりながら資本主義が発展する――ということになってくるのです」（同上、二九頁）と。こういう説明だと純粋化傾向を同じ軌道上で鈍化に代えているようにも理解できる。つまり同じ客観的な傾向のように受け取れてしまう。しかし旧来の農村が残るということは資本主義の純化傾向を否定するものなのであろうか。例えば農家を積極的に残存させて低賃金の労働者の確保に充てる、ということなのか、あるいは商品経済に巻き込んでゆくスピードが産業の種類や国の様々な条件によってそれぞれ違っていたことの結果ということなのか。純化の阻害とか鈍化といった場合、純化の傾向自身が自ずから鈍化するというのではなく、例えば、国家の政策などに代表されるような非経済的な要因が資本主義経済に影響を与えていることを意味するものと理解すべきなのではないだろうか。確かに農産物に対する輸出増進、あるいは輸入制限のための国の関税政策ということになれば、それは非商品経済的な効果といえるだろう。ただ「非商品経済的要因」にしても「一定の発展段階」で現れる「強力な要因」といわれても、依然として「阻害」または「鈍化」をもたらすその内容ははっきりしているとは言えないようだ。

（3）ここでどうしても商品経済と資本主義的商品経済との違いを考えておかなければならないかもしれない。その点をはっきりさせておかないと純化傾向の阻害とか鈍化について意味が違ってくるかもしれないからだ。実際、商品経済の拡大が資本主義的生産の拡大に同調することは十分ありうるが、ただ商品経済はそのものとしてはその発展が必ずしも資本主義的商品生産に移行するものではない。しかし労働力が広く商品化すれば、それによって商品経済は生産を包含して資本主義商品経済に展開していく可能性は生じうる。宇野に言わせれば、労働力の商品化こそ資本の原始的蓄積過程という歴史の所産であって、商品経済の論理からは出てこないものだ。それでは宇野の資本主義の純粋化傾向とは何かといえば、それは明らかに資本主義的商品経済の一義性への純粋化という意味であって、単なる商品経済の拡大傾向を指すわけではない。したがってそれは最終的には農業の資本主義化によって完成するような資本主義的生産の全面的な拡大傾向のことを意味する。そしてその拡大の歩みが停滞してくると、それを純化傾向の鈍化と呼んだのである。（注6）

（注6）もちろん実際には、イギリスの資本主義は産業革命に先立つ一七世紀以降の農業の資本主義化に始まるといっていいし、その上一九世紀に入ってさらに資本主義が発展すると今度はむしろ農業の資本主義化の動きは衰退してイギリスからの工業製品の輸出に対応する外国からの安価な穀物の輸入に依存するという歴史的過程をたどる。これはイギリス農業の歴史的現実である。宇野はこの事態を十分に把握していたが、資本主義の純化傾向へのこだわりのために、逆に産業革命ののちに農業の資本主義化が進んだとする理解を残していたきらいがある。それは自由

主義段階の資本主義を原理と結びつけ過ぎた理解のためであろうが、ここではこれ以上は触れない。なお『宇野著作集』八、一五二―五六頁参照を参照せよ。

それではそれはどのような歴史的事実から導かれたものなのだろうか。先にも述べたが、宇野は当初イギリスの一九世紀の中期に資本主義の純粋化傾向を特徴づけていたが、やがて一六、七世紀から一貫して純粋化傾向があるというような認識に変わってくる。でもそれは「十六・七世紀になって現われる産業資本」(『経済学を語る』一五七頁)を指しているのであって、これは宇野が『経済政策論』で述べている重商主義段階の支配的資本が家内工業を基礎とする毛織物工業の商人資本であるという説明と平仄が合っているということになる。その隠された意味は、非常に原生的な形で賃金労働者を先取りしたような問屋制家内工業が実は未熟な産業資本にほかならないという設定なのである。その意味で一六、七世紀から資本主義の純粋化傾向が存在するという説明になるのである。しかし当時農村に増加した家内工業が、なかんずく毛織物工業がその後の支配的な資本主義的産業になったわけではない。一九世紀のイギリスをみても綿工業でやっと本格的に資本主義的生産が始まり、鉄工業などのその周辺の産業が資本主義生産に引き込まれて、商業化もさらに促進され、外国貿易の急速な拡大もあって、都市を中心にした市場経済の繁栄が飛躍的に高まったことは事実であったとしても、生産の領域の拡大は徐々におこなわれていったに過ぎない。まして一六世紀からというのであれば、毛織物の家内工業を言うのではなく、やはり素材としての羊毛ないし羊毛製品の大量の海外輸出の展開による商品経済の拡大として当面捉えておいた方がいいように思われる。つまり資本主義の純化傾向という意味も、当初、宇野が想定していたというように、資本主義的商品経済成立の前提となるような家内工業の商人資本による問屋制的支配による疑似産業資本の成立ではなく、商人資本の活発な活動による商品経済の内外における広範な拡大として考えておいた方がいいのではないかと思うのである。もちろんその場合の商人資本は産業資本を僭称する商人資本ではない。

実際、前にも指摘したが、以前そう考えそして後になっても強く残っている宇野自身の認識、すなわち「商品経済は純粋になる。つまり、自分で純粋になる力をもっている」（『経済学を語る』七〇頁）というのは宇野の確信であり、宇野自身も他方で純粋資本主義の形成をもそこに重ねて考えていたのではないか、と思われるのである。純粋の資本主義こそ完全な商品経済だ、というようなことを宇野は言っているが、どうもその辺の認識が曖昧なままで、必ずしも両者は明確に区切られていなかったような気もするのである。しかし資本主義を産業資本の支配として考えようとするのであれば、まだその時期では無理であって、むしろそういう商品経済の繁栄こそが、資本主義生産が生まれる母胎になったと考えられるのである。いわゆる重商主義の時代はまさにそういう時代であったわけだし、哲学者や医者や商人たちによって資本や貨幣についての経済学的観察とその分析が始まったのも、そのころから急速に拡大した流通面での商品経済のもつ事実上の法則性の探求であったと考えられるからである。そしてもちろんその中で、やがてインドからの輸入品である綿製品の代替物としての混紡のファスティアン織の工業化が始まり、それがやがて産業革命を経て本格的な綿糸綿織物の綿工業に発展し、貿易立国のイギリスの輸出品の中核になるまでの内生的な産業資本として成長していくものであったことは言う必要もないことであろう。

(4)そうなると資本主義の純粋化傾向の鈍化ということも、改めてはっきりさせた方がいいであろう。宇野にとっては、資本主義的純化の傾向を阻害されることによって段階論を原理論から分離し得る根拠ができたのである。ただ、すでにその歴史的過程は「複線」で考えることを提唱してきた。したがってその通り商品経済の純化と鈍化は、現実の経済過程の変化のありようを複線上で考察した別個の二つの変化として捉えればよい。一方では商品経済の拡大が緩急自在にたえず傾向として存在し、資本による生産の取り込みも拡張増加を見せている一方で、現実の経済過程は商品経済と非商品経済的要因とがせめぎ合って具体的に経済社会を構築しつつ変化しているという構図である。前者の商品経済の拡大を純化とすれば、後者は、資本主義的商品生産が拡大していたとしても、つまりいわゆる純粋化傾向が進んでいたとしても、他面で、その非商品経済的要因をも増加させて資本主義的生産拡大の障害の原因を形成しているかもしれないのである。複線で考えれば、純化と鈍化とが両立し得ない矛盾というわけではない。例えば株式会社の普及が商品経済の拡大の鈍化を意味することはないだろう。せいぜいそれが独占などによって価格調整に向かったりした場合に、改めて市場機構に新しい問題が出てくるぐらいである。むしろ資本主義の発展によって引き起こされる経済的でない問題こそが、例えば国家の政治問題として資本主義の発展を阻害し鈍化させる要因となることが問題になるということはありうるのではないだろうか。あるいは株式会社の発展が企業の組織化を推し進め政治体制と結びついて強固な統治構造を形成することなどありうることだ。資本主義の純粋化傾向の鈍化ということを歴史に見定めるのはかなり難しいことのように思われるのである。他方で、商品経済の純化傾向というものは、人間にとって外化された資本の世界の客観的な自己組織化の動きと考えられるのである。したがって資本主義の歴史的な純化傾向、またその鈍化の事実をもって、段階論の展開の論理を示すものとしたり、また、資本主義経済の原理論の客観的な対象設定の根拠とする宇野の主張には無理があるように思われるという結論になる。

しかしここで強調しておきたいのは、商品経済の純化傾向というのはいわば人知にかかわらない客観的な歴史的作用の側面を持ち、それ自身に商品経済の編成原理をもつものと理解されている。それに対して純化を阻止すると言われる諸要因は何らの必然性も持たない外的な作用でしかない、ということだ。さらに続ければ、宇野のいわゆる資本主義の純粋化といい、あるいはその純化傾向の逆転あるいは鈍化といっても、その内容はごくわずかの指摘を除けば、決して具体的には十分明らかにされていないということであり、経済の歴史に照らしてもそこに確たる根拠を見いだせないということである。純化については商品経済と資本主義的商品経済との違いが意識されていない。資本主義経済社会の純化だけが語られている。当然、原理論の論理そのものも客観的に与えられていて、「対象の模写が同時に方法の模写でもあることを意味するものにほかならない」（『宇野著作集』九、一五四頁）という言葉にも簡単には同調できないことになる。つまり存在としての「原理論の対象をなす純粋の資本主義社会なるものが、単に現実の資本主義社会から主観的に抽象して想定されるのでなく、資本主義の発展そのものが、客観的に純化作用を有しているものとして想定されるものであるからである。方法自身が客観的に対象とともに与えられるのであって、対象に対してなんらかの主観的立場によって立向かうわけではない」（同上）という、ある意味では宇野の画期的で高い評価が与えられたその主張にも、なお留保がつけられなければならないのではないかということである。

だがここで、宇野の主張に意味がないと言っているわけではない。商品経済の純化傾向については明らかに歴史に見られる事実といってよい。ただ資本主義社会における純粋化傾向というのは、純粋化をどう規定しようとも、資本主義の歴史的事実としては検証し得ないと言っているだけである。しかも宇野が自らの経済学の原理論がウェーバーの理念型のように主観的な論理構成によるものと取られて批判されることを避けるために、資本主義の歴史的純化傾向なるものによってその唯物論的根拠を示そうとしたものであって、宇野の言う資本主義の純化傾向が原理論の客観性を保証するための根拠に足るものでなかったとしても、まったく同じように対象の客観性が、対象自身の客観的な自己組織的な論理展開によって保障されるとすれば、宇野が求めたのと同じ結果が得られるはずである。経済学における社会科学の成立の根拠について初めて明らかにしたと思われる宇野の功績はそこに依然生きているのである。

第二章　資本主義商品経済の原理と商品経済の原理

（1）商品経済は古代の昔から存在していて、歴史的性格をもつとはいえないことはしばしば指摘されてきた。またそれが資本の利益を追求するシステムになっていながら、それ自身でいわゆる生産様式としての資本主義に、つまり産業資本主義に発展することはないという点でも議論は一致しているとみてよい。他方、経済学が自然科学とまったく違って対象が人間から独立した自然対象ではなく、人間が相互に関係し合って客観的に構成されている社会関係が対象であり、しかもそれは人間がその主体的な行為によって関係しあった結果として構成されるものでありながら、主体としての人間から疎外された客体としての存在であるという特徴をもつ。そのことが自然科学ではない経済学が社会科学として唯一科学性を主張できる学問である根拠となっている。対象を固定化したうえで細分化し分析して数式に還元し議論することを好む自然科学とは違って、動物的な反射的感覚で直感的に反応し予想し決断しなければならない市場の運動の中に潜む客観的な法則性を探求するというところに経済学の科学としての特性があるように思われるのである。そしてまたそのような商品経済がその形態規定の展開により自らを社会的に組織してゆく組織原理をもって客観的に自己組織化を実現するものであることもいまや明らかになるといっていいであろう。それは宇野の考えるような、商品経済は自分で純粋になる傾向がある、という話に近く、同じく宇野の言う「資本主義社会は、商品経済で全社会を支配するという点で純粋の商品経済をなしている」（『経済学を語る』一四六頁）というのとも類似的な事態の表現と見ることもできよう。それは正に経済学成立の根拠となるものである。

他方、マルクスが言うように、「商品流通は資本の出発点である。だから、商品生産と商品流通、および発達した商品流通すなわち商業とは、つねに、そのもとで資本が成立するための歴史的な前提を成している。一六世紀における、近代の世界貿易と世界市場との創出から、資本の近代の生活史が始まる」（Marx,*Das Kapital*, Buch I,1st ed.1867, S.107, 江夏美千穂訳『初版資本論』幻燈社書店、一九八三年、一四三頁）。まさに商品経済は世界貿易と世界市場の開拓によって資本主義の成立を世界的に準備したのである。すなわち資本は労働力をも商品として再生産できる社会的機構を作り上げることを通して、あらゆる社会に共通な社会的生産を資本の運動の中に包摂し、その支配を自らの形式の中に可能にしたのである。もちろんそれは現実に生産をすべてはじめから支配できたわけではない。労働力の商品化という歴史的な過程を通じて資本は生産を包摂することが可能になるが、それは実際には、マルクスのいわゆる原始的蓄積過程における過剰な無産労働者の創出とその農村への滞留に応じて、はじめ農業や農村の家内工業からマルクスのいわゆる生産過程の「資本による形式的包摂」が徐々に始まって、一八世紀末に至りイギリスにおける人口爆発に支えられて綿工業から開始された産業革命と新興都市での機械制大工業の設立によって生産過程のいわゆる「資本による実質的包摂」が一挙に広まって来るのである。おそらくその契機となったのは、人口増などによる需要の急速な拡大に応じる供給の拡大への対応努力の中で、農業などにおける土地を追われた無産労働者の雇用による生産力の増大効果に気付いた地主と新たな農業経営者の出現であって、農村における商工業もそれにならうことになったのであろう。それがやがて進んで機械に人間が支配される「資本の実質的な包摂」につながってゆくことになるのであろう。

もちろん一九世紀中期になれば資本主義の純化なるものが、つまり宇野の言う資本主義的生産の普及が、かなり進んだと言えるかもしれないが、イギリス全体としてはあくまでも綿工業の発展を先駆とする部分的な資本主義生産の拡大とそれ以前から始まっている世界的な商業活動に伴う商業的繁栄の世界であって、資本主義的生産が全面的になったというにはまだ遠いであろう。機械制工場といっても規模は小さく鉄工業も同じような小規模な工場が点在しているという状況だった。ただ先に見たように自由主義段階に原理を投映していた宇野は、一九世紀のイギリス資本主義をかなり全面的に社会的なものとして評価していた。しかし宇野は一方で問屋制的支配下の毛織物業を産業資本に擬制化したうえで、重商主義の時代を資本主義的生産拡大の初期とみることにより、一六、七世紀からの商品経済の爆発的な発展を資本主義の純化傾向と見なす根拠をあらかじめ作り上げていたのだと思う。ただその時期をどのようにみるかはかなり難しい。資本主義社会の成立というものを評価するのにそれが萌芽的で不十分だとしても資本主義的生産様式のその成立を重視するか、それとも生産の範囲はともかく、全面的な商品経済的な展開を前提にそれに関する慣行なり制度なり機構なりの広範囲の存在を資本主義生産の確立の条件として重視するかで、違いが出てきそうである。宇野は産業の確立がまだ僅かであってもそれが重要だとして前者を採っているが、重商主義段階の特徴を明らかにしようとするここでは、むしろ後者を重視したい。

すでに述べたことであるが、いわゆる重商主義の時代には、多彩で広範囲の商業活動が世界的に営まれていて、それは世界商業として各国の商人資本家との関係を激しい対立競争とゆるやかな連帯で取り結んでいた。それは流通界の外部の資本主義的生産とはいえないさまざまな生産を前提するものであったが、世界的な商業の緩やかな連環を形づくっていた。そのことによって社会的生産を資本が内部につかみ取る以前に、後に完成するような資本主義経済社会で行われている商品経済取引のさまざまな制度や市場の機構の大部分がすでに出来上がっていたという事実がある。そこには中世社会から受け継いでいるものさえある。実際、一八世紀のイギリスの南海泡沫事件にしても、フランスのジョン・ローの事件にしても、資本主義的生産が本格的に絡む以前の問題であって、しかも不完全な株式会社と未熟な市場における投機の破綻の問題であったにせよ、好況が続き資金需要の増大が信用創造を拡大させ、その結果が将来の不安に結び付けられれば、金融の引き締めが行われるという通常の金融恐慌の過程をたどって結末に至ったことにはあまり変わりがない。当時の金融の制度には欠陥があったとしてもそれなりの金融機構の存在はあったのであり、それらは後の産業資本の成立に至る道ではさまざまな市場の機構として成熟発展を遂げ、継続して機能していったことを歴史的に示すものでさえあったのである。商品経済の原理ということを考える場合、このことは結構重要なことではないかと思う。

(2) さて、先に述べたように、人間から疎外された客体としての商品経済の中での経済範疇の論理的展開は、自ら一つの論理的体系を構成するはずである。人間と人間との関係がモノとモノとの関係となって今度は逆に人間を疎外する関係になる。そして商品経済におけるモノ、商品、貨幣、資本が自己組織化して最終的にはそれは自らのシステムを完結させるのである。周知のようにマルクスの『経済学批判要綱』に付せられた「序説」の中の「経済学の方法」は極めて示唆に富む含蓄にあふれたものであるが、そのマルクスの言葉を借りて言えば、商品経済における経済的諸範疇の展開の「序列は、それらが近代ブルジョア社会で相互にたいしてもつ関係によって規定されているのであって、この関係は、その自然のままの順序として現れるもの、または歴史的発展の系列に相応するものとは、まったく反対である」（Marx, *Grundrisse*,Einleitung,*Ibid.* , S.27, 高木幸二郎監訳『経済学批判要綱』Ⅰ、二九頁）。もちろんこの序列は恣意的なものであるはずもなく、対象自身によって客観的に決定されるはずだ。商品経済の理論はそのようにして客観的に形成されるものと考えれば、宇野の言うように資本主義の歴史的純化傾向なるものを根拠にするとあえて主張する必要はないし、また理論化の方法自体もそこに与えられるという難解な考え方にもあえて従う理由もないことになる。もちろん、対象である商品経済自身によって客観的に構成される理論の展開はあくまでも社会的生産にとっては外的な形式にすぎず、それの及ぶ範囲は内部的に決定されるものではなく、流通外部から出入りすることは自由で開放的な体制であり、社会の全体性などのようなものによって拘束される性格のものではない。それは『資本論』のように労働価値説をもって内的に規定されているものである必要もないし、宇野経済学原理論に見るように、その形式的展開がいわゆる「流通論」の範囲にのみ限定されて展開できない性格のものでもないはずである。もちろん基本的に『資本論』や宇野『経済原論』と全然違うような理論をここで今考えているわけではないので、それは多分、宇野の『経済原論』でいう「生産論」から「分配論」に及び、最後の「資本の商品化」にまで行きつくであろう。あるいはその点を越えてその先に、株式会社による資本の組織化――レーニンの批判を浴びたカウツキーの「超帝国主義論」の誤りを繰り返すことになりかねないとしても――にまで展開が進むかもしれない。それが大まかに言えば商品経済自身の客観的な動きであると理解しているからである。

しかし宇野は経済学原理の論理の展開は歴史によって決定的に制約されると述べ、その範疇的展開を「生産論」の前の「流通論」で打ち切っている。その理由として宇野は、何度も説明してきたように、労働力商品の登場には原始的蓄積過程という歴史的過程が必要であるとするのであるが、商人資本形式、金貸資本形式と共に掲げられてある産業資本的形式は、労働力の存在があれば成立する資本の一つの運動形式を明らかにしているだけで、労働力の社会的で全面的な展開を前提しなくとも形式として成立しうるものと考えられるのではないか。以前にも書いたが、古代から何らかの日用品や武器の生産は存在したはずだし、奴隷以外にその中で何らかの雇用関係も生まれていたはずである。今日のいわゆる職人との雇用関係に近いと思うが、その場合のいわゆる賃金の決定がどうであれ、またその形式は偶然的なものであったとしても、雇用関係が成立することはありうるはずだし、またそれで十分である。いわゆる「地理上の発見」以後の世界商業の隆盛の中で当然そういう手工業的生産はたとえ農村の中であれ、普及拡大していたと思われる。したがって、資本主義の歴史のいわゆる初期段階に入れば、商業世界の中で十分発達をみていたさまざまな領域での市場の機構が、当然、労働力の原始的な雇用関係を通した生産をも含む商品世界を形成していたものと考えられるのである。G—W…P…W'—G'の産業資本形式も、部分的にせよG—W—G'の資本の一般的形式の中ですでにその役割を果たしていたはずである。先にも指摘したが、宇野自身にも産業資本的形式を産業資本そのものと区別して、その形式の成立の可能性について多少思案した節はあったのであるが、最終的には否定してしまった。

さてここで構想される商品経済の原理論について、すぐに語れる用意はない。おおむね『資本論』や宇野『経済原論』に従う展開を考えているが、同じ展開というわけにはゆかないかもしれない。ただ宇野『原論』でいう「流通論」、「生産論」、「分配論」を経て「資本の商品化」から株式会社論に至るであろうとは予測している。

もちろん商品流通の中に生産が入り込むことによってはじめて市場の均衡が恒常的に確保される可能性の根拠をもったことは重要である。価格機構は市場に入ってくる商品あるいは流入品の価格の基準を形成する機能はもっているが、当然その基準自体は自分では決められない。その基準を形成するものは市場に投入される現物の諸商品の諸価格である。それは市場の競争関係の中で生産条件あるいは他の事由によって一定の基準に落ち着く傾向をもつのである。外部の雑多な生産による流入品によってのみ価格が決定されるほかないような状況では、価格体系は動揺絶え間ないものであるとしか言いようがないが、生産を資本がある程度にせよ支配することによって価格体系はそれなりに安定する可能性をもつことになる。しかしすでに述べたように、商品流通が生産を内部的に処理している限り、その両者の本来の構造の相違は避けがたいものがあり、商品経済の論理では生産の論理を処理しきれないことがあることは容易に想像できよう。商品としても人間の生命力を基礎とする労働力商品はその性格を併せ持っている。自然条件を別にしても、生産の技術的条件を労働組織が、また生産組織が、あるいはまた産業組織が商品経済的対応の中でどのように処理していくかは、そこに非商品経済的な技術的要因も含む外部が入り込んでくるために、そう簡単なことではない。労働力という特殊の商品が入り込むことによって生じる問題は避け難い。資本主義社会につきものの経済変動の原因はほとんど商品経済的な動きとそれに同調することのない非経済的な動きとの相克に由来するとも考えられるのである。ただそれも原理の問題としては商品経済的に処理できる機構を提供しなければならないし、それは必ず実現されるだろうが、労働力商品の矛盾は絶えず付きまとっている。もちろん早くから商業活動のために形成され準備されてきたさまざまな市場機構に対して生産が組み込まれることで新しい対応が求められ、さらに新しい商品経済の機構がそのために準備されることになるのも当然の話である。株式会社の発達はそれによるさまざまな新しい事態の出現への対応のそのいわば一つの典型例ともいえようか。

いずれにしても商品経済を前提とする資本の原理は成立の可能性をもつと思うが、生産を内包する資本主義経済の原理というとどうしてもさまざまな条件を付したうえでないとなかなか構成できないように思われる。条件の変更によって内容が変化するものが果たして原理論といえるかという問題は当然生じる。山口のブラック・ボックス論に拠る類型論の形成の際の原理論の位置づけや小幡の「変容論」の場合の、変容後の原理論の位置づけなど、原理がさまざまな類型化された要因を飲み込んで新しい類型論に変換するとき、あるいはまたさまざまな要因を「開口部」から吸い込んで新しい「変容論」が原理を名乗って姿を変えるとき、まさに原理論におけるこのような問題に逢着することになるのではないか。

もちろん商品経済の流通形態だけの展開は、宇野がその『経済原論』の「流通論」ですでに試みている。ただ、先にも述べたように、産業資本形式の登場のためにはいわゆる原始的蓄積の歴史的過程が前提されるために、論理的展開ではこれ以上は進みえないと宇野は判断したのであった。しかし労働力の商品化がたとえ社会的に一般化しなくても、必要に応じてその都度商品化するという事態は当然昔からあるはずである。すでに触れたように、古代から軽度の工業の存在は予想されるからであり、そこにはある程度の職人の雇用は、奴隷の使役以外にもあったと考えられるからである。実際、農具であるとか工具、馬具、車両あるいは刀剣、甲冑、戦車などの古代の工業生産物はいくらでも例をあげられる。そしてその具体的過程をもし知りたければ、多分、マルクスが説いた生産過程のいわゆる「資本による形式的包摂」の例示と考えられる一六世紀以降の農村における農業労働や小商品生産者の労働の賃労働化の過程に見てとれるであろう。事実、先にも指摘しておいたように、宇野自身うっかりしてかもしれないのだが、一六世紀にはイギリスでは小規模の家内工業であったにせよ問屋制的な商人資本の支配をとおして、形式としての産業資本的形式は成立していたと述べているのである（宇野『資本論五十年』下、八一九頁、参照）。しかもそれがうっかりではないかもしれないのは、宇野が一六世紀後半からイギリスの農村に見られた家内工業的な織物産業を支配する商人資本をもって、萌芽的な産業資本だとしたとき、産業資本の成立を説いていたことになるからだ。そうだとすれば、産業資本形式の成立は当然だし、産業資本形式の成立さえ明らかにしえれば、それ以降の展開は論理的には可能であると考えられる。それは古代にさかのぼってより原始的な形であっても同じことになるはずだ。実際、市場で「洛陽の紙価」が高まる時、誰がその供給を担当するのか。労働賃金の決定がどうであれ剰余を生み出す可能性があれば雇用され、剰余を雇用者である資本家に相当する人物にもたらすことになる。その剰余をめぐっての論理の展開は、『資本論』や宇野『経済原論』と同様に、剰余取得の方法や取得方法の改善など、目的さえ明らかであれば、形態の展開が自らもたらし得るものと考えられる。資本の流通形態論や再生産論の展開についても言及を要しないであろう。宇野のいわゆる「分配論」は商品、貨幣、資本の各市場機構論として整理できるとすればそこにとくに新たな問題はない。だから経済学の原理論はとりあえず商品経済の原理論として整理することが適当であると考えられる。具体的に展開してみるとあるいはさまざまな問題が出てくるかもしれないが、その種の問題は原理論の展開を具体的には扱わないここでは封印しておくしかない。

第三章　資本類型と段階規定

一　段階規定の基準

（1）宇野の段階論についてはそれへの考えられる批判点を含めてすでにさまざまな考察を加えてきた。多くの難点を指摘しているが、それでも宇野三段階論として体系的に構築されその中軸をなす段階論に対して個々の論点で批判しても、それを克服する新しい方法論を提示しない限り、必ずしも宇野三段階論を体系的に否定することになるわけではない。ここでは最後に今まで議論されてきた諸点について改めて考察を加え、その上で宇野の段階論をいかに継承していくかについて具体的に考えてみたい。

宇野の段階論にもう一度戻ってみよう。宇野はこのように言っている。「経済学の特殊研究は……まず資本主義の発展の段階に応じて、しかもその発展段階を世界史的に代表する国々において、あるいはそういう国を中心とする国際関係として解明されなければならない。それはしかし直ちにそういう国の個別的事情を科学的に現状分析として解明するものではない。それにはまず資本主義の世界史的な発展段階を特徴づける規定を与えるものとしての段階論的解明が与えられていないと明確には行なわれない」（『宇野著作集』七、四〇頁）と。さらに「段階論的規定を与える、指導的先進国の分析は、経済史や現状分析にみられるような全面的なものではない。原理的規定を基準にして、資本主義の世界史的発展段階を特徴づける資本の型（タイプ）——商人資本・産業資本・金融資本——を検出し、これによってその時期の諸政策と階級構成並びにその動向を解明することにある」（『宇野著作集』九、九六頁）。

宇野の段階論についての考えはここではっきりしている。ただもう少し以前にさかのぼってみよう。第一部で見てきたように、宇野の段階論の発想は日本の農業問題の解明が出発点であった。そこから進んだ先進国イギリスと遅れた先進国のドイツが、日本農業との比較の対象に選ばれた。そしてイギリスとドイツとの関係とさらに日本との関係の中から資本主義の典型国という発想が出てきて、それが『金融資本論』や『帝国主義論』の成果と結びついて宇野の段階論が形成されるに至った経緯はすでに明らかにした通りだ。そこでは段階論は『帝国主義論』の「資本主義の最高の段階」という規定に基づいていることに先ず注意する必要がある。[注7]唯物史観を熟知するマルクス経済学者であった宇野が、刊行直後の『帝国主義論』にロシアの革命を目指すレーニンの意図を理解し、そこに社会主義の到来と資本主義の崩壊の可能性について予感しないわけがなかっただろう。無罪になったとはいえ、治安維持法で起訴され、大学から追放され、戦時中は学問の筆を折られて在野の研究所で実証研究に従事するしかなかった宇野も、戦後になってマルクス経済学の研究が再び自由になると、蓄積してきた従来の持論を改めて復活させた。それはやがて宇野三段階論としてその全貌を次第に明らかにしたのである。戦前に大筋はできていたといっていいかもしれないが、体系がしっかり固まったのは戦後も暫く経った後であった。それは『経済学方法論』の刊行（一九六二年）と『経済原論』の岩波全書版の刊行（一九六四年）によって最終的に明らかになったといってよい。マルクス経済学はその思想性は希薄になっていたとしても、戦後は多くの大学の経済学部では重要な講義として評価され、多くの研究者が大学に在籍してその成果を競い、そのほとんどが経済理論学会という大きな組織に結集していた。

（注7）もっとも「資本主義の最高の段階」として知られるこの表題は、一九一七年、最初にペトログラードでロシア語で公刊されたときには、「資本主義の最新の段階としての帝国主義」、つまりドイツ語訳でいえば Der Imperialismus als jüngste Etappe des Kapitalismus いう表題になっていたが、それは刊行元の出版社に巣くっていたメンシェヴィキの手によって内容や表題に修正が加えられためだと伝えられている。しかし現在のように「最高の段階」つまり höchstes Stadium に変わっているのは、『レーニン全集』刊行以後のことであって、おそらく『レーニン全集』の刊行を機に元の原稿の通りの表題に戻し修正された内容も復元されたのであろう。もちろん仔細は判らないが、バーシェイが疑義を呈しているのは、それが「最後の段階」であるのか、次に続く「新しい段階」がありうるのかという問題にかかわってくるためである。Cf.Barshay,*Ibid*.,p.114 訳書一三九―四〇頁。

もちろんその時期であっても、というより時期がそういう時期であっただけに、ソヴィエト社会主義共和国の存在は大きく、ソ連と周囲の国々とをつないだ共産圏はアメリカを中心とするいわゆる自由主義陣営と対立し、軍拡競争を強めながら世界的に緊張を与えていた。当然、社会主義の存在感は強く、その影響力は資本主義国の労働者階級や一部の知識階級に及んだ。そこには特定のバイアスがあったことも事実だろう。ともあれ宇野もソ連のいわゆるスターリニズムには反対であっても社会主義の将来を信じていたものと思う。先に紹介した宇野の『経済政策論』の「序」やその「注記」に記載され、あるいはその改訂版の「補記」に加えられた宇野の時代認識は、社会主義の到来の可能性への期待であったように思われる。ただそれはソ連の社会経済の実態を知らない当時の人々にとっては無理からぬ認識であったとしかいいようがない。その後の東欧に起きた社会主義国の一連の混乱は宇野に社会主義の現実への懐疑をもたらしたことは確かだが、社会主義への期待がそれによって揺らぐこともなかったように思う。

宇野は一九七七年に他界するが、ソ連および東欧の共産圏の諸国が社会主義から資本主義国に移るのはわずか十数年後の一九九一年のことでしかない。社会主義が崩壊したとすれば宇野の理論はここで改めて評価され直されなければならないのかもしれない。ただ問題は社会主義の崩壊という事実に影響される理論であるのかどうか、あるいはそれにとらわれることのない客観性を保ちうる理論であるかどうかである。もちろん宇野が理論の中からイデオロギー的性格を厳格に排除していることは広く知られている。ただそれはもっぱら原理論での指摘であることが多かった。段階論でその問題が注目されたことはあまり知らない。したがって科学としての検証の作業はとりあえず必要であろう。宇野が次のように言っている箇所がある。「資本主義は、世界資本主義として発生し、発展し、没落するものといってよい」（『宇野著作集』九、四九頁）としながら、「段階論は、直ちにこの資本主義の発生・発展・没落の過程そのものをも具体的に示すものではない」（同上）と述べて、段階論自身の独自性を明らかにしている。つまりそこにはイデオロギー的判断は前提されていないと考えれば、段階論はなお継続して検討に値する理論だと考えることができるだろう。

結局、ここでは最初の意図はともあれ、最終的に段階論は宇野の三段階論といわれる方法論として構成された理論の一部となっていて、その内部にあっても、歴史的説明を除けば、きわめて簡潔な理論構成となっている。のちに宇野自身が資本主義の純化傾向とその鈍化を説いて段階論の論理の補強に努めるまで、歴史的説明を除けば、理論とも呼べないほど簡単な筋書きであったが、現状分析を目指す宇野の方法論の中軸を形成するものであることに間違いない。資本主義の世界史的な発展を区切るやり方にも格別の必然的な方法があるわけではなくて事実によって歴史的段階を決定するというのであり、それは経済学者による複数の事実からの帰納的な結論ともいえるものであろう。もちろんそれは戦前の講義で行われ、また書物としても刊行されている以上、資本主義崩壊の必然性を論じたものとはもちろん理解されなかったであろう。確かにそこには社会主義的なイデオロギー的な判断が前提されているわけではない。少なくとも合理的な主張であると認めることができる。したがって段階論の議論を再び前に進めていくことは認められると思う。そこで改めて宇野段階論の今後の発展の方向を確かめておきたい。それでは作業を始めよう。

(2) 段階論をめぐる今までの考察の中で、支配的資本形態と経済政策との関連について、その対応関係がいつも同じとは言えないのではないか、という問題を出しておいた。経済政策は産業資本を代表するのか、それとも産業資本を含みながらも交易国家として世界的な商業覇権を握っているイギリスの国策なのか、産業資本の政策であればイギリス以外の国々はみな自由主義政策でなく関税政策をとって自国の産業資本の育成を図っている。イギリスが典型国として登場しているのはイギリスがその当時唯一の工業国として自立し、同時にまた従来の貿易立国の立場を維持し続けたことが、イギリスを中心とする世界の資本主義的編成を可能にしたという歴史的事実に拠っていることは明らかであろう。宇野自身も「資本主義の発展の段階規定は、各段階において指導的地位にある先進資本主義国における、支配的なる産業の、支配的なる資本形態を中心とする資本家的商品経済の構造を、いわゆる『ブルジョア社会の国家形態での総括』としても、世界史的に典型的なるものとして、その国家形態自身も、また『国際関係』も、この発展段階に応じて変化するものとして、解明するものとなる」(『宇野著作集』九、五三頁)と述べている。要するに、資本主義の典型国は単に一つの国としてではなく、それぞれの「時期を典型的に代表し、後進諸国にその指導的影響を及ぼす先進国の資本主義としてあらわれた」(同上、四四頁)のであって、その影響力をもって典型とされている。イギリス一国の問題ではないとすればその自由主義政策も理解はしやすいかもしれない。

また他方で、世界史的な時期という点で、アジアの近代化に見られるように、イギリスの場合と同じように、外国からの輸入品の代替的な生産のために株式会社によって綿工業を事業化して成功した明治の日本の例だけでなく、もっと時代が遅れて輸入代替的産業の開発によって第二次世界大戦後に成功したアジアの一部の国々は、ヨーロッパ的な時間感覚でいえば大きな時差をもって登場してきた遅れた資本主義国に過ぎない。宇野の段階論自身でさえすでにヨーロッパ的思考の産物に過ぎないことを暴露することになるかも知れないが、いずれにせよ世界の国々の資本主義化の過程では大きな時間的な乱れがあることを段階論で考えるときには注意しておかなければならないことと思う。その点でいえば支配的な資本の形態は該当する資本主義の性格を現すものではあっても、資本主義の時代的特徴を示すものになるとは限らないのである。

宇野自身そのことについては実感しているところがあった。戦後まもなく書かれた「経済民主化と産業社会化」(一九四六年)という論文の中で、典型国でない後進国などの場合、重商主義、自由主義、帝国主義という段階が「集約的に、それと同時に著しく歪曲された形で現われるのを避けることは出来なかった」(『宇野著作集』八、二九三頁)ことを指摘するとともに、「資本主義的発展の開始自身が、すでにその歴史的前提を必要とし、またその歪曲を決定することにもなるのであって、いかなる国も外国の資本主義に接触すれば、直ちに資本主義国となり得るというのではない。外国資本主義の植民地として世界経済に参加するか、独立の資本主義国としてこれをなすかも、かかる前提条件の成熟如何に、或いはまたこれを促進し得る政策の成否如何によるのである」(同上)と、喝破したのである。そしてさらに、「我が国経済を支配する資本には商人資本的性格も、産業資本的傾向も、金融資本的面も認められるのであって、これを単純に商人資本を以て規定するわけにも行かなければ、また金融資本を以て片付けることも出来ないのである。元来資本のこれらの形態は、いずれも資本の性質に含まれている一面が、歴史的事情によって特に前面に現れて中心的地位を占めるに至ったものであって、産業資本の支配する時代が来たからといって、商人資本的性格が失われることにはならないし、また金融資本的面が認められないのでもない」（同上、一九三―九四頁）とまで語っている。段階論における典型国とそれ以外の国々に対するこのような弾力的な把握は、『経済政策論』にはあまり見られないが[注8]、支配的資本と経済政策を一対一対応で考えるような愚は、実際改めるべきだと考えられるのである。

（注8）この点については『宇野著作集』九、三八―三九頁の叙述も参照せよ。

（3）遡って重商主義段階の話に戻るが、そこには宇野に特有の問題があった。羊毛工業の問題である。宇野は重商主義時代を資本主義の初期としている。そのことに異存はないが、その根拠を宇野が毛織物工業の問屋制的支配が資本主義の原始的な形であることに求めている点は見逃すわけにはいかない。詳しくは拙著『資本主義の農業的起源と経済学』で論じておいたが、当時の資本主義を規定するなら商業による利得を基本にする商人資本主義であって、産業資本主義ではない。宇野が萌芽的な産業資本とする毛織物工業はその後のイギリス資本主義に発展するわけではないし、イギリス資本主義の産業的基盤を築くのは言わずと知れた綿工業である。決して毛織物工業ではない。

だから重商主義時代を規定するのは売買差額で利得を得る商人資本であり、いずれの国も競って世界商業に従事していて、あまり特徴的な差異を見つけられない。

ただそうだとしても、この段階では支配的な資本は商人資本であり、各国が相互に激しい競争をしながらしのぎを削って商業的利益の獲得を目指して活動している時期である。最初はスペイン、ポルトガルが世界を二分するほどの力を発揮していたが、やがてオランダやイギリスが後から進出してきて、市場をめぐって争い、オランダもイギリスとの戦争に敗れて最終的にはイギリスが覇権を握るようになる過程をたどっていけば、その覇権国イギリスが時代の典型国として扱われても不思議はないだろう。

しかもイギリスが、そのような対外的な商業活動をつづけながら、いち早く国内の封建制を解体させ、封建地主を商業的な関心に富んだ近代的な地主に変貌させ、農業技術の発達を手掛かりにして農業の生産性を向上させて農民を過剰にさせ、また農業生産力の向上によって生じたそれら過剰な無産民を農業労働者に組織するとともに、それらの農民をエンクロージャによって再編した農地で働かせる経営手腕をもった農業資本家を事実上育成するという歴史的事業を自ら意図せずして成し遂げた時代の客観的な動きを考慮に入れれば、イギリスをやはり時代の典型としなければならないと考えてしまうのもやむを得ないところであろう。一六世紀以降頻発するエンクロージャの動きとその結果農村に滞留した無産民の雇用による農業の資本主義的生産関係の早生的な登場こそ、その後の産業革命と一八世紀末期の大規模のエンクロージャ・ムーヴメントと農村における人口爆発による大量の無産民の創出による産業資本主義時代の到来の前触れであったはずである。それが可能であったのはイギリスだけであり、その後の世界的な資本主義の時代をイギリスが切り開くことになるのは当然のこととなるのであった。

もちろんここで問題になるのは重商主義段階における典型国はどこかということであるが、それをイギリスにするのは、宇野のように、そこに支配的な資本形態が未熟ながらも問屋制的に支配した商人資本＝産業資本であったということを明らかにしようとしたためでなく、さらにまたイギリス以外にその後の資本主義の展開はなかったからというのでもない。(注9)さりとて、上に述べたようなエンクロージャ・ムーヴメントに見られるような封建制の早期の崩壊による資本主義的生産の農業での早期の出発を前提にしているのではなく、あくまでも本来の商人資本の活躍による商人資本主義であって、産業資本を先導する可能性を秘めながらポルトガル、スペイン、オランダ、フランスと競争し、商業覇権を求めて活動していた商人資本を代表するものとして選んだものにすぎない。そしてその政策といっても国策としての冒険、略奪、戦争行為を当時やっと確立を見た国民国家がその軍事力をもって植民地獲得などの商業にともなう活動の後押しをして、その一部の利益の分け前を得るという程度のものに過ぎなかったかと思われる。航海条例などは国家が次第に確立した後期の代表的な政策であるが、すべてがそのようなものであったわけではない。しかも知られるように、重商主義政策は時代を越え、場所を得ては繰り返し登場してくる国家の政策であって、資本主義的な利益を求めて国家の政治的・軍事的な力を必要とするということになれば、それは現在でもみられる「新重商主義」の姿にほかならない。なにも重商主義時代の商人資本に限らず、国家権力は何時でも繰り返し登場して経済力の発揚に利用されるものなのである。

（注9）「段階論で資本主義の初期をやるのは、何も資本主義の発展の初期の段階を、全部明らかにするというのではないんです。資本主義の発展の初期の資本形態を明らかにするということが、一番重要な点なんです。その資本形態に対応して、労働力の状態を明らかにすれば、段階論の基本がつかめるんじゃないかという意味でやっているんです。ですからちょうど原理と現状分析の中間的なものになるわけです。スペインなりポルトガルなり、あるいはイギリス自身をも現状分析的にやれば、一七世紀のイギリスの全部をやらなければならない。ところが、これは、段階論でやる場合には、むしろずっと、資本主義の初期の段階としての基本的な特徴を明らかにする。そうするとこれはスペインにもポルトガルにも、あるいはオランダにも共通する点があるかもしれないけれども、もっとプラスの面があるわけですね。つまり、資本主義の発展の初期の段階だという、プラス何らかのものがある。そういう規定ができるんじゃないか」（宇野『『資本論』と私』御茶の水書房、二〇〇八年、二一八―一九頁）。

二　段階論の主題と適用

（１）段階論の主題がそれぞれの段階の典型的な資本主義国における支配的な資本形態であり、しかもそれはその国の問題としてだけではなく、その国の資本が国際的にどのような指導性をもって世界経済を動かしてゆくのかが当面明らかにするべき問題であることがほぼ明らかになった。

商人資本段階では大航海時代の各国の歩みはそれぞれに違いながらいわゆる新世界に進出して略奪的な貿易をおこない、土地を占拠して植民地とし、巨額の富を独占しようとして激しく競争しながら活発な商業活動を行っていたという点では大同小異といってよかった。これは非商品経済の領域を商品経済の領域に引きずり込む過程であって、そこで略奪的に富を獲得、蓄積することが、将来の資本主義経済の発展への前提となったのである。その場合商品経済の領域は少なかったとしても、その領域は一気に拡大した。そしてその動きは国内の動きとも連動して外国貿易と国内の商品経済とはやがて一体化しながら発展することになる。イギリスはスペイン、オランダを次々に戦争で破って覇権を手中にした。その場合、その商品経済の発展の状況によって、産業資本の動きはほとんどみられなくとも、大量の資本の流通運動が展開されている以上、原理が想定しているように、市場は不完全ながらでも開かれ機能しているに違いない。そこに商品経済あるいは市場経済に関する経済学の原理的規定は適用されているであろうし、それに従わない例外も、次第に市場のルールに従えない理由が明らかにされることによって、それに対するさまざまな商品経済的な対策も生まれてくるかもしれない。もちろん商品経済関係だけで当時の経済が成り立っているわけではないから、そのような国家の枠内での非商品経済的な諸要因の役割も明らかになって、具体的な分析はさらに進むことになろう。典型的な事例が明らかになればその例外的事象は、自ずからさまざまな特殊性によって担われていることになって、その分析はさらに現状分析となって現れてくるはずである。

(2) すでにみてきたように、ここで想定されている経済学の原理論には生産の実体は含まれていない。あるのは産業資本的形式だけである。形式はあるが、生産力の水準が示されるような具体的な生産の具体的な内容はなくて、それらに対応し処理する諸形態が展開されているに過ぎない。従来のような純粋資本主義の原理論はここでは想定されていない。ここでの商品経済の原理は商品経済を構成する諸形態の連鎖でありその体系であって、資本を基軸に生産に対しても商品経済的に合理的に対応できるように構築されているはずだ。すでに何度も指摘してきたように、われわれが現在生活している経済環境は商品経済が中心になっており、その商品経済はわれわれ自身の行動の合成によって構成される社会関係でありながら、我々の直接の意思とは切り離されて客観的な、つまりわれわれにとって外化された外の世界になってしまっている。そこで機能している法則はいわば客観的な対象の中で、科学的分析の対象になっている。これは自然科学とは全く違うものであるが、人間と対立する客観的な対象を構成しているという意味で、経済学に社会科学という位置づけが与えられるということである。ここから見ても実に奇妙な学問だということが分かるはずだ。

自然科学のような分析方法を採っている経済学もあるが、対象は人間から離れた客観的な存在であるから、それを分離し細分化して、その法則性を数学的に抽象化することもできるとしても、繰り返し言うように、経済学は欲深い人間が相互に作り合っている対象なので、対象を極端に小さく絞れば別だろうが、数学的に示されたものが広く一般的に経済の実相を示しているかどうかの見極めは、自然科学のような実験による再現性の証明ができない以上、難しい。

ともあれ経済学がそういうものである以上、経済学は人知の及ばぬ対象の世界のルールが支配しているのでそれに従うしかない。経済学の原理とはまさにそのルールを示している。またしかしそれは商品形態をとる限り、人間の労働力さえもその体系の中で機能させる。しかし労働力は人間の生命力そのものであるから、しばしばその人間性が噴出して商品形態と適合しない動きを見せるときがある。資本は賃金を上げるとか労働条件を緩和するとか、いろいろな条件によって労働者の反抗を抑えて労働力商品化の徹底を図ろうとするが、無理がきかなくなって破たんする場合もある。ただそれにもかかわらず商品経済はそれを何とか解決する手段を生み出す努力をする。さまざまな形態を展開して商品経済のルールとの矛盾を解決する方法を作り出す。恐慌も長い不況期も最終的には解決の方向に向かう。人知がその過程を短縮したり延長してしまったりすることがあったとしても、それを実現していくのは所詮市場の力でしかない。資本主義的商品経済というものはそういうものである。

産業資本主義段階での支配的資本はもちろん産業資本である。産業資本は生産過程をその内部にもっており、その段階の歴史的位置によって生産力に規定された生産過程をもつことになる。産業資本段階の典型国としてイギリスをここでは選んでいるが、それはいわば商人資本段階の遺産を引きずるような形で産業資本段階に突入している。その限りで歴史的必然性は認められよう。ただそれは偶然的で幸運な外的環境がそうしたので、内的必然性とは言えない。ともかく歴史的にはイギリスは綿工業をもって産業資本主義を確立した。もちろんそれは具体的な産業資本である。ただ宇野はそれを理論的規定とした。内容は具体的な綿工業であるが、それを産業資本として抽象化してしまった。もちろん理由のないことではない。宇野は他方で、いわゆる資本主義の歴史的純化傾向によって、「産業資本が資本主義の資本を典型的に代表するものであった」（宇野「『経済学の方法』について」一九五〇年、『宇野著作集』三、三九三頁）という論拠をも、同時にそこで確信していたのである。だから、地主階級による出資に依存するところ多かった木綿工場も、一人の産業資本家が支配する構図であって、経営者の存在は全く消えている。それは唯一George Ramsay（ラムジィ）の*An Essay on the Distribution of Wealth*（1836）が、masterが、master（企業家）をcapitalist（資本家）と区別して論じたのを除けば、イギリスの古典経済学の伝統であり、マルクスの経済学もある意味ではそれに従っているともいえるが、ただマルクスは機能資本家と区別された貨幣資本家の存在も明確に説いてはいる。ちなみに同時代のフランス経済学では経営者（entrepreneur）の存在を強調していたことは周知の事実である。

もちろんそれには事情もある。宇野は『資本論』第三部第五篇「利子と企業者利得とへの利潤の分割　利子生み資本」の展開の中で、マルクスが資本主義的生産の下では貨幣が新しい使用価値を追加されて商品になり、その追加的使用価値が利潤を生むことから資本として商品になる、と述べたことを批判し、利子で満足して利潤を求めない貨幣資本家の存在を否定し、その資本の源泉が機能資本家の遊休資金にあることを主張している。『経済原論』の展開も当然、『資本論』の貨幣資本家のように外部を、例えば地主階級などを前提としない、産業資本家の遊休資金を受けた展開として、純粋資本主義の設定をはっきりさせた構造であった。もちろんそれは原理論の上での展開で、段階論のものではないのだから、そういう点を考えても段階論での産業資本家の描き方はあまりに形式的に過ぎるのだが、宇野自身は段階論における産業資本としてそれを登場させているのだ。地主階級などに代表される貨幣資本家の存在を明らかにしてその持つ資金こそが海外投資の大きな原資をなしたことなど、いくらでも説明を具体的にすることは容易にできたはずなのにだ。先にも述べたことだが、もちろん宇野にも理由はある。「『資本論』が、大体十九世紀の五、六〇年代までに実現されたイギリスにおける産業資本を基礎にしてその理論的体系をなしたということは、産業資本が資本主義の資本を典型的に代表するものであったからである。それは資本主義の初期の商人資本をも、また末期の金融資本をも分析し、理解し得る資本概念を与えるものであった。それと同時にこの場合の分析の基礎をなした産業資本は、商人資本、金融資本に対立する歴史的具体的な資本の形態とはいえないものとならざるを得ない」(同上、三九三頁)と述べているからである。だがここでは具体的にイギリスの綿工業で、その投資資本の持ち分状態とか企業形態の問題はもちろんのこと、その生産は資本主義的に行われていて原料はアメリカから輸入し製品はインドへ輸出するという状況の中で本来的には具体的に説明されるべきなのだ。段階論におけるイギリスだからだ。しかもそうなることでイギリスを中心とする世界資本主義の構造が明らかになり、自由主義政策の意味も分かりやすくなるし、後進の資本主義国の関税政策の対応のありようも理解できることになるのだと思う。

あとは遅れて資本主義化する場合に、どの時期にそれが行われたかによって、産業資本の活動の在り方や採るべき政策も違ってくるであろう。産業資本だから自由主義政策をとるというように簡単にいかないこともおのずから理解されるようになるのである。すでに述べた新興国が自らの産業資本を維持育成してゆくために取る保護主義的政策の意義もまた理解できるのである。典型国との違いをもたらしているさまざまな特殊性をどう見抜いてゆくかが現状分析のカギとなるであろう。

そしていずれにしても課題の中心になるのは、基本的にはその国の中で占める資本主義的商品経済の現実の在り方であり、そこでの国家の役割と位置付けであり、全体としてその典型国の生産力水準の下での産業資本として周辺の国際的な条件の中での動きが問題であり、その国の経済力の主導でほかの国はそれぞれどの方向で動いてゆくかが、現状分析の課題になることであろう。産業資本段階では世界資本主義の構造はそれほど複雑とは言えない。イギリスが中心になって動いているという点では一八世紀後半から一九世紀の後半まであまり事情は変わらなかったかもしれないが、一九世紀の七〇年代から始まる「大不況期」を契機に世界経済の動きは複雑化して拡大を見せてくる。典型国を選び出すのも事実の上で難しくなってくるのである。

第四章　金融資本主義の段階と現代資本主義

一　金融資本の概念と帝国主義段階

（1）今まで見たように、宇野の経済学の目標は現状分析にあり、そのためにマルクス経済学をどう利用していくかの問題から、段階論の構想が生まれたのであった。そしてその段階論の構想はレーニンの『帝国主義論』やヒルファーディングの『金融資本論』の研究を通してまず出来上がったものであり、さらにドイツ、イギリス、アメリカにおけるその新しい資本主義の特徴をその諸相として扱うことで金融資本そのものを総括的に概念化し、ヒルファーディングのドイツ的特殊性の産物である金融資本という規定そのものをアメリカおよびイギリスにおけるそれぞれ特徴ある資本の共通の在り方として一般的概念に統一させて、一九世紀末からの資本主義の特徴的な段階区分の基準として示したのであった。実は、宇野は以前、「我が国では金融資本なる言葉は、直ちに銀行資本に対して用いられる場合が少くないが、元来はかかる一般的基礎の上にあって、産業資本に転形された銀行資本に対して命名されたものである。もっともヒルファデイングのこの規定も、当時のドイツの事情に影響されたものか、銀行資本に特に重点がおかれている点になお不十分なるものがあるようにも考えられる」（『宇野著作集』八、二七九頁）として、金融資本という概念に不十分さを表明していた。その上でなお金融資本概念を一般化して使用していたことをとりあえずここで紹介しておくが、とにかくその金融資本の「諸相」という把握こそが宇野の段階論の方法の完成への重要な到達点であり、また宇野の経済学方法論完成への基礎をなすものとして評価される業績の一つであると言えるだろう。しかしまた宇野は、今からおよそ百年前の二〇世紀の始めでその段階の考察をやめてしまい、いわゆる両大戦間の動きについて論じることは少なかった。そのうえ宇野は、第二次大戦後は段階論では論じられないという観点から、むしろ社会主義への過渡期として論じた方がいいとしながらも、その考察を自ら進めることはなかった。しかし『経済政策論』の「補注」などで語った過渡期という将来に対する密かな希望は裏切られるばかりで、また宇野の期待による新たな世界経済論を具体化する動きもみられないまま、宇野は一九七七年に他界し、ソ連社会主義はその後一九九一年に崩壊してしまった。だから宇野の仕事は事実上その先に進むことはなかった。

しかし世界の資本主義はさまざまな危機に直面しながらも依然として今もなお生き続けている。だから一九世紀末の「大不況期」にはじまる世界的な資本主義の変貌と金融資本としての新たな巨大な資本の登場までの仕事は宇野によって果たされたとしても、それに続く作業は、むしろ宇野の理論を継ぐ後輩たちにゆだねられたと考えてよいであろう。金融資本の段階論に立ち返って宇野を検証し、そのあとを考えてみることにしよう。

（2）これまで何度か問題にしたことだが、金融資本という名称そのものが先ずはっきりしないということがある。宇野はその『経済原論』で資本には三つの形式があることをわれわれに教えた。商人資本と金貸資本と産業資本である。それらは資本の三つの形式であった。それ以外にはない。ところが段階論にきて資本には三つの型（タイプ）があると教えられた。商人資本と産業資本と金融資本である。その両者の関係はどうなのか。商人資本とはG―W―G'で示されるように商品の売買差額で利得を得る形式である。他方産業資本はG―W…P…W'―G'で示されるように、購入した商品（労働力と生産手段）を生産過程で機能させて新しく価値を加えて出来上がった新しい商品を売って利益を得るという形式である。利益の源泉が全く違う。あと一つの金貸資本はという けれども、それは資金の融通を受けてそれで得た利益の一部を利子として資金の貸し手に支払うことからG……G'の形式をとるのであって、他の資本の存在がなければ自らに自己増殖の根拠はない。商人資本や産業資本の運動に寄生してのみ生き続けることができるのであって、いわゆる高利貸資本として端的にその特徴を示しているように、商品経済があるところはどこでも古代社会にも存在した。

そうなると金融資本とはどういう資本であるのか。以前、わが国では、それは「融通資本」と訳されていた。ファイナンスとは資金の融通を意味したからである。名付け親であるヒルファーディングによれば、金融資本(Finanzkapital)とは「現実には産業資本に転化されている銀行資本、したがって貨幣形態における資本を、私は金融資本と名づける。それは、所有者に対しては常に貨幣形態を保持し、彼らによって貨幣資本、利子つき資本の形態で投下されており、且つ彼らによって常に貨幣形態で回収されうる。しかし、現実には、かようにして銀行に投ぜられた資本の最大部分は、産業資本に、生産資本（生産手段及び労働力）に転化されていて、生産過程に固定されている。産業において充用される資本のますます増大する一部分は、金融資本である、すなわち、銀行によって支配され産業資本家によって充用される資本である」(R.Hilferding: *Das Finanzkapital*,Dietz Verlag,1955,S.335. 岡崎次郎訳『金融資本論』、岩波文庫、中、九七頁)。要するに、資本形式としては産業資本なのであるが、銀行が融資した資金が産業資本の生産資本として現実には投下されているような資本で、事実上、融資した銀行が支配しているその企業の資本を指しているようである。ただ問題なのはこの金融資本は現実には産業資本であって生産過程で労働者を雇用し生産を行って剰余価値を取得しているということである。論理的に言えば商人資本や産業資本と並べて利潤の根拠の違いで比較されるような性格のものではない。産業資本であっても株式会社形式を採用することによって、資本の所有形態と経営主体が分離しているというところに特徴をおいているということである。つまり産業資本の具体的な型を表現しているだけである。しかしレーニンが『帝国主義論』の中で述べているように、(注10)資本の所有と経営が分離するのは資本主義にとって別に新しい現象ではない。それは株式会社の普及によってその分離に新しい契機が加えられたと理解すべきであろう。これも段階論でも産業資本が事実上、宇野によって原理論的に抽象的に捉えられていることを示すものだと思う。

（注10）レーニンは次のように述べている。「資本の所有と資本の生産への投下との分離、貨幣資本と産業資本あるいは生産資本との分離、貨幣資本からの収益によってのみ生活している金利生活者と、企業家および資本の運用に直接たずさわっているすべての人々との分離―これらは資本主義一般に固有のものである。帝国主義とは、あるいは金融資本の支配とは、このような分離がいちじるしい規模に達している資本主義の最高段階である」（Lenin, *Der Imperialismus als höchstes Stadium des Kapitalismus*, a.a.O.,S.65, 宇高訳『帝国主義』岩波文庫、九八頁）と。このレーニンの言葉に関連して、宇野自身「産業資本の支配を特徴づける『資本の所有と資本の生産への投下との』一致こそ『資本主義一般に固有のこと』とでもいうべき」（『宇野著作集』一〇、一五〇頁）であると述べているところがあるが、それは実は資本の所有と分離を一般化してしまうレーニンに対して、産業資本の理解には資本の所有者は資本を投下する者と一致するのが前提だとして、レーニンがいつの時代にも所有と権限行使の責任者の分離はあるとした見解を否定する内容の批判である。しかし「自由主義とは、あるいは産業資本の支配とは、このような分離がいちじるしい規模にたっしていない資本主義の中間の段階である」（同上）というような皮肉めいた反論は否定的な表現ではあるが、ある程度問題点を意識しているとも読める。ともあれ宇野の産業資本の規定に対する原理的偏向はかえって段階論における産業資本の意義を誤らしめる恐れさえある。

（３）レーニンはヒルファーディングのこの語法を利用し、大銀行と大産業の癒着、融合として一般的に用いられるようになっているが、曖昧な言葉の使い方というほかにない。しかもこのヒルファーディングが与えた金融資本の定義は当時のドイツの現実から出てきた把握で、ドイツの重工業に特に顕著にみられる特徴的な概念であるが、レーニンのように広く一般化して使えばそれなりに意味がないわけではない。アメリカでは一九世紀末から株式会社の特徴を生かした製鉄業や鉄道業などの大企業の合同運動が投資銀行の主導で行われたが、ドイツ型の金融資本は成立しなかった。これは先にも触れたが、スウィージーがはるか以前、その『資本主義発展の理論』（一九四二年）の第一四章「独占資本の発展」の中の第五節「銀行の役割」で詳しく指摘していたとおりである。スウィージーは述べている。――「ヒルファディングは、資本主義発展の過渡的段階を持続的傾向ととりちがえている。株式会社や企業合同が形成の過程にある企業結合運動の期間そのものにおいては、銀行が戦略的地位にあり、この地位のおかげで銀行が生産体制の枢要な領域にたいして自己の支配力を拡大できるというのは、事実である。けれども企業結合過程は、無限につづくことはできない」（*The Theory of Capitalist Development*,Denis Dobson Limited,London,1946, p.267. 都留重人訳『資本主義発展の理論』新評論一九六七年、三二八頁）[注11]。時代がずっと下って一九七〇年代のＩＭＦ体制の崩壊後、アメリカでは自己金融化が進んだが、金融機関からの借入金額が急増したということもなかったようだ。依然としてアメリカにはドイツ型の特徴がみられることはなかった。ただヒルファーディングは「金融資本においては、資本の特別な性格は消失する。資本は社会の生活過程を至上的に支配する統一的な力として、生産手段、自然資源、一切の蓄積された過去の労働の所有から直接に生ずる力として、そして、所有関係から直接に生ずる生きた労働の処分力として現われる。同時に、所有は、少数の最大の資本結合体の手中に集積され集中されて、無資本の大衆に直接に対立して、現われる。かくして、所有関係の問題は、その最も明瞭な、最も疑う余地のない、最も先鋭な表現を与えられ、他方、社会経済の組織の問題は、金融資本そのものの発展によって、ますますより良く解決されるのである」(Ibid.S.350, 同上、一一五頁)と述べていて、概念をあまりこだわりなく一般化しているように見られるので、その点は必ずしも明瞭には言えないと思う。しかもそこでヒルファーディングは明らかに組織された資本主義の将来を語ろうとしているので、一層明確でない。

(注11) ヒルファーディングがドイツ的特徴を一般化したのに対してスウィージーがそのドイツ的特徴を歴史的過程の問題としたことが適当であるかどうかには疑問もあるが、ここではこれ以上触れない。なおスウィージーが本節の最後に、「金融資本」という言葉についてレーニンの「独占資本」と対照させて論じているので引用しておこう。―「この議論を結ぶに当って『金融資本』という表現は、かならずしもヒルファディングがそれに与えた含意をもつものではないことを注意しておきたい。とくにレーニンは、ヒルファデイングの金融資本の定義には『もっとも重要な契機の一つ、すなわち、生産と資本との集積は、それが独占にみちびきつつあり、またすでにみちびいたほどに高度に達している、ということにたいする指摘がない』という理由にもとづいて、それを批判した。ヒルファディングの『銀行によって支配され産業資本家によって充用される資本』の代わりに、レーニンは次のものをおきかえた。／生産の集積、そこから成長してくる独占体、銀行と産業との融合あるいは癒着、―これが金融資本の発生史であり、金融資本の概念の内容である。／すなわちレーニンの理論は、たしかにヒルファディングの理論に向けられた批判を免れることができる。それでもなお、『金融資本』という用語から、ヒルファディングがそれに与えたような銀行家の支配という内容をとり除きうるかどうかは、疑問の余地がある。そうである以上、この用語を使うことは全然やめて、その代わりに、『独占資本』という用語でおきかえるほうが適当であるだろう。『独占資本』といえば、レーニンの『金融資本』の概念に本質的なものをはっきりと示し、しかも後者のように不注意な読者を誤解にみちびくようなおそれがないからである」(*Ibid*.p.269, 同上三三〇―三三一頁)。

（4）宇野の段階論に戻れば、宇野は「金融資本の諸相」としてドイツ、アメリカと並べてイギリスをも加えているのであって、しかもそれはイギリスの資本輸出をもって金融資本と性格づけているので、かなり無理な規定と思うが、逆に弱体のイギリスの重工業への投資でなく、海外投資ということで生産過程から距離を置いているという点で、イギリスに特徴的な資本輸出をもって「金融資本の諸相」としているところに、レーニンやヒルファーディングを超えているという評価を与えることもできよう。

実際、株式会社を用いての大企業の結合と組織化についていえば、国によって多少事情に違いはあったにせよ、これは大きな意味のある事実の把握であったと言わなくてはならない。株式会社の合併、合同などによって大企業の株式会社の巨大化が進んで組織化が一層強化されるようになると、今度は、資本主義の組織化として新たな問題になってくる。具体的な問題としてでなく理論的な問題として考えれば、その過程は明らかに商品経済的な展開と考えられるもので、しかも現実的にも広範囲に進展した動きである。組織資本主義については後述するが、ここがまさにその出発点になることは明らかである。アメリカではドイツのように銀行が主導権を握ることはなかったが、投資銀行などのあっせんで、大企業同士の合同運動は一九世紀末には盛んにおこなわれた。またイギリスは産業資本の発祥の地であるだけに小規模の企業が多かったが、一九世紀末のドイツ企業の進出により対抗的に株式会社による大企業の出現も二〇世紀に入ると目立ってくる。ただ、アメリカはすでにドイツの工業力水準を超える力を持っていたが、宇野は金融資本の典型的モデルをドイツに想定していたために、その『経済政策論』ではトラスト運動という金融資本の成立過程だけを扱うことに限定して、アメリカ金融資本の事実上の位置づけを過少に評価したことは否定できないかもしれない。そのためアメリカ金融資本に対する研究はむしろその後、宇野派の中では盛んになった。そしてアメリカの金融資本に対する宇野の理解を超える検討が現在の課題になっている。それゆえに宇野自身の帝国主義段階の及ぶ歴史的範囲は一応第一次世界大戦の終結で終わってしまったために、不明瞭な問題はそのまま残ってしまったともいえる。

実際、宇野は、『経済政策論』の第三編第三章「帝国主義の経済政策」で、「関税政策にしても、膨張政策にしても、それは……いずれも金融資本を基礎にした、そして結局は世界的にその勢力圏の——再分割と維持とを通してあらわれる——争奪に帰着する、新たな政策をなすのであった。……独占的資本を基礎とする関税政策は、…ほとんど最初から関税政策と同時にダンピングをもって世界市場に進出せざるをえないものをもっていたのである。資本の輸出もまたそこでは新たなる動力をもって展開される。しかもそれは勢力圏の再分割に発展せざるをえないのであって、ドイツとイギリスとは同じ金融資本を基礎とする両極的発展の結果として世界大戦を惹起することとなるのであった」（『宇野著作集』七、二一六頁）と述べ、一九世紀末の「大不況期」以後の新興ドイツの世界的な進出を軸に巨大な植民地を抱えて海外投資に走るイギリスとドイツの対抗を重要視して帝国主義戦争の必然性を強調し、経済的危機の戦争による解決という問題を引出している。これはヒルファーディングやレーニンがそれぞれの帝国主義観ですでに提起した問題であり、事実としてはそれなりに認められるとしても、それは所詮ヒルファーディングの、そしてそれに続くレーニンの見通しであって、宇野自身としては彼らの予言した第一次大戦の終了後におけるその事実の確認でしかない。

それでは帝国主義段階論はそこでその役割を終えるのであろうか。そうではないだろう。産業の高度な組織化は各国で一般的に発展を見せ、そこに国家の果たす役割もきわめて大きくなっていたからだ。しかも宇野には、あとで問題にするように、実は従来あまり問題にされなかった大戦間における組織資本主義を肯定的に位置付ける論稿があって発表されていた。その問題は両大戦間の問題として当然継続してもよかったはずだったのだが、実際にはそれは再び取り上げられることなく消えてしまった。その理由は判らないが、事実なかったのだから継続して議論する必要を感じなかったと見るほかはない。したがってその先はなかったというしかない。実際、宇野は帝国主義段階を、はっきりと「第一次大戦で打切るのが当然ではないか」(『宇野著作集』七、八頁)と述べていたのである。その上、宇野は、第二次大戦の終結後には、よりはっきりともはや段階論の問題というよりむしろ社会主義への過渡を含む世界経済論の問題として扱うべきだとさえ述べるにいたるのである。第一次大戦で取りやめる理由として宇野は、「第一次大戦までの資本主義の発展の内にもその発展段階の一般的規定は十分に与えられるものとして、むしろその後の複雑なる過程による混乱は避けられる——という程度の考えから最初の予定の通り第一次大戦をもって打切ることにしたのである」(同上)と述べている。それは『経済政策論』改訂版の「序論」からの引用だが、同じく『経済政策論』初版の「結語」の「注」および改訂版「補記」の叙述と同じ趣旨のものであるといっていいだろう。そしてそこには、資本主義の矛盾のさらなる激化と、それと同時に資本主義は長期的には爛熟から没落へ向かうはずだというイデオローギシュな見通しが背景に垣間見られるといってよい。(注12)こういう考えはある意味で歴史の認識を歪めるものである。理論に対するイデオロギーの混入を極めて厳格に扱っていたはずの宇野にして、かくあることは甚だ遺憾であるが、時代的制約があったとしても、このような予断は理論の客観性を損ねるものとして排除せざるを得ないであろう。

(注12) 宇野はその『経済政策論』の初版(一九五四年)に付した「序」において、次のように述べた。「この三十年は周知のように最早や資本主義の世界史的発展を典型的に説きうる時期であるかということには、多少の疑問を残さないわけにはゆかない。資本主義の発生期をイギリスにとって、オランダその他の国々はとらず、ドイツ、フランス等の稍々旧時代的な諸国の特殊な事情を殆んど考慮しないで説いて来たことに対応すれば、資本主義の所謂没落期も典型的には第一次大戦で打切るのが当然ではないか、少くとも今後幾年かたった後にはこの時期は世界史的にはむしろ社会主義の初期として扱われることになるのではないか——というようにも考えられる。この点はそう

簡単にはいえないと思うのであるが、第二次大戦が単に帝国主義諸国間の戦争とはいえないものであったことからも、そういう考慮をはらわないではいられないのである」（『経済政策論』初版、弘文堂、一九五四年、一〜二頁）と。さらに初版にある「結語」に注記して、「本書は見られる通りその対象の範囲を第一次大戦までの資本主義の発展段階に限定している。その後の資本主義の発展が段階論的規定をなすのに如何なる程度にまで役立てられるかは極めて興味ある、重要な問題であるが、疑問として残しておきたい。一九一七年のロシア革命後の世界経済の研究は、資本主義の典型的発展段階の規定を与える段階論よりも、むしろ現状分析としての世界経済論の課題ではないかとも考えられるのである」（同上、二三一頁）と加えているのである。この文章は「結語」の中の「注」と共に一九七一年の改訂版では削除され、その代わりに「補記」が付け加えられて、その中に次のような記述がある。すなわち、初版での「補論」の「注記」を引用したのち、「しかし、この改訂版ではこの注記を削除した。これは当時なお私には段階論としての経済政策論に関して曖昧なる考えが残っていたのである。事実、第二次世界大戦はもはや単なる帝国主義戦争といってよいか、どうかに迷っていたし、その後のアジア・アフリカの旧来の諸植民地の独立、中国・北朝鮮・東欧諸国等における社会主義政権がどういう発展を示すか、ということにも、またソ連における社会主義経済の建設にどういう成果が見られるか、というようなことにも全く知識をもっていない私にとっては、何とも確言できなかったからである。しかしその後の資本主義諸国の発展は顕著なるものを見せながら、それはこれらの社会主義諸国の建設を阻止しうるものではなかったようであり、しかもその発展に新たなる段階を画するものがあるとはいえないのである。結局、段階論としての政策論に新たなる展開を規定することはできないのであって、『その対象の範囲を…』の『限定』は不必要のことであった。『むしろ現状分析としての世界経済論の課題』をなすものとしてよかったと思う」（『宇野著作集』七、二四四—四五頁）と。この宇野の言葉は当時の雰囲気を表していて、当時からそしてその後も多くの研究者の忖度の対象になっていた。その後宇野がどのように考えを変えていったかはわからないが、少なくとも『経済政策論』に再び改定を加える機会はなかった。いずれにしても、事態は全く逆の方向に動いた以上、段階論についての考察は世界経済論にゆだねるのではなく、この部分についても改めて行わなければならないであろう。

二　組織された資本主義または国家独占資本主義

(1)　宇野は第二次大戦の終了後まもなく書かれた論文で、資本主義の将来についてその後書かれた諸論稿とはいささか趣を異にする見解を抱いていたことが分かる。第一次大戦後の各国における資本主義の組織化という問題に着目してある種の展望を抱いていたのである。組織資本主義というのは概念自体興味を引き起こすテーマでもある。われわれが今問題にしている帝国主義段階の時期区分にも関係するところは大きい。かくしてここでは証券資本主義とか法人資本主義として語られることの多い金融資本主義の経済的展開のもたらす資本主義の組織化という問題に着目して、第一次大戦の前後におけるその問題の発生とその後の展開の歴史的経緯にあらかじめ触れておくことにしたい。

宇野は一九四六年に書かれた論文「資本主義の組織化と民主主義」(『宇野著作集』八、所収)において資本主義の組織化についてかなりの情熱をこめて、その実態とその経過および将来への展望を論じている。それは軍事独裁のナチス・ドイツへの批判であると同時に、組織資本主義を成り立たせるための前提としての民主主義の重要性を説いて、その将来の可能性を論じたものであった。その後、宇野はこの問題に再び立ち返ることはなかったが、きわめて興味ある論文であることは確かである。しかしその紹介に入る前に、「組織された資本主義」(organisierter Kapitalismus)論のそもそもの提唱者であったヒルファーディングに戻って、その問題を説明しておきたい。

さて、資本主義の組織化という問題自体は、周知のようにヒルファーディングの『金融資本論』における問題意識からきているのであるが、基本は株式会社の組織化にある。それは制度的なものであり、マルクス自身さえ株式会社が社会主義に移るべき資本の「最後の完成形態」として、その考えをいわば先取りしていた。(注13) ヒルファーディングはその『金融資本論』において、そのマルクスの株式資本についての見通しを超えて大きな新しい意義付けを与えることを図ったといっていいであろう。

（注13） マルクスはその『経済学批判要綱』（一八五七―五八年草稿）の中に残されている「資本」の構成プランの中で次のように記した。すなわち資本を、Ⅰ一般性、Ⅱ特殊性、Ⅲ個別性と三つの分けた上で、その中の「個別性」をさらに分けて、「1）信用としての資本。2）株式資本としての資本。3）金融市場としての資本、金融市場では、資本はその総体性において措定されている。そこでは資本は、価格を規定するもの、労働を雇用するもの、生産を規制するもの、一言でいえば生産源泉である」（Marx, *Grundrisse der Kritik der politischen Ökonomie* , Dietz Verlag 1953, S.186. 高木幸二郎監訳『経済学批判要綱』Ⅱ、大月書店一九五九年、一九七頁）とした。ただこれでは株式資本が最後の資本であることが分かるだけでその意味ははっきりしていない。しかし『要綱』でもそのあとになると、次のような記述が出てくる。「個別諸資本としての諸資本の相互的行動が、……一般的諸資本としてのそれらの措定となり、また個別者の外面的独立性と自立的存在との止揚となる。それだけでなくこの止揚は、信用においてもおこなわれる。そしてこの止揚のいきつく究極の形態――だがそれは同時に資本に適応したそれの形態での資本の終極的措定である――は、すなわち株式資本である」（*Ibid.S.550* 同上Ⅲ、六〇六―〇七頁）と。ここでは先の「資本」プランで資本の「特殊性」として挙げられていた資本蓄積の制約をいわば解決するという関連の中に株式資本が位置付けられていることに留意する必要があるのかもしれない。またほぼ同じ時期に書かれたエンゲルス宛の手紙の中で、「資本」プランに触れて、「株式資本、最も完成した形態（共産主義に移るための）であると同時に資本のあらゆる矛盾を具えたものとしてのそれ」（Ein Brief von Marx an Engels,*Marx=Engels Werke*,Bd.29 S.314.『マルクス＝エンゲルス全集』第二九巻、二四六頁）という表現も残している。ただいずれも叙述はそこまでなので、どういう役割をマルクスがそれに与えていたかは不明というしかない。

ヒルファーディングはその『金融資本論』の第一編「貨幣と信用」において信用論の基礎としての貨幣論から

さらに信用論を展開し、第二編「資本の動員。擬制資本」において株式会社の諸機能を分析したのち株式会社と銀行との関係について検討する。その上で第三編「金融資本と自由競争の制限」において、金融資本がいかにして成立し、いかに発展するかを説くのであるが、その前提として産業資本の自由競争が生産力の増大によって固定資本の割合が増え資本移動がさえぎられるというような事情から株式会社の企業形式を活用してその制約の解決を図ることを述べる。そしてその結果としてとりわけ重工業で株式会社による独占形成が進み、ますます巨大な企業が登場してくると企業数が減少するから、当然市場の競争は弱まることを明らかにする。産業における独占形成はカルテルやトラストなどの形でさらに進むが、他方、銀行の独占化が進めば、産業との関係も相互の利益を求めて協調を深め、長期にわたる融資や証券の発行業務などを通じて銀行の産業への支配の程度もどんどん大きくなってくる。巨大産業にファイナンス（金融）する大銀行がその会社の支配権を握る金融資本の構造はこのようにして成立してくると説明されたのであった。

その結果として導かれるのが、資本の組織化の問題である。ヒルファーディングは第三篇最後の第一五章「資本主義的諸独占の価格決定。金融資本の歴史的傾向」において、カルテル結成の絶対的限界は存在しないということから、その過程の結果として「総カルテル」（Generalkartell）が生じるという。彼の言うところを聞いておこう。長いが引用する。「全資本主義的生産が一つの決定機関によって意識的に規制され、この機関は、すべての生産部面において生産の大きさを決定する。そのときには、価格決定は、純粋に名目的なものとなり、もはや、一方におけるカルテル貴族、他方における他のすべての社会成員大衆への、総生産物の分配を意味するにすぎない。そのとき、価格は、人間が入りこんだ物的関係の結果ではなく、人による人への物の分配の、単なる計算上の仕方にすぎない。……それは、敵対的形態における意識的に規制される社会である。しかし、この敵対は分配の敵対である。分配そのものは意識的に規制されており、したがって貨幣の必然性は過ぎ去っている。金融資本は、その完成においては、それが発生した地盤から解き放たれている。貨幣の流通は不要になった。……／総カルテルの成立への傾向と、中央銀行の形成への傾向とは会合し、そして、両傾向の合一からは、金融資本の強大な集積力が成長する。……／かくして、金融資本においては、資本の特別な性格は消失する。資本は、社会の生活過程を至上的に支配する統一的な力として、生産手段、自然資源、一切の蓄積された過去の労働の所有から直接に生ずる力として、そして、所有関係から直接に生ずる生きた労働の処分力として、現われる。同時に、所有は、少数の最大の資本結合体の手中に集積され集中されて、無資本の大衆に直接に対立して、現われる。かくして、所有関係の問題は、その最も明瞭な、最も疑う余地のない、最も先鋭な表現を与えられ、他方、社会経済の組織の問題は、金融資本そのものの発展によって、ますますより良く解決されるのである」（**Das Finanzkapital**, ***Ibid.* S.349-351.** 岡崎訳『金融資本論』岩波文庫、中、一一三―一五頁）。ここにはある意味での社会主義の前提が金融資本の展開の将来に形成される可能性のあることが語られていると見ることができよう。そこには間違いなくエンゲルスの影がちらついている。(注14) ともあれ、ヒルファーディングの理論的予言は、同時に彼が『金融資本論』の第五篇「金融資本の経済政策」の最後に論じている金融資本の末路、すなわち「敵対する諸利害関係の激烈な衝突において、ついに資本貴族の独裁はプロレタリアートの独裁に一変する」（*Ibid.S.562.* 同上、下、一八三―八四頁）という現実的な予想がドイツ、イギリスを対立軸とする帝国主義諸国の衝突による世界戦争の勃発とドイツが壊滅するという結末を迎えることで、消し飛んでしまった。実際、ヒルファーディングが予想したのと違ってドイツ社会民主党が戦争協力に転じ、労働者大衆の体制順応的態度によってドイツ革命は結局成就されなかったのである。しかしその後もなおそうした金融資本主義の構造が同じ方向を向いて動いていると考えたヒルファーディングは、ロシアの革命に対抗する民主主義的な社会主義の実現を目指して改良主義的な経済民主主義を提唱して、そこに組織された資本主義の構想を継続発展させることになった。五年前に書かれた自身の『金融資本論』からつながる論理が「組織された資本主義」という概念で初めて登場してくるのはオーストリア社会民主党の理論的機関誌 *Der Kampf* (5.1915) に掲載された Arbeitsgemeinschaft der Klassen?「諸階級の労働共同体か?」という論文が最初のものといわれているが、その後も幾つかの論稿が発表されている。それはソ連およびコミンテルンなどから、マルクス＝レーニン主義に反する主張として激しく非難攻撃されたことは記憶になお生々しい。

（注14）かつて私は『反デューリング論』におけるエンゲルスの主張を批判し、「エンゲルスにあっては『社会的生産とはもともと企業内の計画された組織的分業の意味で、その組織的分業がトラストから国営企業にまで及べば、それは事実上『組織された資本主義』に限りなく近づくことになろう」（拙稿「エンゲルスの経済学と〈マルクス経済学〉」、『武蔵大学論集』四五巻三号、『経済学史研究の課題』御茶の水書房、二〇〇四年、所収、二〇九頁）と述べたことがある。さらに組織された資本主義論に「マイナスの規定的な影響を与えていると思われる」（加藤栄一「組織資本主義論と現代資本主義」、『現代資本主義と福祉国家』所収、一〇一頁）として、エンゲルスの資本主義観の欠陥を鋭く批判する加藤論文も合わせてぜひご参照いただきたい。

(2) 断っておかなければならないが、ここではヒルファーディングの組織された資本主義の主張そのものを扱うわけではない。宇野の帝国主義段階論におけるこの時期の資本主義についてどう考えたらよいかの問題を検討しなければならないのではないかという問題に関連して、宇野自身の組織された資本主義論をそこに位置づけることが可能かを検討しようというのである。それは第一次大戦後から第二次大戦にかけての資本主義の扱いについてのことである。その点では宇野の言う爛熟期の資本主義を今まで使っていた帝国主義段階ではなく金融資本主義段階という名称で論じることにしたい。宇野自身が帝国主義段階を第一次大戦で打ち切ったことに関係ある名称づけであるからだと考えるためだが、今考えればそれは帝国主義戦争の一つの帰結としてのロシア革命の勃発と社会主義国の出現を過大視したものと理解できる。しかしその後の事実の経過をみれば、宇野の論文「資本主義の組織化と民主主義」に示された関心がそうであったように、問題は金融資本という言葉に象徴される資本主義のコーポレイト・キャピタリズムへの全面的傾斜とそこから生じる問題を、帝国主義国間の戦争という国際的な問題から第一次大戦後から今日に至る福祉国家化という国内政治経済の問題に局面を移し替え、改めて資本主義の組織化という立場からその時代の特徴を検討してみたいという問題意識がその背後にあることは言うまでもない。

さて、周知のように第一次大戦が終わり、総力戦の結果として八五〇万人と言われる犠牲者と国力の喪失という未曽有の損害をヨーロッパにもたらした大戦争の後始末は当然のことながら簡単には済まなかった。戦後も政治的混乱は続き経済の回復もままならない状態が続いた。そして終戦の交渉が始まっているさなかに始まったロシア革命は、新しい社会主義国の誕生として世界に大きな衝撃を与えた。

その後はいわゆる国家独占資本主義あるいは組織された資本主義ともいわれる国家と構造化され強固に組織された株式会社産業集団とが何らかの形で結合しつつ発展するという独自の資本主義の体制の時代となる。実際、大戦を経過する中で、資本の組織性を越えるほどの経済動員が行われたとされ、そのことによって「金融資本の蓄積を支え、したがってまた資本の社会的支配力の根拠をなしていた労働力供給機構を強制的に修正し、その基盤の多くを破壊してしまった」（加藤『現代資本主義と福祉国家』一〇九頁）という現実が一方にあり、また資本の組織化が社会的生産の社会化を実現できるものでないにしても、金融資本の発展は単に銀行の支配に限られるものではなく、産業同士が関係を結び、産業全体を全面的に支配するような巨大な組織に拡大していたという現実が、他方にあったのである。つまり産業組織の役割がそこでは格段に大きくなって、そして当然国家の機能も増大していった。労働組合への権力の配分や社会保障制度の充実などの福祉国家化の動きなどは、いずれもソ連社会主義国家の出現を少なからず意識したものにならざるを得なかった。

他方、戦後の混乱からやがて「相対的安定期」を迎える頃、コミンテルンの資本主義の「全般的危機」説とそれに対する第二インターの改良主義的主張が対置されることになり、後者はヒルファーディングの組織された資本主義論によって理論武装されることになった。すでにみたようにヒルファーディングは『金融資本論』において、巨大な株式会社と巨大銀行の融合による金融資本の形成を説き、その資本の集積効果によってそれまでの資本の自由競争が止揚され、最終的に「総カルテル」の成立によって資本主義は意識的に規制されるものになるということを論じていた。これはあくまでも理論的な話で、先に述べておいたように、ヒルファーディング自身は実際には、帝国主義戦争とその帰結としてのドイツの社会主義革命を指向していたのであった。しかしそれは結局失敗に終わった。だから二〇年代のこの主張は、自らがかつて『金融資本論』の中で心に抱いていた構想への回帰とその実現への歩みとなるはずのものだった。しかしその道程は屈折したものだった。ヒルファーディング自身の考えも少しずつ変貌していった。それは最終的には労働者の運動の目標を改良主義的なものを通した社会主義的な変革に代えた。しかしそれも大恐慌とそれに続く一九三〇年代の大不況の到来によって更なる変貌を遂げる。

不況を回避するために大資本は資本主義的生産の無政府性を克服してカルテルとトラストによって経済を組織して、それを少数の金融資本の管理下に置こうとしたが失敗したとヒルファーディングは総括した。そしてその中でドイツに登場した国家社会主義とは国家権力を絶対化した独裁国家であり、反資本主義国家であると規定し、ヒルファーディング自身はゲシュタポにパリで捕らえられて牢獄で自殺に追い込まれた一九四一年まで、徹底的に反ファシズムの戦いに挺身したのである。

（3）宇野が先に挙げた論文「資本主義の組織化と民主主義」を発表したのは終戦の年の翌年のことであった。戦火の余燼がまだ消えやらぬ時期に、ナチスと日本の崩壊を目の前にして組織された資本主義について論じている。戦時下の研究動向を示唆するものといえるかもしれない。少なくとも戦時中のヒルファーディングの組織された資本主義の議論をかなり読み込んだうえでのものであることは想像できるのではないか。宇野は、三〇年代の不況期以後、資本主義諸国はそれぞれ「その国家的政策に頼らざるを得なかったのである。資本主義は、その存続のため、恐慌と失業を克復する途を発見しなければならなかった」（『宇野著作集』八、二七七頁）というところから叙述を始めている。ナチス・ドイツもその克服の道を資本主義の組織化に求めるしかなかったが、失敗した。商品経済的無政府性に対しては組織化以外に途は無いことは明らかだとしても、それが「いかなる基礎において、いかなる条件の下に行われ得るかを明らかにしなければ、ナチス・ドイツの失敗を批判することも出来ない」（同上）として、組織化の条件を明らかにしようとする。その理由は「戦後経済の復興が既にかかる組織化を伴わない限り、実現せられ得ないという国も少くない。我が国もその一つである」（同上、二七八頁）という理由も大きいであろうが、「資本主義は、民主主義的に組織化されない限り、真に組織化されるものではないのである」（同上）という信念もまた執筆の力を支えている。ヒルファーディングはナチス・ドイツに対して徹頭徹尾批判的で、ドイツが組織資本主義であること自体も認めていなかったようだが、宇野はナチスも組織された資本主義国でありながら、独裁的な組織化を行った特殊な国であると考えていた。

宇野はここでは、いわゆる株式の民主化によって「大株主の株式資本自身も会社資本の決定的要素とは言えないものになって来る。個々の工場は勿論のこと、会社企業の経営自身もいわゆる経営技術者に委任せられる傾向があらわれる。少なくともかかる大資本家にも経営技術者的性格が要求せられる。……／……／いわゆる金融資本はかくの如き株式会社制度の産業企業における一般的確立を基礎として成立するものである」（同上、二七八―七九頁）という理解に立っている。ここには宇野が戦前にすでに読んで高く評価していたバーリ＝ミーンズの『近代株式会社と私有財産』（一九三二年）の影響も見られるように思う。もちろん経営者による技術的組織といっても、資本の合理的経営手段としての技術に過ぎない。労働者が資本の支配から脱するわけではないが、「資本家の個人的なる直接的支配からは遠ざかってゆく。それは資本家の個人的支配が、金融資本としての企業家的機能に集中されるのと相応ずる現象」（同上、二八一頁）とされている。こういう資本の支配からの相対的独立性が「現在の大企業における生産力増進の一般的基礎をなす」（同上）と、宇野は強調している。

宇野は、金融資本の発展とともに生産過程の合理的組織化が進むと「個人資本家的支配から技術的組織による支配へと発展する」（同上、二八二頁）という。そしてそこに労働者が経営参加を要求する根拠があるという。そして「それは資本と労働との妥協ではない。資本家のいわゆる温情主義に頼るものでは猶更ない。いわゆる産業民主化の積極面としての近代的企業の組織化の過程に外ならないのである」（同上）と評価する。ただこの組織化は、企業の集中的組織化の程度により、あるいは産業民主化運動にも条件づけられており、さらに政治運動の援護の必要があることも、宇野は付け加えている。

繰り返し繰り返し宇野は金融資本の組織化の進展を述べ、同時にその限界を論じるのであるが、基調は産業資本の組織化の限界を国家の施策によって超えるところまで進む。もちろん「抽象的に考えれば……近代的大企業の組織化の過程は、窮極においてはあらゆる企業を統一的に組織化した一大資本家企業を想定し得られないこともないが、具体的にはかかる仮定を断じて許さないものがある」（同上、二八三頁）とする。しかしそのような究極的統一を果たす前に解決しなければならないからだとする、恐慌とか失業、植民地問題などについて、最初は社会政策をもって対応するが、当然それは本格的な解決策にはならず、結局は、大量に増えた労働者に対して国家が何らかの限度で干渉せざるを得なくなってくると宇野は言う。ただナチス・ドイツのように失業者を大幅に減少させることに成功したとしても、なお恐慌そのものを回避できず、軍需生産という不生産的な産業の拡大によって好況を維持できたにすぎないと論じ、その理由が「労働者の自主的なる組織的批判を抹殺した、社会主義という名に値しない組織化の必然的過程である。これを金融資本の自発的方策とは言えないとしても、金融資本主義的機構がなお有力に作用していたことは否定し得ない」（同上、二八五頁）と述べる。そして資本主義は完全に組織化できるものではないが、しかしだから資本主義の限度だというのではない。組織化をやり続けなければならない。それは「資本主義が金融資本を最高形態として、その矛盾を解決し得ないために必然的に崩壊するものとは言えないであろう」（同上、二八六頁）というのが宇野の見解に沿ったものである。

宇野はさらに一歩を進めてブハーリンの「国家資本主義トラスト」論に関説しつつ組織化の進展問題を論じる。宇野は三〇年代の不況期の国家主義的傾向を金融資本の自主的な活動によるものとするブハーリンに対して、そうではなくて、「寧ろ反対にその負担を他に転嫁し得なくなった失業と農業恐慌とに対して、金融資本がその無力を暴露したことに、国家資本主義的傾向の根拠があるとも考えられる」（同上）とした。宇野に言わせれば、資本主義は一種の社会体制として自己保存の手段を考えるというのである。すなわち「資本主義は金融資本による組織化の限度を越えて、更に一段高度の組織化を実現し得る形態を採らざるを得ないのである。最近の国家主義的傾向は、寧ろかくの如き資本自身の自己保存の態勢とは考えられないであろうか」（同上、二八七頁）と述べている。ブハーリンが国家と経済の組織的融合をブルジョアの権力がそのままプロレタリアに対する公然たる搾取者になるものとするその主張に対して、それでは資本主義の新たなる段階にはならない。ナチス・ドイツが「たとい欺瞞的にもせよ社会主義といわざるを得ないことは、軽視出来ない点であるが、更にまたこれを簡単に欺瞞的として片付けることが経済学的分析とも言えないのである」（同上、二八七―八八頁）と批判する宇野の理解がますます先鋭化して興味がもたれるが、問題になるのは、失業問題などを金融資本の利益、たとえば帝国主義的な犠牲において補うというような形において実現することというようなことはもはやできない。しかも労働者は金融資本には耐えがたい組織化を要求してくる。「統制経済による組織化は、金融資本の独占的なる集中による利益の生ずる余地を著しく狭くする。それかといってこれを国外経済の帝国主義的犠牲によって補うということにも、極めて根本的な難点がある。……／資本主義がその商品経済の無政府性に基く恐慌・失業現象を克服せんとすれば、そしてそれは決して完全に克服し得るものではないが、資本自らその企業的面を極度に縮少し、少なくとも国家的に高度の組織化を実現する以外に道はない。金融資本の形態を脱して、国家資本とでも言うべき形態に発展しなければならない。しかしそれは決して『国家資本主義トラスト』として、単なる金融資本の国家権力との結合によって実現せられるものではない。それと同時に対外的に帝国主義的発展にその解決の道を求めることも出来ないのである。これは資本主義が自らを保存せんとする限り、具体的に解決しなければならない課題である」（同上、二八八―八九頁）というのが、とりあえずここでの宇野の結論になる。商品経済的制約があっても、恐慌や失業を完全には防止できなくとも、「その処理にあたっては資本自らこれを負担せざるを得ない情勢に立到ったのである。この段階における組織化は、しかしまた企業内部の組織化と異って資本自身の支配を、少なくとも資本家企業に可能なる統一的支配の範囲を越えるものであって、極度の技術的性質を要請する。工場内の組織化が極めて技術的に行われながら資本家的目標を脱し得なかったのと反対に、この場合には一国の経済自身が技術的に組織されなければならない。社会主義が端的に実現しようとするものを、資本主義はその資本主義的管理を部分的にでもその主要なるものを国家に委ね、それによってでも自らの存続を維持しようというのである」（同上、二八九頁）。

そしてそこに最後に付け加えられる問題が民主主義の問題であった。つまり国家による資本の管理といった場合、国家が直接資本を所有し蓄積も行うということになれば、国家資本主義ともいえないものとなり、社会主義的な管理が行われることになる。もちろん資本の所有が資本家にあり労働者に対しても資本として機能している限り資本主義から出しているわけではない。ただ国家による資本の管理に労働者の強力な組織が監視し規制できるとすれば、これは労働者に対して極端に高圧的な組織化を行ったナチス・ドイツの失敗を越える視点になることを宇野は指摘しているといっていいであろう。宇野はナチス・ドイツでは「労働者の自主的なる組織的批判が封じられていたことが、かかる方向を許したものと考えられる」（同上、二八五頁）と述べている。

「国家による資本の管理は、もし実現されれば、経済の徹底的組織化を実現し得ないにしても、資本主義の組織化として最高の形態と言える」（同上、二九一頁）と述べた宇野は最後に次のように結論した。「資本主義は民主主義によって新たなる資本の形態を展開し得ない限り、ソヴィエットの社会主義に対しても、その存続を主張し得ないという、重大なる転機にあるのである」（同上）と。

民主的な政府によって国家が形成されているという状況の下では組織された資本主義が一定の社会的役割を演じ得るのではないかという期待がここに込められると同時に、その段階論における時代区分が、世界大戦から大不況を介して従来の帝国主義論では論じきれない問題のあることを宇野自身の口から述べられていたことに興味を抱かざるを得ないと同時に、この議論がその後全く顧みられなくなったことは、その後の宇野の世界展望が、このような修正主義的とも見誤られるような方向から正統的なマルクス＝レーニン主義へとりあえず回帰したことを意味するのかどうかについての関心も抱かざるを得ないところである。

（4） ところで、ヒルファーディングの組織された資本主義の議論を一つの資本主義の発展段階として理解できるかどうかを検討しようとする研究者が最近では現れている。宇野の見解についてはすでに示したが、それは時期的にいってきわめて興味深いものであると同時に、あの時代においてはきわめて斬新な整理であったように思う。あのあと宇野の見解の系譜は、わずかに藤井洋「国家独占資本主義としてのニューディール」（東京大学『社会科学研究』一九五二年七月、降旗節雄編宇野弘蔵・藤井洋著『現代資本主義の原型』こぶし書房、一九九七年、所収）が、宇野の指導を受けつつ同じような問題意識でアメリカのニュー・ディールについてその組織化を論じた興味深い論文に残されているが、その発表の前年の藤井の夭折もあり、その後、研究も継承されることはなかった。なお宇野の組織された資本主義に関する論文をフランスに適用し、併せて先の宇野論文が、組織化の限界を指摘していない点を批判した新田俊三の論文（「戦後フランス資本主義の組織化とその問題点」『経済学批判』第一号、一九七六年）があることもつけ加えておこう。

しかしそれとは別に、ヒルファーディングの組織された資本主義についての研究の系譜は今に続いているようだ。日本では主としてヒルファーディング研究の中で議論されてきている。優れた研究も残されている。しかし組織資本主義を資本主義の時代を画する一つの段階として見るという問題意識を持つものは、それを国家独占資本主義として把握する場合を除けば、管見の限りではあるが、あまり見当たらない。ただ比較的最近のドイツの歴史学者たちの中で社会史系統の研究者の中にかなりいるようで、日本語にも訳出されているH.A.Winkler編の*Organisierter Kapitalisms*,1974.（邦訳『組織された資本主義』一九八九年）に寄稿している研究者たちはその一部であろう。彼らは必ずしも意見が同じというわけではないが、それぞれドイツ、イタリア、フランス、イギリス、アメリカなどにおける組織資本主義について論じている。但し上記訳書ではフランス、イタリアに関する論考は省かれている。ここで一々その解説をすることはできないが、研究の方向性だけ簡単に紹介しておきたい。

基本的にはこの組織された資本主義というヒルファーディング由来の考えが今日の資本主義の分析に役立つかどうかの問題であり、この組織資本主義という概念が資本主義の一時期を表わす概念として有効かどうかという論点をめぐっての論争である。それが有効な概念になりうるという議論が一九世紀末の「大不況期」を開始時期としている点に疑問を感じるものの、それが一つの資本主義の段階を表わすものであるという議論に共感するとともに、ヒルファーディングの考えとの異同も感じざるを得なかった。とくにヒルファーディングの組織された資本主義の概念は、工業化の進展に沿っての国家の援助ではなく、危機に陥った既存の資本主義体制の安定化のための国家の干渉だというのには違和感を覚えざるを得なかった。また国家独占資本主義論との比較とそれに対する組織資本主義概念の優越を説く議論には興味を持った。個々の論文にも興味があったが、とくにイギリスにおける組織資本主義論の適用という問題には関心をもった。概して問題意識に共感するところが多かった。また加藤栄一の上掲書に対する批評「組織資本主義論と現代資本主義」(『現代資本主義と福祉国家』ミネルヴァ書房、二〇〇六年、所収)は示唆するところが多かったが、宇野の組織資本主義論に関説するところがなかったことが惜しまれる。宇野の先に述べた組織資本主義論をここに挿入すれば、それも等しく批判の対象になったかもしれないが、ここでの議論とかなりの親近性を持つことになるのが興味深い。実際、ここでは宇野が事実上その『経済政策論』での展開を終えていたはずの、そのあとの戦間期から第二次大戦後しばらくの間の資本主義の特徴的な発展の時期をとりあえず段階論の対象として考えなおしたかもしれないと想像してみたかったからである。

(5) ヒルファーディングが組織された資本主義についてその主張を明らかにしていたその時期は世界恐慌の時期と重なっていた。二九年のアメリカの株式暴落に始まるその世界恐慌はアメリカの経済に大きな打撃を与えた。その結果として出てきたのはルーズベルト大統領によるニュー・ディール政策であった。民主的国家の下で経済が組織化されていて、その経済を国家が管理するという体制は、その景気対策に見られるように、ニュー・ディール下のアメリカでかなり進んでいたように思われる。しかも国家は労働者を含め性別・人種にもおおむね制約のない民主的な普通選挙で選ばれた政府であり、その政府は社会保障法の成立に見られるようにかなり福祉国家化への政策を進めていったように思える。また企業も経営技術を武器とする経営者支配が進み、労働組合の組織化も拡大し、労務対策も慎重で、労使関係は安定化の方向にあった。

他方、国家社会主義労働者党、いわゆるナチスの支配するドイツにおいては、ヒットラーの独裁国家であり、普通選挙はなく経済的な統合と組織化は国家の支配下に置かれ、いち早く大恐慌からの脱出に成功し、疑似社会主義的政策が行われたものの、ユダヤ人迫害に見られるように人権は厳しく抑圧され、ヒットラーの独裁政治によって民主主義はなかった。それはヒットラーの党に付けられたNationalsozialistische Deutsche Arbeiterpartei（国家社会主義ドイツ労働者党、俗称Nazis）の名称からして、ソ連社会主義をいわば戯画化した組織資本主義といえたかもしれない。

大恐慌から続く大不況下のイギリスは経済的混乱からなかなか脱出できなかった。イギリスが早くから政党政治と民主的な選挙による政府を通じる統治をおこない、また資本主義経済が早くから栄えて株式会社化が遅れた国であり、しかもイギリスの金融資本なるものがイギリス産業の巨大化というよりも、海外投資を専門とする金融業者を根拠にしているということから、組織された資本主義という概念に最も遠い国であると思われるのだが、H.Medick（メディック）の論文「イギリスにおける組織資本主義の発展と前提」（前掲書、所収）によるとそうではない。彼はイギリスの社会経済の趨勢には組織された資本主義という概念がほとんど当てはまらないように思うかもしれないが、実際にはアングロ・サクソンの研究方法よりはるかに鮮やかに包括的に記述できるという。それは先に危惧したようなイギリスの特徴がむしろ今度はイギリスの後進性として組織された資本主義の生成に貢献したのだという。彼は一九一四年以前のイギリスでは株式会社の大企業は少なく、資本の集積傾向もカルテルやトラストではなく家族経営の連合した「分散型トラスト」の形をとったという。そしてドイツ、アメリカと違ってイギリスでは水平分業が主でドイツ、アメリカのように垂直分業の形態はなかったという。しかもその資本の集積が重工業ではなくて商業およびサービス業において顕著であり、また拡大が海外貿易や資本輸出に関連した銀行、保険、海運業などにおいて顕著だったというのである。かくて成熟経済は非生産的な金利生活者に依存する社会になっていたというわけだ。そしてイギリスではかつての先進国であったという事情から組織資本主義への先導者は金融資本ではなくて金利生活者だったということになる。

メディックは二〇年代以降のイギリスの変化について具体的に何も明言していないのではっきりは判らないのだが、ジョゼフ・チェンバレンの帝国主義的改革を先頭に論じている。ジョゼフ・チェンバレンの帝国関税同盟という「建設的帝国主義」の主張こそ、事実上、イギリスの従来置かれていた自由貿易体制から組織資本主義への移行の契機になったというのである。そういう中で一九二四年にはマクドナルドに率いられた労働党が初めて政権を握った。労働党内閣は当然、民主的に社会主義的政策をとるし、その実現に努力するはずである。それでも不況脱却はままならない。ポンドの維持が困難であったからであり、その維持のためのブロック化は第二次大戦の遠因となった。デフレ政策による慢性的な不況から脱却すべくケインズが登場してくるのはそのあとの話である。ちなみに、財政の赤字支出は組織された資本主義の一層の発展であると、前掲書の編集者ヴィンクラーは提唱している。先にも述べたが、イギリスでは大企業における金融資本の支配はあまり見られないが、金融関係の巨大な業界では統制的な作用がイギリスを中心に行われている。政府の産業界に対する規制もあるだろうし労働者大衆に対する福祉政策も欠かせない。ここには組織資本主義の色彩が強く出てきているといっていいかもしれない。イギリス、アメリカを独裁国家ナチス・ドイツと決定的に区別しているのは国家を選挙によって民主的に選出される政党政府が代表しているからである。

いずれにしても今や世界の動きから遅れてしまったイギリスを除けば、欧米諸国では株式会社による大企業の結合は容易に行われ、巨大な産業組織は政府と融合して、巨大な帝国主義国家を形成している。同時に、新しく登場したソ連社会主義との競争関係の中で、ある程度の社会主義的な政策をもって労働者大衆にすりよる政策を避けるわけにはゆかない。そしてそれは同時に民主化による労働者大衆に対する福祉国家政策であり、今や避けられないものである。また国家総動員体制になった世界戦争は、その兵士の動員のためにも福祉政策は不可避のものとなっていた。そして第二次世界大戦の終結後もしばらくその体制が持続した。

『二一世紀の資本』が世界のベスト・セラーになったことで有名になったピケティの分析（Piketty,T., *Le Capital au 21e siécle*, 2013. 山形浩生・守岡桜・森本正史訳『二一世紀の資本』みすず書房、二〇一四年）は、世界の主要国の経済指標を対象にした統計分析であるが、そこでも、この時期においては国民所得に占める民間資本の割合がかなり低い水準になっており、所得配分が比較的平等化の方向を向いていたことが、その時期をはさむ前後の時期との比較において示されている。この時期が明らかに資本主義の歴史の中でも特徴的な時代であったことを示す統計とも思われ、ピケティの言う大恐慌と世界大戦の影響だとする説明は、逆に見れば資本主義の組織化が比較的うまく機能していた時期で所得の格差の拡大が比較的抑えられていた時期だったのではないかという理解が成立しうることを示す数値だったのではないかと考えられるのである。（注15）

（注15）ピケティは次頁に掲げた二つの図表に見るように、一九四〇年から一九八〇年までアメリカでもヨーロッパでも所得格差の低下は歴然としていることを示した後、「クズネッツ曲線」で知られるその傾向が、クズネッツがいう、経済発展が進むと人口の中で経済成長に参加できる比率がますます高くなるので、格差は自動的に減少するという考えを退け、その原因がほとんど偶然の産物であり、大恐慌と第二次世界大戦が引き起こしたショックのためで、自動的なプロセスによるものではないと断言している。そういう部分はあるかもしれないが、その時期が組織された資本主義の時代と考えられる時期、つまり福祉国家形成の時期と重なっていたことに注意を向けるべきではないかと思ったのである。

図Ⅰ-1　米国での所得格差 1910-2010年

米国でトップ十分位の占める比率は、1910年代から1920年代には45-50%だったのが、1950年には35%以下となった（これがクズネッツの記述した格差低減だ）。その後、1970年代に35%以下になってから、2000年代や2010年代には45-50%になった。

出所と時系列データ：http://piketty.pse.ens.fr/capital21c を参照。

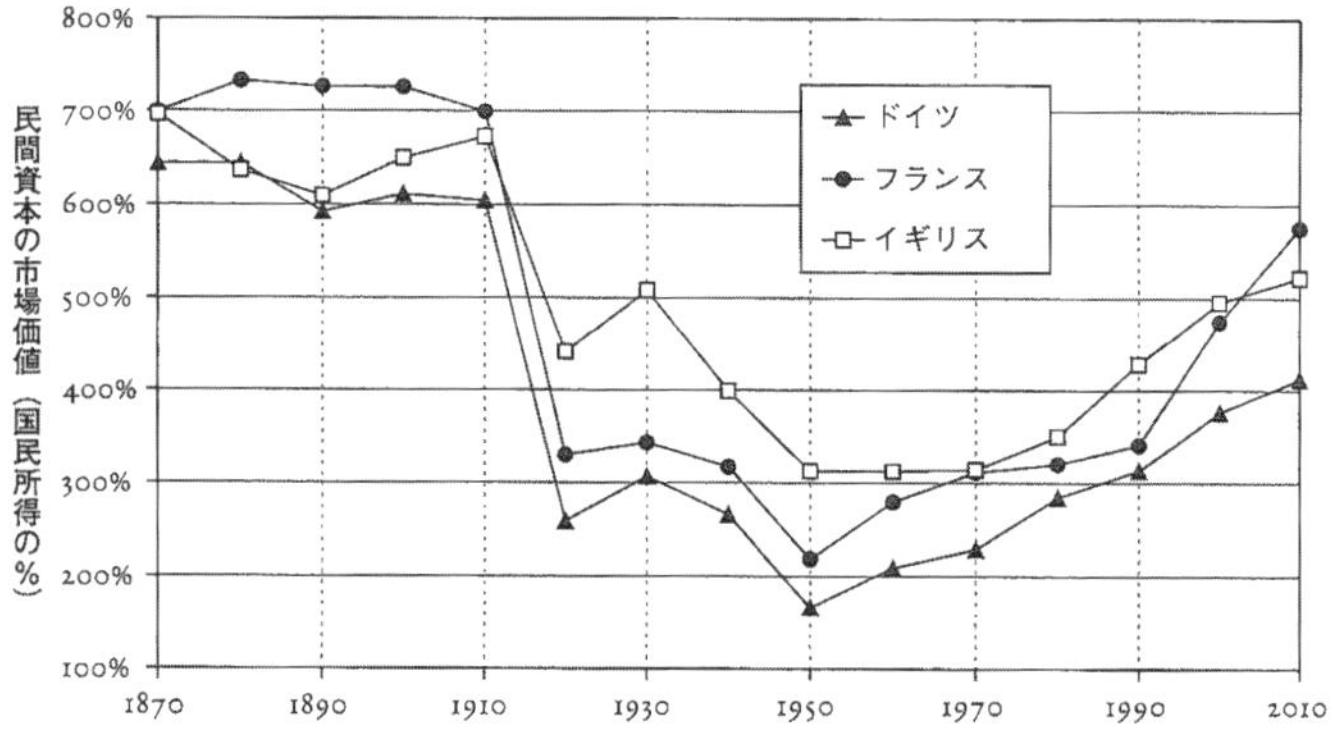

図Ⅰ-2　ヨーロッパでの資本／所得比率 1870-2010年

1910年のヨーロッパでは、民間の富の総量は国民所得6-7年分程度だったが、それが1950年には2-3年分となり、2010年には4-6年分になった。

出所と時系列データ：http://piketty.pse.ens.fr/capital21c を参照。

トマ・ピケティー著『21世紀の資本』から

興味があるのは、他方で、この時代が同時に国家独占資本主義と名付けられていたことだ。先の編著書『組織された資本主義』に掲載されていたJ.Kocka（コッカ）はその論文「組織資本主義か国家資本主義か」の中で、組織された資本主義の特徴を八項目に分けて論じた上で、その項目の大部分を共通の話題としている国家独占資本主義という概念について、ひとつは国家独占資本主義は国家を独占ないし独占グループの特殊利害に仕える支配手段としているのに対して、組織資本主義が国家を相対的な自立性をもっていることとの比較で、後者が勝ることになるとする。二つ目は、組織された資本主義は社会民主主義の目標に合うように国家による統制を利用して資本主義を斬新的に転形させてゆく可能性を定式化するものであった。これに対して国家独占資本主義は先鋭化する資本主義の矛盾とその崩壊の見通しをもった危機的なその末期的局面を考えているとし、それはナチス・ドイツの国家独占資本主義とルーズベルトのそれとの区別を極小化する過ちを犯しているとする。叙述は必ずしも明確とは言えないが、レーニンとヒルファーディングがほぼ同時に別々に提唱した概念が比較されていて興味深い。それにしても宇野が一度詳細に論じた組織資本主義についての言及をその後一切しなくなったという事実とともに、国家独占資本主義への言及もほとんどしていない事実にも興味がわく。

(6) というのも宇野段階論に対して、この国家独占資本主義という概念を積極的に組み込もうとした大内力の試みが出て来たことがあったからである。すでに見たように、宇野は両大戦間にヨーロッパで議論されていた組織された資本主義論について一家言を持っていたが、国家独占資本主義論にも通じるようなその考えは再び取り上げられて議論されることは全くなかった。そのため宇野の分析は第一次大戦後に及ぶことはなかったと考えられていたのだが、晩年、大内力の問題提起に触発されて対談などで国家独占資本主義の議論について多少触れるようになったものの、前にも説明したように、宇野は基本的に、第一次大戦後は段階論の対象ではなく、社会主義への過渡期であって、世界経済論の対象だと割り切ってしまったために、国家独占資本主義の議論に対しても積極的に議論していなかった。ただ断片ではあるが国家独占資本主義についての興味ある言葉が残っている。あまり注目されることがないので長いがここで引用しておきたい。――「段階論的規定は、商人資本・産業資本・金融資本の三つの資本の型を基準にして与えられるのであるが、いわゆる国家独占資本主義が、この資本の型にたいしてとくに新たな型を展開するものとして規定されているとは考えられない。したがって段階論的には、金融資本をもって十分に分析されるものではないかと思う。ただ第一次世界大戦後はロシア革命によるソヴィエトが出現し、第二次世界大戦後は中国その他の共産圏の拡大によって、もはやたんなる資本主義の帝国主義時代とはいえない関係を展開しているし、また政策にも、たとえば対内的にはインフレ的財政投融資が重要となり、対外的には援助政策など新しい政策がとられてきたので、これを従来の金融資本の段階論的規定にいれて考察することが困難となったために、国家独占資本主義の時代というようなことがいわれるようになったのではないかと思う。しかしもともと、段階論的規定は、現状分析にさいして、そういう機械的適用にあてられるべきものではない。それは原理論の抽象的な基本的概念をもって現状を分析する場合に、その前提をなす純粋の資本主義社会が分析の対象をなす現状とはつねに異なっているために必要とされる、いわば補助概念をなすものであって、たとえば現実の資本を原理論の資本概念におしこみえないのと同様に、段階論的概念をもって現実の資本をかたづけるわけにはゆかない。ただ原理論の基本的規定で明らかにしえない面を段階論的に歴史的な概念をもって補足的に解明されると、現状の特殊性が科学的に明らかになるというわけである。国家独占資本主義というのは、そういう点から段階論に新しい時代というよりは金融資本段階の一時期とでも考えるべきではないかと思う」(『宇野著作集』二、一八二―一八三頁)というのである。「金融資本段階の一時期」という表現が後の大内のサブ・ステージ段階説に結びつくのかどうかは分からないが、宇野のそのやや微妙な表現が気になる。先に紹介した宇野の古い論文では、組織された資本主義という概念は資本主義のある時期を示すものとしていたように考えられる。いずれにしてもここで組織された資本主義として論じている時期を多少は念頭に入れていることは明らかなのではないだろうか。ただ大内力もこの時期を国家独占資本主義としてまとまった一時期を現すものとして論じているのでこれを見ておくことにしよう。

大内の『国家独占資本主義』（一九七〇年）にその主張はほぼまとめられている。大内は現代の資本主義が帝国主義段階にあることを認めながら、古典的な帝国主義とは違っているとされる現代資本主義の位置づけを求めなければならないという問題意識で立ち向かう。大内としては帝国主義論から直ちに現状分析に入るのではなく、一般的規定である帝国主義論と現状分析との間にもう一つ「いわば理論的な橋渡しする性格を与えられているもの」大内『国家独占資本主義』一〇頁）を求めたいのであって、現代資本主義という変化した資本主義に対して「現実の分析に役立ちうる新しい武器を鍛えて」（同上、一一頁）おくことがわれわれに要請されている課題だというのである。そこには自ら「国家独占資本主義」と名付けながら相対的安定期も大恐慌も経験しないで死んだレーニンの発想したその国家独占資本主義という概念に対して、一九三〇年代以降顕著になった現代資本主義の諸特徴をあげてそれを批判的に検討しようとする意欲があるのである。第二次大戦後のグローバルな組織化、IMF、GATT、EEC、EFTA、OECDあるいは多国籍企業の形成、先進国間の相互の資本輸出等々は、実際レーニンとは関係がない。またマルクス経済学者の誰も国家独占資本主義とこれらの関係について明確に解答できていない。非マルクス経済学者も現代資本主義を総体として把握しているわけではない。それではその本質は何かということになると、いろいろ面倒な手続きがいる。というのはそれが現状分析と深くかかわっているために仮説的にならざるをえないばかりか、その仮説的な規定自身が歴史的変化の過程の中で絶えず補修されなければならないという理由からである。大内は国家独占資本主義へのアプローチとして恐慌論を俎上に載せる。そしてそれと全般的危機論との関係を重視する。その上で今度は国家独占資本主義の効果ということを問題にする。それは例えば恐慌からの回復を加速させその危機を回避するという局面に示される。そしてそれは恐慌を回避するための体制を整えることが次の局面になる。その結果として第二次大戦後、国家独占資本主義が成熟してくると大恐慌に見舞われることがなくなったと大内はいう。成長も高く維持されてきたが、それらは技術革新、社会保障の充実、完全雇用政策の実現などによるというわけだ。もちろん大内は「国家独占資本主義が、ただちに経済の高度成長と繁栄とを、固有の傾向として内包しているとは考えがたい」(同上、三七頁)としている一方で、「一定の条件がととのったばあい、それが可能であることは、われわれが現に経験しているところである」(同上)とも述べているのである。ここには先のドイツの社会史家たちの組織された資本主義への理解と国家独占資本主義に対する否定的な理解と共通するところがあることは否めないと思う。

(7) そこで次の問題はこの段階がいつ始まりいつ終わるかという疑問への回帰である。国家独占資本主義論の出発点はレーニンにあるが、どこまでを詳しく規定しているかはわからない。他方でヒルファーディングの組織資本主義論の開始はレーニンとほぼ同時代だが、こちらもその時代の終末は規定していない。先に掲げた現在の論客たちはその開始時期を一九世紀末の大不況期に置いているが、ともあれそれが第二次大戦の終結後も現代の資本主義として段階的に持続しているものと考えている点では共通といってよい。実際、資本主義の帝国主義段階なるものを、資本主義が自らの巨大な生産力を自らの生産関係では処理できないためにその矛盾を帝国主義戦争によって解決するという過程として理解することはできないだろう。つまりその戦争が資本主義の社会体制を崩壊させることに直ちにつながるものではないということだ。金融資本の矛盾が継続して存在したとしても、それは必ずしも帝国主義戦争によってしか解決できないものとするわけにはいかないであろう。現実に第二次世界大戦を経て資本主義の社会体制は継続している。帝国主義段階の前提条件の形成という点では始めの時期を一九世紀末の大不況期に置くことは理解できるが、国家独占資本主義が問題になって来るのは戦時体制においての国家の役割の増大を受けての話であって、そこでの金融資本と国家との関係をどう見るかが問題になる。そしてその中で社会福祉政策を中心とする国家による資本主義体制の維持が図られてきたのであった。宇野は金融資本の国家の支配は「果たし得るものでなく」、資本に対する労働者の有力な組織による「監視」と「控制」の下での国家の管理による組織化を最終のものとしていた。帝国主義段階の戦後への延長ということをも含めてそれを、あるいは国家独占資本主義論をそれに代えても、宇野段階論としてはどう位置付けていくかが、ここで残った最後の課題となるであろう。

三　現代資本主義と段階規定

（1）段階論は帝国主義段階で終わるというのが宇野の段階論の最終的に意味するところであった。そこでは資本主義の爛熟という言葉の中に没落の意味が隠されていたと言えるかもしれない。いずれにせよ宇野の段階論には帝国主義段階の先はなかった。しかし資本主義は社会主義が基本的に崩壊してしまった後にも、増大する危機に瀕しながらも、依然として持続し続けている。金融資本を超える新しい資本形態は出てこないのか。資本の新しい形態が出てこない限り新しい段階はないというのが宇野の一貫した考えだった。

ここでもう一度振り返って考えたいのは宇野の組織された資本主義についての理解である。ヒルファーディングの組織された資本主義論の出発点は、基本的には株式会社による組織化であった。それが巨大な独占的機構として政治的にも大きな役割を演じるものとされていた。商品経済関係に限定すれば、ある意味では原理的にも説きうるかもしれない展開であった。それに対して宇野はその上に国家という異質の存在を載せている。しかもその国家は階級支配の上部構造としての国家ではなくて民主主義的な国民の意思によって選ばれた政府でなければならないのである。ヒルファーディングも産業の独占構成体と国家との連合は当然説いたのであるが、そこでは総カルテルによる産業の組織化が強調されていて、国家権力との関係は必ずしも明確ではない。そこにどの程度の国家の自主性を求めていたのか、そこに組織資本主義の性格の把握の違いが出てくるのではないかという問題があるだろう。

上条勇によれば、「ヒルファディングにあっては、国家は金融資本による組織化を補足し、促進するものとして第一に位置づけられていた」（『ヒルファディングと現代資本主義』（一九八七年）二六三頁）ということだ。宇野の場合は、国家の役割は経済組織とは次元を異にしている。そのように金融資本の組織化の限界と国家との関係についてはなお検討されるべき問題が残っているということの確認だけはここでしておこう。

もちろん総力戦として戦われた世界大戦中の話であれば国家の役割が最大限になることは言うまでもない。ただし戦争の時期という特殊な状況でなく平時で組織された資本主義の状況を考えた場合、その国家がナチス・ドイツのように独裁国家であった場合とニュー・ディール下のアメリカ合衆国政府とを比較すればその違いは当然明らかであろう。確かに疑似社会主義を求めるというより社会保障を中軸に置いた福祉国家というものが、資本主義の展開の内にイメージされていたと考えても不思議ではない。アメリカのニュー・ディールの官僚管理国家の中に、また有名なバーリ＝ミーンズの『現代株式会社と私有財産』における経営者資本主義の理解によって実証された経営者支配の会社資本主義の中に、それは見られたであろう。実際、U・S・スティールやGMなどの巨大産業は官僚主義的に支配され組織された巨大企業であり、それらはいわゆる株式の民主化を通してまた経営の技術的役割を通じて経営者が株主に代わって実質的に経営権を握る機会を得、ルーズベルト大統領のニュー・ディールの時代から第二次世界大戦を経て戦後の六〇年代までその経営者資本主義の時代が続いて、長期にわたるアメリカ経済の繁栄をもたらしたのであった。

バーリ＝ミーンズが上掲の著書『現代株式会社と私有財産』の最後に語っているように、現代の株式会社を単にその所有者や支配者のものとするだけでなく社会全体の奉仕者とすることこそが経営者の役割だとするその見地こそ、その経済的権力をもって政治的権力と対等の地平に立つだけでなく、社会組織の支配者として国家に変わりうる可能性まで視野に入れるまでに至っていたことを示すものなのであった。それはビジネス・スクールにおける実業家の職業倫理の教育にも用いられたと伝えられているほどだ。アメリカでそうだったのだから以前からエリート支配が一般的であったヨーロッパでは上層階級出身のエリートが政治家あるいは企業者として社会経済の支配権を握っていたが、彼らも一種理想主義的な社会責任論をもって社会経済の運営を心掛けていたに違いない。日本においても、戦前は番頭による財閥経営が行われ、戦後は大会社がそれぞれ株を持ちあって配当を抑えその存在意義を低め、長期的な視野で経営を行い労働者対策にも配慮していたことを考えれば、それが組織された資本主義とは言わないまでも組織された株式会社の展開の帰結としての経営者資本主議の示した歴史的経過の一面であったことに間違いないのではないか。

実際、イギリスの労働党政府の運営の中にも、福祉国家の理想は明らかだったかもしれないし、フランスやドイツのように長い社会主義的運動の伝統のなかで、エリート支配の構造が組織された資本主義への方向性を支えていたかもしれない。しかも同時に、フランスの「人民前線」さえもが、「フランスのニュー・ディール」と名付けられたように、経済に対する国家の干渉という点で方向性さえ共有していたのである。もちろん加藤栄一が指摘しているように、ヒルファーディングはワイマール体制下で構築された労働者の「同権化」もその権力を政治に反映させることができるという認識に立っていただけだということもありうる。所詮、それは事実においては幻想にすぎなかったというのである。ナチス・ドイツが示しているように、その時は確かに幻想であっただろう。

しかし戦後の資本主義国は程度に差こそあれ、それぞれ労働組合の団結の下に企業に対する要求を国家による規制に代えて、福祉国家をある程度実現してきたのである。既に幻想に留まるものとは言えない。それは一面、ソ連社会主義へのイデオロギー的な対抗であったのかもしれない。だからこそ、そのような理解がマルクス経済学にとって、マルクス＝レーニン主義主流派の主張に反する修正主義的な発想ととられて激しく批判されたことも事実であろう。ところが組織された資本主義にみられたと同じ事実に基づいて彼らによって提唱された国家独占資本主義の主張は、資本主義の矛盾の一層の増大とその崩壊への道をたどる道程を表わすものでしかなかったのである。何れの認識を選択するかの判断は政治的なものでしかないのだろうか。ともあれそれが資本主義の一時期の特徴を示すものであったことに間違いないようだ。

(2) 第二次世界大戦が終了したのち、戦争の被害を今回も直接受けることのなかったアメリカは、戦争によって再び壊滅し疲弊したヨーロッパの経済社会をマーシャル・プランなどによって回復に導くとともに、戦後急速に政治的対立を強めた社会主義国ソ連に対抗するために、ヨーロッパ諸国や日本に加えて、アジアの国々にも経済的軍事的な援助を進めた。社会主義諸国とその盟主ソ連との厳しい対立の中ではあったが、戦後の荒廃からの復活を支えるアメリカの圧倒的な経済力は、パックス・アメリカーナの体制の下、世界的な資本主義経済の復活とその繁栄を導いた。そこではアメリカ経済の趨勢がそのまま世界に直接影響を与えるものだった。すなわちブレトンウッズ体制とそれを支えた金・ドル体制及び自由貿易体制を堅持したＧＡＴＴ体制の歴史的推移がまさにそれを現している。これは国際的な組織化の歩みでもある。

このように戦後のソ連を中心とする社会主義陣営との政治的対立の中であったが、戦後の復興を支えたアメリカは同時に自国の経済の繁栄を継続させた。当初はいわば戦前から継続する形で組織化されていた資本主義であって、戦前・戦中の大統領ルーズベルトのおこなったニュー・ディールによる経済官僚支配の構造を維持しつつ、株式の公開、分散化による経営者支配に基づく組織された資本主義の性格をもつものだった。しかもその中心産業である重化学工業はその巨大な生産力が圧倒的な成長力を誇っていた。労働者保護の法律は整備され雇用は増大し、大量生産、大量消費は労働生産性の向上に基づく賃金の上昇と共に、中産階級の繁栄をもたらした。住宅、自動車、クーラー、テレビなど、その象徴であった。しかしやがて西ドイツ、日本などの経済力の回復とともにその競争力は低下し、その優位性も衰えてくる。金・ドル体制の維持も困難になってくる。ケネディ、ジョンソン大統領まで続いたこのゆるやかなリベラル体制もやがて終焉を迎え、ベトナム戦争の終結を経て、一九七一年八月のニクソン・ショックによる金・ドル体制の崩壊と変動相場制への移行、その後の二度にわたる石油ショックの対応に追われる中で、アメリカはケインズ政策の失敗からインフレに見舞われ、同時に起こった失業者の増大から、いわゆるスタグフレーションの到来を招くことになる。他方、かねてからインフレに厳しい態度をとり続けていたＦＲＢ（アメリカ連邦準備制度理事会）は厳格なインフレ抑制政策を続け、巨額の財政赤字と同じく巨額の経常収支赤字といういわゆる「双子の赤字」を生み出しながら、ケインズ政策から新自由主義へと政策を変更するレーガノミックスからクリントン政権に至る財政政策の金融政策への景気対策の転換の中で、インフレを収束させるのに成功するのである。石崎昭彦（『アメリカ新金融資本主義の成立と危機』二〇一四年）が詳しく述べているように、レーガノミックスは一面でＦＲＢのインフレ抑制政策を支持しながら、規制緩和と大幅な減税政策によって経済の活性化をはかり景気を拡大したが、「双子の赤字」をもたらした。しかしアメリカはドル高と高金利の中でもリストラや賃金の抑制、あるいは情報技術の利用などによる技術革新と経営の合理化につとめ、その過程で資本主義の性格も投資主導型に改めていく。これは民主党のクリントンにまで受け継がれて、その時代に「双子の赤字」も克服されるに至る。

レーガノミックスを政策として実行していく過程で中心となったのは規制緩和で、これはイギリス、日本をはじめ各国に波及した。規制緩和は資本主義の組織化の逆転の動きである。産業の統合、とりわけ国家企業による不効率をむしろ自由な資本の動きによって解消させ、企業の活性化を取り戻そうとする動きであった。

そして一方、金融の自由化の一段の進展とともに資本主義経済のグローバリゼーションが進むと、同時に、アメリカの消費も進み輸入が増え、それによってアメリカの財政赤字が増大し、国際収支の貿易収支は悪化する。他方、金融の自由化の動きがアメリカから拡大して世界に広まると、アメリカ金融市場に対する各国の直接投資がアメリカの財政赤字を上回る勢いで増加を見せ、同時に流入外資に基礎づけられたアメリカの対外投資の増大が生じた。完全に自由化された環境の下で、豊富な資金を背景に、国際的な企業の買収などが進み、効率化をめぐる企業間の競争も激しくなった。その間、経営効率の向上のために、従来の労使関係の中での雇用慣行や企業内の事業慣行なども改められ、二〇世紀末あたりから急速に発達を見た新しい情報技術なども積極的に採用されて、企業効率の向上に役立てられるようになった。事情は大いに変化したのである。

それらの動きはそれまでの体制の変化を告げる前触れであったといえるのかもしれない。実際、従来のアメリカの企業体制にはやがて大きな変貌の時期を迎えることになる。それを決定づけたのはすでに進行していた「変動相場」制による通貨の膨張であり、過剰流動性の放置であり、その上に築かれた金融政策への依存である。ケインズ主義を放棄して金融政策主導型に切り替えたことから金融市場のメカニズムによって経済が大きく動かされるようになったのである。これはアメリカの金融の自由化政策によって世界的にも促進されたが、さらにその動きに乗じたのが二〇世紀末のソヴィエト社会主義の崩壊とそれに続く東ヨーロッパ社会主義諸国の体制崩壊と急速な資本主義体制への転換であり、世界市場への参加であった。これは社会主義の敗北であり資本主義の勝利とされた。そしてそれにさらに追い打ちをかけたのは、中国の世界市場へのさらなる参入であった。文化大革命以後、ようやく改革開放路線を歩み始めた中国が天安門事件を契機にしてその歩みをとどめて再び低成長に転じた後、一九九二年の鄧小平による「南巡講話」を契機にして再開された改革開放路線の強化は世界の資本主義の最後の巨大な扉が開かれたことを示すものであった。アメリカを中心にして先進諸国の膨大な資本と先進技術が中国に投下され、やがて中国の年率一〇％を超える高度成長が開始されることで、アジアに爆発的な成長ブームが押し寄せることになった。中国は日本を抜いて世界第二の国内総生産（ＧＤＰ）を誇る国になり、世界は曲りなりにも完全に一つの市場に統一されることになった。いわゆるグローバル時代の到来である。ここにいわゆるグローバル資本主義の発展の本格的な根拠が形成され、いまや「世界の工場」と化した中国経済の帰趨が世界を動かしていくのではないかという予感が実感に変わると同時に、内的矛盾を内包する資本主義の枠組みをなすさまざまな国際制度の不安定性がさらに複雑さを増してくるのであった。

（3）このような事態は旧来のいわゆる金融資本の段階規定ではもはや捉えられない新たな様相と特徴を生み出していると見られている。金融資本主義（帝国主義）段階は終わったのだ。アメリカがその典型的な変化を示しているように、経営者資本主義の時代はすでに終わり、「会社主義」としてある意味で社会を束ねていた大企業の存在は、アメリカはもとよりヨーロッパでも日本でも姿を消しつつある。戦中から継続していた組織された資本主義はここにきて、その様相を大きく変えてしまった。ピケティの統計分析が示していたように、所得配分が再び変化して以前のような形に戻ったのである。資本は再び利潤追求に奔走するようになった。最近のアメリカや中国やソ連などに見られる極端な所得格差の増加はそのことを劇的に物語っているといってよい。Costas Lapavitsas（コスタス・ラパヴィツァス）は、自身 financialized capitalism と呼ぶ資本主義のこのような最近の変化が、一九七〇年代から世界中で進展した歴史的過程の結果として登場してきたと述べ、その特徴を、ＧＤＰ成長率の低下、生産性上昇率の低下、不平等の拡大などに整理し、資本主義の大きな段階的な変化として捉えている。ラパヴィツァスは信用論の分析から現在の金融化を理論的に導き出そうとしているが、問題は客観的な経済状況の変化であり、その現象の把握こそとりあえず重要である。ラパヴィツァスに限らず多くの研究者がこの金融事情の変化に注目しており、その多くが表面的な現象の叙述にとどまっているとはいえ、それらの現象を一括して捉える概念として、新金融資本主義、あるいは金融化資本主義というような名称で議論の対象とすることが世界的に拡大しつつある。

そこには金融経済環境に大きな変化が生じたことが、例えば前出の石崎昭彦によっても明らかにされている。石崎は、一九八〇年代から九〇年代にかけてのアメリカの年金制度の改革、特に従来の確定供給年金プランが確定拠出年金プランに変わったことによって、個人投資家が金融資産市場に大量に参入するようになったことによる退職金年金ファンドの市場における急速な拡大に注目しているが、これを先進国の高齢化現象と重ね合わせて考えると、株式市場における機関投資家の新しい動きを理解できることになる。これは極めて大きな社会現象のもたらす経済的社会的な変化とみることができる。Peyrelevade（ペイルルヴァッド）もその *Le capitalisme total*, 2005（林昌宏訳『世界を壊す金融資本主義』二〇〇七年）の中で、先進国における高齢化が株主の権力を強化させた重要な原因となっていることを明らかにしている。高齢化は確かに各国の年金制度を困難に陥れている。確定拠出型の年金制度の下では、ペイルルヴァットの言うように金融資産の利回りだけが関心の中心となり、相互扶助の概念は消え、個人も儲けたいという強い意欲が台頭して、金融資産市場に依存することも正当化されるのである。かくて機関投資家は企業経営に口を出して株主総会での議決権を行使してでも資産運用の効率化を図らざるを得ないのである。

各種金融機関から公的年金基金あるいはヘッジ・ファンドに至るまでさまざまなファンドの出現にも見られる

ように、企業との仲介機能はもとより、ただ資金の運用にのみ専念する機関投資家は、金融資産の利益のために企業資本の支配を目指して資本を動かし、企業利潤の極大化を促しながら、また市場の内外におけるその売買で莫大な利益を得ることに専念するようになってくる。もちろんファンドの委託者は利益を得るが、リスクも負担する。しかしファンドの運用者はリスクの負担なしに法外な手数料を取るだけである。銀行も、以前のように預金者と企業を繋ぐ仲介者としての間接金融の担当者から、市場でリスクを取りながら投機活動に関わることになってきたのである。実際、最近流行の「コーポレイト・ガヴァナンス」なる言葉は、まさに株主の利益を尊重するという基本理念を表示するものであり、株主の利益を最大限追求するはずの経営最高責任者および執行役員の行動実績を監視監督する非執行役員の設置がその主要な特徴となっている。金融資本が産業を支配するという構図が無くなったわけではないが、企業が得る産業利潤よりも過剰に持つその金融資産のあげる利益の比重が次第に大きくなってくれば、企業の長期的計画は放棄され、またリスクを分散するという考えは捨て去られ、正常な金融活動と危険な投機を区別するために設けられた様々な規制は排除され、ただ市場で投機的に利益を得ることが今や企業金融の中心課題になってくる。こういう資本が支配的であるとは言えないまでも、さまざまな規制を解除されたそのような金融機関業態や各種ファンドがその影響力を大きくしていることは確かであろう。実際、現在の日本の上場企業の手元資金も、それは総資産の一〇%を超えて確実に増えつつある。企業の金融利益は格別の増大を示しており、資産の擬制資本化は株式資本以外に土地、家屋はもちろんあらゆる債権に及んでいる。それまでの金融資本あるいは証券資本主義の段階と区別して投資家主導による新金融資本主義という言葉さえも出てきているほどである。(注16) ヨーロッパや日本の銀行は明らかにいわゆるアングロ・サクソン型に修正を迫られているといってよいであろう。事態ははっきりしぼられてきたわけではないが、それによって資本主義の新しい段階が、確かに予想されるようになってきたことも事実といえるかもしれない。呼び名はまだはっきりしているわけではないが、共通に性格づけられた資本は確かに動いている。それをもって何らかの形で新しい資本概念として定着させることができるかどうか、ということが当面の課題となる。宇野流に言えば新しい資本概念が現れれば新しい段階規定の登場もありうるからである。ただここではその可能性に触れるだけにとどめよう。

（注16）「この二〇年間にアメリカ経済は大きく変貌した。規制された資本主義は自由市場資本主義に、経営者資本主義は投資家重視の新金融資本主義に転換した。企業はリストラクチャリング（事業再構築運動）を進め、企業経営の効率化を推進した。金融投資業界主導で産業界においては合併・買収運動が活発化し、業績不振の伝統的企業を買収して事業の効率化が進められた。株式市場は新興のジャンク債市場と協力して合併・買収を支援した。伝統的企業の経営者は買収の脅威から事業を守るために生産性と収益性の向上に努めることを迫られた。情報技術革新が急速に進展し、高性能化する情報技術は企業経営の効率化、生産性の改善、競争力強化の手段として重要な役割を果たした」（石崎昭彦『アメリカ新金融資本主義の成立と危機』岩波書店、二〇一四年、二五九頁

もちろん先のことは判らない。ただこの程度のことは言えるのではないだろうか。

二〇世紀も終わり二一世紀に入ってもうすでに二〇年近く経っている。ソ連社会主義を中心とする社会主義経済圏の解体により、資本主義のグローバル化が進んで東アジアや東南アジアが拠点になって急速に資本主義が拡大を見せるようになってくると、その影響もあって先進諸国が逆に発展に制約がかかってきて、内外の市場の狭隘化に伴い、これまで以上に金融市場での動きが活発になり、そこでは株式の売買にとどまらずあらゆる債権が商品化されて販売され、大きな利得を得られるようになると、金融市場の役割はかなり変化した。そして投資銀行の発達したアメリカやイギリスではとりわけ金融業が活発になった。

先進諸国では新興国の中国などの台頭もあって二〇世紀の最後の頃から先進国の製造業が衰退して、金融業の役割を増大させる試みが進んでいたが、最近ではリーマン・ショックの原因となったサブプライム・ローンの債

権による劣悪な証券化商品の組成で顕著に示されたように、金融市場が産業資本という生産の実体に関わって産業資本の活動を支え援助するという本来的な信用機構であることよりも、自動車ローンや住宅ローンのような金融取引において、その担保証券のようなものを再証券化して販売して利益を稼ぐというような状況が目立ってきていた。先に挙げたCostas Lapavitasas の話題作 *Profiting without Producing* 2013.（念の為断っておくが、コスタス・ラパヴィツァスのこの本は斉藤美彦によって最近翻訳され、その邦訳名は『金融化資本主義』（二〇一八年）とされている）という本の表題がいみじくも示しているように、本来生産の拡大のための投資に使われるはずの資金が、今や「モノも作らずに儲ける」ために使われるようになっている。これは原理論的には「資本の商品化」からの派生問題だとしても、現実には単なる株式証券の売買を越えた投機的な大量の証券資本の売買であり、さらにはそれによる企業の支配権そのものの売買にさえなっている。M＆Aの横行する現代の先進諸国における金融市場の特徴にもなっている。利益を得る可能性があれば何でも擬制資本化され売買されるのが今日の現実である。金融の自由化・国際化が進み、それによって金融緩和が進んでいるという条件の下、資本がその利用を求めて、世界的な不安定な投機活動を蔓延させているといっていいし、そのことが絶えざるバブル発生とその崩壊の危機をはらませることにもなるのである。

アメリカのかつての中心産業であった製造業の衰退から始まる金融主導型の資本主義への転換に伴うニュー・ヨークの金融市場の変化は、一九八〇年代からすでに始まっていると言われるが、それは世界の企業のドル資金の資本調達の場であるよりは資本取引による売買利益を求める場に変貌を遂げてきたことを示すものであった。それは言ってみれば、先進諸国がこうむった投資の場の縮小という危機において、その危機までも収益の材料にせざるを得ないという顚倒現象さえ含むものであり、そこには現代を象徴するかのような資本の特徴的な動きがみられる。世界で発行された株式の過半を握ると言われるアメリカが、富裕化を進行させる舞台であり、広く現代の話題になっている収入の格差拡大を徹底させている温床であり、また同時に危機発生の火種にもなりうる存在であることは言うまでもないだろう。

もちろんそのことは現在でも産業資本的な活動が資本の主役であることを否定するものではない。また商業的活動が国際的にも大きいことも確かであろう。といっても生産の拠点を先進諸国を離れて中国や東南アジアに移し、今や「世界の工場」と化した中国をはじめマレーシア、タイ、ヴェトナム、インドネシア、インドなどにその生産の拠点が広がっていることを考えれば、その変化には著しいものがあることが分かる。問題はそのような変化に対応して、新しい金融資本の投機資本化とでもいうしかないような動きが先進諸国の間で進行していることだ。それがやがてより大きな潮流となっていくことの可能性は無視できないのではないか。他方で、高齢化が著しい先進諸国において年金の支払いが困難になり、多くの国が財政的な、またそれにかかわる政治的危機に直面しているとき、膨大な資金をもつ年金基金がその厳しい運用で世界の金融市場を駆け巡りさまざまな問題を引き起こしていることも忘れてはならない事情である。まさに福祉国家の存立の危機に対応する問題でもある。

実際、それらの金融の新しい動きは既存の金融資産の組み換えであったり、新しい生産の拡大をよびおこすようなものでないだけに、資本主義の新たな発展というよりは、資本主義の裏側に咲くあだ花のようなものでしかないように思われるのであるが、他方でそれは、資本が自らの中に価値増殖の根拠を失ってしまうところまで来てしまったことの現れではないのかという危惧すら感じられる。それはG―W―G'の資本形式に則りはするが、商品経済の発展には何の役割も演じない資本の運動でしかない。(注17)

(注17)「現代の金融資本段階の第四次段階の金融、特に米国型の金融は、製造業という実体的な経済の発展・成長を促進する金融という役割は一応受け持っていながら、先進資本主義諸国の製造業の低成長、低利潤を補うための財

務活動を補助するという役割が重要になっている。すなわち、産業金融の外側で実体的な産業以外の、たとえば住宅ローンや自動車ローンのような消費者金融とか、諸外国の財政に対する金融といった様々な金融的経済取引が証券化、再証券化され、それらの証券を投機的に、したがって短期的に売買して資本蓄積を行う投機的性格がより強い金融資本が跳梁・跋扈し、金融経済がいわば賭博場化している。……／実体的な資産に対する請求権でしかない証券を再証券化したものに投資する資本は、とりわけ不確実な回収予想に立脚して行動している点で投機性が極めて大きい。証券投資資本は一般的に先物取引を行うので、投機性はさらに大きくなる。この現代の金融資本は、その短期的・投機的金融的蓄積行動の結果つくり出した危機的状況をさらにまたその収益源にする。しかも、このように肥大化した投機性を持つ米国型金融資本が、世界経済における支配的資本として行動しているのが現代なのである」（山口重克「マルクス恐慌理論の全体像と今日的有効性」、『季刊　経済理論』五一巻三号、二〇一四年、五二頁）。

逆にいえば資本商品の売買で莫大な利得を得るこのようなさまざまな機関投資家の活動こそ、現代の資本主義の特徴かもしれないと考えることもできる。それは資本を各国に自由に移動させながら様々な金融の技術を駆使して稼ぎまくる現代の特徴的な形態とは言えないだろうか。それはアメリカやイギリスなどでとくに顕著に見られる現象だとしても、いまではすでにヨーロッパはもちろん日本や中国でさえも見られる一般的な現象である。それは単に年金ファンドやヘッジ・ファンドの派手な活躍ぶりに留まるものではない。銀行などのいわゆる金融機関だけでなく一般の製造業、商社などの企業そのものが投資によって獲得される利益と同じようにさまざまな金融取引によって利益を得ているのであり、それはさらに家計における金融資産の形成・運用への参与にまで及んでいるのである。そうだとするとそこから得られる展望はどういうものとなるのだろうか。宇野段階論の次の展開をも予想させるものになるのだろうか。

結　語

（1）いままで第一部、第二部、第三部として、宇野経済学方法論についてその特徴なり問題点など検討してきたのであるが、最後にそれを簡単にまとめておこう。

第一部では、宇野の原理論と段階論と現状分析に分けて経済の具体的な分析を行うという経済学方法論が生み出された歴史的背景とその契機について詳述した。『資本論』のような資本主義経済の一般的な理論を国家に囲繞された資本主義の理論として原理的規定とは別次元で捉え直し、その歴史的変化を段階的に把握するという段階論を基軸とするその方法論の提示は、マルクス経済学の利用という観点からその役割を高める重要な学問的貢献を果たすものであることを明らかにした。それは近代経済学の歴史においてケインズがマクロ経済学の形成に果たした役割にも似た、マルクス経済学にとっての大きな転機をなすものであったと考えられる。しかもそれは資本主義経済の歴史的過程を連続的な発展過程として見るのではなく、また三つの段階に分ける仕方も、単に一般的に歴史を時代として区切るだけではなく、資本主義の歴史的な発展過程を支配的な資本形態を軸にして段階的に区切ってその特徴を世界的な資本主義の動きとして明らかにする手がかりとするというものであって、きわめてユニークな発想といってよい。ただその構想は一種の簡単な歴史的な類型論によって示されたものであり、戦前すでに出来上がっていたその構想は、その後とくに推敲、増補、拡張される機会もなく、そのまま戦後に引き継がれたという事情もあって、必ずしも完成されたものとはいえず、いろいろな点で問題が指摘されていた。

もちろん、だからといってそれに代わる代案が示されない限りではそれらの批判にも限界があると考えざるを得ない。したがってその宇野の構想を引き継ぎ不十分なところを改め、その意図を生かしてさらに議論を先に押し進めたいというのが一貫した本論の趣旨となっている。

第二部では、以上の趣旨に基づいて、宇野の経済学の方法論に関係するさまざまな問題点をとりあげてそれを紹介するとともに、併せてそれらの問題に対する対処の方法についても考察を加えてきた。しかしそれらが必ずしも十分な解決をもたらしたともいえない。かえって新しい問題を引き起こしたきらいもある。見られたように宇野独自の方法として評価されてきた部分にも、考究すべき多くの疑念が残されていることが明らかになったのである。宇野方法論の範囲でできるだけ多くの問題をとりあげてみたが、なお多く論じきれなかった問題が残っていることも自覚している。それはなお今後に関わる課題である。

(2) 第三部では、第一部、第二部の議論を踏まえて、その中で重要と考えられる問題に限って考えを述べてみた。第二部で論じられたテーマと共通のものが出てくる場合があるが、あとで出てくる場合には必ず新しい要因を加えて議論が深まっているので同じことの単純な繰り返しにはなっていないはずだ。

一つは宇野経済学方法論の要諦をなす資本主義の純粋化傾向をめぐる話である。宇野が資本主義経済社会の純粋化傾向について語るようになったのは、必ずしも段階論の形成時期とは直接関係のない戦後のことであったが、宇野が自分の思考の「エッセンス」と呼ぶほど大事にした核心的な考え方になった。それは資本主義が発展すればするほど資本主義的経済社会が純化するという歴史的傾向があるとするもので、すでにみたようにマルクスの『資本論』におけるいくつかの叙述をその典拠にしていた。しかし商品経済の純化傾向というものは確かに認められるといってよいが、資本主義経済ということになると生産過程が含まれている産業資本の成立を前提せざるを得ないので、生産力を含めたその純化の歴史的傾向ということ、あるいは純粋資本主義経済への収斂傾向というものは考えにくい。マルクスの場合は資本主義経済がその形を大きく変えることなく発展していくものとして比較的に短期で問題を考えていたようだ。

ともあれその純化傾向の理解についてはいろいろな疑義が出ている。例えばその純化傾向がみられる時期について、宇野は少しずつ違うことを述べている。はじめは一九世紀の中葉の時期のイギリスを対象とし、後には一六、七世紀のイギリス経済から始まると修正した。なぜかというと一六世紀後半にはイギリスでは問屋制的支配の形で資本主義的生産が未熟な形であっても始まっていたというかねてからの宇野段階論における重商主義段階の理解との関連からそうなってくるのである。他方で宇野は、産業資本形式は商人資本形式などからは絶対に出てこないと強調する。そこには労働力商品の創出という歴史的過程が前提になっているということが根拠になっていた。しかし宇野が前提している労働力の創出と言えば一八世紀末のいわゆる第二次エンクロージャが頭に浮かぶが、一六世紀にすでに産業資本が未熟ながらも出現しているということになると、その説明と矛盾して来る。その際、小生産者に雇われている労働者はどこから来ているのか。おそらくすでに部分的に現れていたエンクロージャによって追い出された農民が無産民として農村に滞留していたものと考えられるが、それはまだ広く一般的に創出されたプロレタリアートとは言えまい。またその時代に疑似的とはいえ産業資本が生まれたのだとすると、そこには商人資本の活動を根幹にする重商主義段階という規定をどうするのかという根本的な問題もでてくるが、一六世紀のイギリスの毛織物工業の発達がその後のイギリスの資本主義の本格的な成立につながっているわけでないので、その点でも宇野の論旨には疑念が出てくる。

しかも宇野は資本主義の原理の形成において資本主義の純化傾向の中にその論理の展開の方法自身が与えられると繰り返し述べているのであるが、それは抽象的表現にとどまり、そのことについての具体的な説明と考えられる箇所では古典経済学からマルクスの『資本論』に至る経済学史の展開が事実上あてられているのであって、必ずしも納得できるものではない。さらに純粋化傾向の至らない所は人間の「思惟」によってその傾向を延長して完結させたところで理論形成を行うということを宇野は言っているが、それでは宇野が目指した歴史の客観性の担保が主体と客体との逆転によって完全に失われてしまうということにも宇野は留意している様子はない。

そこから資本主義の純化傾向をもとに原理論を形成するという考えをやめて、実際に歴史的に行われてきた商品経済の客観的な展開を商品経済の自己組織性として理解し、その完結した形で商品経済の形態的な原理体系としてそれを把握すれば、とりあえず十分ではないかという考えを提示しておいた。要するに宇野がその『経済原論』の中での「流通論」の方法を新しく『経済原論』全体の方法として拡張するということで、宇野の言う歴史的な前提はとくに考慮する必要はないということである。

(3) もう一つの問題は宇野の言う帝国主義段階についてである。その付けられた名称からも想像できるように、これは一九世紀のドイツに特徴的に見られた巨大産業と大銀行との癒着による金融資本の成立を根拠に、先進イギリスの資本輸出と植民地支配に対する後進ドイツの進出・抗争とその経済戦争がやがて本格的な戦争に発展するというヒルファーディングやレーニンの予測に基づいた第一次世界大戦の勃発までの過程をその段階の特徴としたもので、宇野がはっきり言っているように、この段階規定は第一次大戦で終わるというものだった。その次の考察対象は資本主義国のほかにロシア革命を経て新しく発足したソ連を含めた世界経済だというのが宇野の密かなる予測であったのかもしれないし、時期が時期だっただけに、戦前の東北大学での経済政策論における「帝国主義段階」の講義内容では判らないにしても、少なくとも戦後、刊行された『経済政策論』の「序文」やその改訂版の「補遺」などに現れている文章は明らかに宇野の期待を伝えているといってよい。

ところが、第三部で明らかにしたように、第一次大戦と第二次大戦との間の部分を埋めるかのような内容の文章が実は戦後に発表されていたのである。それは「戦間期」における「組織された資本主義」の現実についての宇野の肯定的評価の論文といっていいものであって、しかもそこで論じられたことはその後二度と宇野の論文には現れない内容のものであった。

その論文はすでに紹介したように、第二次世界大戦を回顧して、ナチスの失敗と他方連合国側での組織された資本主義の持つ積極的役割を論じるのであるが、ナチスとアメリカのニュー・ディール下の経済の運用が組織された資本主義という共通の特徴をもちながらも大きな違いが出てきたのは、その国の政治が民主的に行われたかどうかにかかるとして、労働者の発言力の拡大とその主導権をもって組織された資本主義が資本主義としての限界をもちつつも、それが一定の成果を挙げうるものであることを将来への更なる期待と共に評価しているように見える。

組織された資本主義はしばしば「国家独占資本主義」の別名であるといわれているが、実際、その両者は同じ事態を裏表から逆にみているともいえるのであって、その事態を肯定的にみているか、否定的にみているかの違いでしかないようにも考えられる。それは一方で組織的巨大独占資本に対する国家管理の圧力の下での経営者資本主義あるいは社会福祉政策の重視という点で会社資本主義として金融資本主義の時代的性格を示していることになるかも知れないし、他方では、そこに資本による労働者の搾取の巧妙化と資本主義の危機の到来を強調しようとしているのかもしれない。大内力が「国家独占資本主義」と言いながらそこに見ているのが現代資本主義と名付けられた組織された資本主義の一面であるように見えるのと同じである。しかもその時代に見られた傾向は、戦時中の極端な軍事体制の時代よりもむしろ、第二次大戦以後その特徴をはっきりさせるかたちでしばらく継続して経過していたように見える。社会主義体制との比較という視点で裏側から眺めた加藤栄一が、社会主義が実現した以上の福祉を実現したとして新しく資本主義の社会福祉実現の段階とみて評価した時代とも重なっている。

宇野は戦時中はもちろん戦後についても、それがもはや段階論の問題でなくて社会主義国をも含む世界経済の問題だとしたが、それはすでに明らかなように早まった結論であった。しかしだからと言って金融資本の段階を第一次大戦終了時までではなく、大戦間を経て第二次大戦後までもしばらく延長するという考えを宇野が採ったかどうかは疑問である。少なくとも宇野は先に述べた以外のことは一切発言していないのである。いずれにしても宇野の期待と違って事実において社会主義は崩壊し、いわゆるグローバリゼーションによって世界は不完全ながらも一つの市場に統合される動きを現しており、そこにどういう変化を考えるかは宇野の問題ではなく、宇野段階論を引き継ぐべき我々の仕事だと言わなくてはならないだろう。

(4) 宇野はかつて次のように述べたことがある。「段階論は案外に多くの諸君から十分には評価されないでどうも自分としては残念に思っているわけだ」(『資本論五十年』上、四六四頁)と。これは明らかに不満の言葉である。宇野自身は『経済政策論』の方は戦前に出来上がっていたうえに、そのあと大学から追放されていたこともあり研究が中断せざるを得なかったので、「むしろ欠陥を残していることと思っている。そしてこれはこれからやる人々によってより完全なものにして貫いたいと思っている」(同上)と述べているのである。ここには明らかに果たされるべき仕事が残っているということである。

少なくとも、第一次大戦後から今日に至る資本主義の段階論的な位置付けについてまず追加的な考察が必要であろう。いわゆる国家独占資本主義あるいは組織された資本主義と呼ばれる時代である。そしてさらにその後の経済の変化を勘案し、それが新しい段階に当るかどうかの検討が残る課題になるであろう。グローバル化によって従来の段階論が無意味になることがあるとは思えない。それはそれで依然、資本主義国の特徴を示す有力な指標になるであろう。

先にもその名を挙げたCostas Lapavitsas（ラパヴィツァス）はその著*Profiting without Producing*（斉藤美彦訳『金融化資本主義』二〇一八年）の邦訳刊行にあたり、寄せた「日本語版への序文」の中で、次のように述べている。「マルクス派の政治経済学の伝統に従うならば、金融化（financialization）は、資本主義の歴史的発展段階のひとつの期間であるとみなすことができる。日本のマルクス派、特に宇野学派はこの点で重要な貢献を行うことが可能である。古典的宇野学派による資本主義を三つに分けて分析するという手法は、これと非常に調和的である。すなわち、分析の第一段階としては『純粋』資本主義の抽象的な理論を配慮し、第二段階として、歴史的な発展を取り込んだ資本主義の発展段階を配置し、そして、第三段階として特定の国および地域の具体的な現状分析を配置するという手法である。金融化は、明らかに第二段階の現象であり、そうしたアプローチによるべきである」（上記訳本、iv頁）と。ここには生産の業態なしにただ利潤だけを追求する資本による「金融化」現象がまさに現代の資本主義の特徴とされており、それが資本主義の新しい段階を画するものではないかという問題提起がある。われわれもすでに本書の第三部でその可能性について指摘した。もしそれがあり得るとしたらそれは宇野段階論にとっては第四番目の段階となる。宇野が暗黙に想定していた資本主義の生成・発展・没落のイメージはそこではすでに消えている。ただそれは同じ宇野段階論をもとに展開されたアルブリトンの著作（Robert Albritton, *A Japanese Approach to Stages of Capitalist Development*, 1991. 永谷清監訳『資本主義発展の段階論』一九九五年）に見られるように、第四段階として「コンシュマリズム段階」を新たに設定し、この段階の「典型的な資本形態」として「多国籍企業」を挙げ、国際的に展開する自動車産業をもってその段階の特徴的な産業としたのとは違って、宇野の言う新しい段階における支配的資本の形態を「金融化資本」として問題にしようとしている限りで、それがたとえ宇野段階論の理解には十分には及んでいなかったとしても、宇野段階論に対する親近性があることは確かであろう。ともあれ外国の研究者たちが大胆に偏見なしに宇野理論に対して積極的に提言していることは高く評価したいと思う半面、われわれの努力の少なさを憂える次第である。

いずれにしても最近の資本主義の新しい兆候が、「新金融資本主義」あるいは「金融化資本主義」という名のもとに新しい様相を呈していることには間違いはない。ただそれをどう評価していくか、については完全に材料が出きっているようにも思えない。それをどう考えていくかが、とりあえずわれわれに残された課題であることに注目して今後の展開を図ることにしたい。

【補論1】

小幡道昭教授の宇野段階論批判について

はじめに

宇野段階論に対する小幡道昭の所論を取り上げる。山口重克の「類型論」がそうであったように、小幡もまた宇野が段階論で問題にしていたところを何とか理論的に説明したいという意欲をもっている。しかし小幡は、山口が宇野段階論の意図を維持しながら、それを意欲的に類型論に組み替えて、宇野にある段階論の不十分さを克服しようとするのに対して、段階論としての帝国主義論のあとに現在の変貌しつつあるグローバリズム資本主義を同じように資本主義の発展段階として位置づけることはとても出来ないとして、既存の原理論こそを組み替えるべきであるという目標を立て、宇野の段階論の方法とそれによる宇野原理論の立ち位置を根本的に批判しようとする注目すべき論者である。ここでは主として小幡道昭著『マルクス経済学方法論批判—変容論的アプローチ—』（二〇一二年）を取り上げるが、小幡はそこで宇野段階論を批判するとともに、本書の第二部で扱った山口の類型論にも細かく批判を加えている。ただここでは小幡の宇野段階論批判とそれに代わる彼自身の積極的な見解について検討することにして、山口批判の部分、あるいはそれに対する山口の反批判、そして相互の批判の応酬については、直接に取り上げることはせず、必要な場合にのみ関説することをあらかじめ断っておきたい。

㈠

さて、小幡の問題意識は前述の著作の冒頭の「はじめに」の中にすでに示されている。小幡は宇野の批判的精神を継承しつつ、グローバリゼーションという途方もない歴史的現実の中から、宇野の段階論の限界を超えて歴史を理論化するという、つまり資本主義社会という歴史的に特殊な社会を分析したマルクスの『資本論』をもつマルクス経済学の中にこそ許される大技を改めて試みてみようというのである。「変容論的アプローチ」と称せられるその挑戦は、はたして長期にわたる沈滞を嘆く日本のマルクス経済学にとっていかなる意義をもたらすのか、きわめて興味深い問題提起といってよいであろう。

「マルクス経済学とは、『資本論』のような原理論を基礎にしながら、多元的な社会的諸要因を関連づけて、歴史的発展のうちに現れる資本主義の多様性を解明する総合的な経済学である」（同上、九頁）と特徴づけた小幡にとっては、グローバリズムによる資本主義の地殻変動は、帝国主義の延長線上に歴史的段階としても置くことなどできない「本質的に新しい」（同上）、これからの研究の対象とすべき「目印」と映った。そして同時にそのことは原理論のとらえ方とも結びつき、従来の原理論の構成を改めて根本的に問い直さざるを得ないという問題意識が起こってくる。そこから導き出されてくるのが「変容論」にほかならない。「変容論」というのは、あとで詳しく取り扱うことになるのであるが、当面の理解のためにここで簡単に言葉の意味だけ説明しておこう。つまりこういうことだ。現実の資本主義を成り立たせているのは、必ずしも商品経済だけでなく、原理論のあちこちに開けられてある「開口部」から覗いて見える非商品経済的なものも含むさまざまな諸契機の存在である。それを明らかにすることによって、資本主義の歴史的発展を分析する方向で原理論の内容を拡大していくというのが、小幡のいう「変容論的アプローチ」であって、原理論に外的条件を取り込む試みといってよい。これはとうぜん原理論と段階論を区別した宇野の考え方とは根本的に違うし、宇野の帝国主義段階論と決別したのちの方向性がそこに暗示されている。

元に戻って、なぜグローバリズムによるこの断絶が生じるかについていえば、帝国主義段階の「部分性」という認識に由来する。帝国主義の段階はその延長の外縁を日本資本主義を終端として閉ざした部分性に限界づけられていたからだと小幡は考える。そこには資本主義が同質的にどこまでも自己拡張するものではないという認識がある。そこでは先進資本主義国間に対立抗争があり、また先進国と植民地との間にも断絶があり、相互の関係性が抑制されているという歴史認識が前提される。そして東アジアから東南アジアにかけての第二次大戦後のしかもごく最近の資本主義国の勃興こそが、グローバリゼーションを構成してゆくものとして帝国主義段階の資本主義における世界市場の部分性を断ち切ったとする。これまでのヨーロッパ・アメリカ中心の歴史認識をもはや維持できなくなったことをアジアの変化が事実をもって示すに至ったことを指摘する限りで正しい視角である。これは、小幡の考えでは、資本主義の長期の歴史的観点から見れば、日本以外のアジアの巨大な資本主義国の参加によって、宇野理論を含めて旧来のヨーロッパ中心の史観のゆがみから解放される機会になるということであれば、その問題意識は貴重である。ただ問題は小幡にとって、宇野の段階論に拘泥することなしに、それをどのように資本主義の歴史的発展の中に位置づけられるかということである。宇野の段階論を含めて従来の議論がヨーロッパ＝アメリカ中心の史観によって構成されたに過ぎないものだとしてそれを批判するのであれば、それは確かに正しいであろう。段階論の再検討が必要なのはまさにその視角からなのではないかと思われるのであるが、その辺の指摘はこれ以上展開されることはない。小幡によるとグローバリズムは中国のような国が登場して市場経済的な発展を遂げ、その資本主義化をこそその原動力にしているだけでなく、さらに先進資本主義国においては、資本が医療、介護、教育、芸術などの新たな活動領域に浸透しているということも、「内面的グローバリゼーション」として帝国主義の対概念として位置づけられる根拠になっているのである。ある意味ではそれも興味深い視点である。これを強調する小幡はその点でもグローバリズムの「内面性」をもって帝国主義の傾向と顕著な双対をなすというわけである。だからこそその歴史的位置づけは大きな課題になる。

確かに帝国主義段階と称される時代には先進国同士の植民地などの支配関係などを通じて経済的利益を巡る対立や抗争があり、それは最終的には戦争となって爆発するのであって、先進国や植民地を含む世界的規模での経済的な関連性の抑制がみられるとしても、それが日本資本主義を最後尾にした世界資本主義体制の構築で終わるという論理は、しかし少なくとも資本主義経済の側からは出ようがない。それは多分第一次大戦から第二次大戦までの戦争による体制変化の中断であって、歴史の偶然にすぎない。

実際、中国では商品経済の拡張は古代からずっと続いているのであり、グローバリズムの奔流の中心として新たに資本主義化を実現したわけではない。中国では近代に入って、とくに第一次世界大戦後、上海租界を中心とした揚子江下流域では綿工業が急速に発展する。租界地は早くから近代的な環境整備が行われていたこともあり、工業化の進展には注目すべきものがあった。それはインドからの、またのちには日本からの輸入綿糸の輸入代替的産業として出発し、インド製品を駆逐し日本へも市場を広げて行くだけでなく、他の軽工業も安価な輸入代替産業として上海を中心とする沿岸市場圏を拡大し輸出も伸ばしてゆくのである。かつてイギリスがインドからの綿製品の輸入に対して、その代替産業として綿工業を世界的に形成していった過程と似たようなものだ。ただイギリスには石炭があり、蒸気機関の発明があってその生産力を飛躍的に高めることができたために、他を凌駕する資本主義国となったが、それもたまたま地理的条件に支えられた歴史的偶然に過ぎない。イギリスに百年以上遅れて資本主義的な綿工業を立ち上げた中国では、その後は国民政府の成立もあって国民経済の形成によって企業の近代化も進んだものの、地方経済の混乱や近代的貨幣制度の未成立などの理由で資本主義の全面的な確立には遠かったが、会社制度なども次第に整備され農村も政府の行政能力に限界があったにしても次第に改革の方向に進んだことに間違いはない。ただ一九二九年の世界恐慌を境に中国の国内経済は混乱し不況が長引き、また日本の侵略などが続いて中国経済の近代化の歩みは完全にマヒしてしまった。

しかし日本の敗戦と中国の内戦による国民政府軍の敗退にともなう中国共産党の勝利による中国社会主義共和国の成立は毛沢東指導の国家による厳しい統制と急速な重化学工業化を押し進めることになった。その過程で多くの実験を重ねたが成功せず、その失敗からの回復をめざす鄧小平の指導によって、大胆な外資導入と先進的な技術の導入による資本主義化が開始され、党官僚による国有地の売却による巨額の資金形成と世界的な金融の自由化を契機とするアメリカ、日本、欧州諸国などからの大量の資本投下によって、中国経済の世界の工場として現在につながる急速な資本主義化が始まったのである。規模は小さくとも資本主義国として日本同様に富国強兵、殖産興業をめざす動きは、すでに清末期には始まっていたともいえるのであるが、それが今日の繁栄をもたらしたのは、重化学工業を担った国営企業の蓄積はもちろん、鄧小平の大胆な政策の採用とともに、生産の体系が安い賃金に依存する自動車組立産業、電気製品組立産業やその他の伝統的軽工業においてだけでなく、先進国における情報産業の飛躍的な発展と同時にそれに伴う新しい電子産業の開発と生産基地の世界的な分業化・効率化の展開とその時期を同じにしたという歴史的事情も、大いに成功の根拠になったことであろう。

しかも中国はアジアの中では社会主義国としてむしろ例外的な歩みを歩んだ存在である。他の東アジア諸国の中では第二次大戦後、「緑の革命」などによって農業所得の増大もあり、独立後、一部の国がいわゆる開発独裁を通じて一九六〇年代後半から先進国の投資に支えられながら急速に資本主義的な工業化を開始することになる。そしてはじめ輸入代替的開発であったものも、やがて輸出志向型に発展する国や地域も現れて世界市場に組み込まれていくようになったのである。韓国、台湾、香港、シンガポールなど、資本主義的工業化の急激な進展という意味では、中国に先立っている国や地域もある。

いずれにしても第二次大戦後、アメリカを中心とする世界経済の発展が、やがてGATTやIMF体制の劣化とともに、アメリカ経済の蓄積の停滞を招くようになり、また金融の自由化、さらには情報革命の飛躍的な進展によって、その抱えるウォール街の金融市場の役割が大きく変化して、いわゆるグローバル資本主義の急速な展開を見るに至ったように思われる。金融の自由化と金融政策への一元化こそがグローバリズムを支える理論としての新自由主義経済学の隆盛を導いたものであり、同時に財政の国家的枠組みによる制約が、まさにグローバル化を阻む国家主権の主張として、節度を失った国際的な金融自由化と激しく衝突して、世界経済の危機を招くことになる。段階としてははなはだ曖昧な規定だが、帝国主義段階が何処で終わるかというのは歴史の偶然であり、グローバリゼーションの始まりもまた世界経済の発展の過程の中での偶然によるものでしかないだろう。実際、定義の仕方にもよるが、資本主義の歴史の中でグローバリゼーションといえるほどの急速な資本の国際化は何度も繰り返し現れているともいえるのである。もちろん現在のそのグローバリズムが情報技術の革命的発展とそれに伴う電子産業の急速な世界への拡大と分布によって特徴付けられていることはいうまでもない。それにしてもグローバリズムが「帝国主義を特徴づける市場の部分性に対して、文字通り双対を構成する概念だ」（同上、一一頁）と言えるのかどうかという疑問は残ってしまう。しかも現在のようにそのグローバリズムそのものが中国とアメリカの保護主義的な関税競争のような対立と分裂の兆しを示しているような状況ではますますそうである。

もちろんだからといって小幡の問題意識がそれによって消えるわけではない。小幡は「むろん外的な要因は無視できないが、それはまた転換の内在的契機を具え、独自の発展を遂げているとみることもできる」（同上、一四頁）とも述べているからである。そうだとしても小幡にとっては「こうした台頭は逆に周囲の先進資本主義の内部構造を変質させ、結果的に新しい将来社会のあり方を規定する原動力となる予兆さえある」（同上）のである。

結局その位置づけの問題は帝国主義段階の、あるいはさらに独占資本主義段階の位置づけの問題と重なり、それらを市場原理主義への回帰までの過渡期であると理解するならば、グローバリズムは原理的世界への収斂化とみなされることになり、いわゆる「資本主義の逆流」であり、原理論そのものの再検討という問題につながってくる。他方、逆にグローバリズムによって資本主義が逆流するのではなく、新たな多様化へ強化されたと考えることもできる。小幡にとって問題になるのは、後者の考え方をとっても、単一の資本主義像を前提する限り、資本主義にとって一貫して存在するとされる多様化論あるいは不純化論を超えることができないということであった。そこから多様化自身の在り方が問題となり、「現実の多様性そのものを大きく識別整序する方法、単純化が単一化にならない理論構成が求められ」（同上、一六頁）ることになり、そのためにこれまで求められてきた原理論が単一の理論であるために多様性は理論的に解明するものではなく、理論的に説明できない非市場的な要因にその解明を求めざるを得なかったことの反省に立って、原理論そのものの見直しを図らなければならないというのが小幡の主張になることになる。それは商品経済に外部から入り込む外的条件のための「開口部」の存在を想定し、そのような外的条件を含む形で理論を展開する「変容論」がそこに成立するのである。本論の中ですでに考察した山口のブラック・ボックス論および類型論との問題意識の親近性を感じるが、類型論を中間理論として原理論と区別する点が、原理論の中に開口部から外的条件を組み込んで原理論を変容論として再構成してしまう小幡のやり方との間の決定的な違いというべきなのであろうか。

かくて小幡は、もし「変容論的なアプローチで原理論を再構築することができれば、たとえば自由主義段階のイギリス資本主義と、現代のアメリカ資本主義と、いずれが原理像に近いかというような着想からは訣別することができる。資本主義は安定したプレートのうえに、いくつかの外的諸条件が堆積するかたちで異なる地形を生みだす。現実の資本主義はどれも単一のプレートには還元できない。ただ、地形も外見がどのように多様にみえても、隆起、沈降、浸食、堆積といった生成原理がわかれば基本的パターンが識別できるように、プレートの変容原理で資本主義の多様性も大きく整理することができる」（同上、一八頁）と見通し、従来の理解を払拭するためにも「単に現代資本主義の実証研究だけではなく、原理論そのものの見なおしが不可避であるという方法論的反省」（同上、一九頁）が必要になるとして原理論の検討に移る。

（二）

とはいえ小幡はここで直ちに自らの原理論の構想を具体的に明らかにするわけではない。その前に小幡はその方向性について論じる。小幡によると、グローバリズムを射程において変容論的に原理論を展開しようとするときどのような可能性があるかをまず検証しなければならない。二つの可能性があるが、そのそれぞれに二つの分枝がありうる。第一の可能性は資本主義の限界を前提してそこに次の社会への移行を考えるマルクス主義の基本的な考え方、つまりマルクスの『資本論』を継承するもので、結局それはグローバリズムを資本主義の原理像への再収斂説へ導くものである。この考えにはいわゆる宇野理論的ヴァリアントがあって、それはグローバリズムを資本主義の爛熟＝没落につながる段階として、純粋の資本主義像からのその乖離の必然性をもって資本主義の限界とするのである。これに対して小幡は第二の可能性を問う。第一の可能性は資本主義の限界を批判するだけで、何かが欠落している。それを乗り越えて改革を現実に提起できるようなオルタナティヴが必要ではないか。そこから第二の可能性が模索される。

その一つは市場社会主義で、小幡は「市場を自由と平等を実現する人間社会の組織原理として理念化する生粋の市場社会主義が連綿と存続してきた。国家による統制、規制、干渉をことごとく権威主義として拒絶し、国家なき社会、無政府社会を構想するアナーキズムの流れである」(同上、二二頁)と規定する。小幡のこのようなアナーキズムの理解は、当然というべきか、新自由主義のイデオロギーと共働してあるべき市場への改革を求め、社会主義と意外なところで遭遇することになるという。そしてこれはさらに逆の市場への制約を図って社会改革を実現しようとする規範的な方向を探ることによって、新しい社会主義の見取り図を提供することにもなると、小幡は考える。しかし結局、小幡はこのいずれも採らない。第一の危機論や没落論は採れないし、第二のアナーキズムや規範理論もすでにマルクスによって批判済みであって、採ることができないとして、そのいずれでもない「二つの潮流の中央を突破すること」(同上、二五頁)こそが自らの目標だというのである。

しかしその前に解決しなければならないなお二つの課題があるという。第一は総合的な社会科学の再建であり、第二にはイデオロギー論の再検討だという。経済学の議論がますます別の深みにはまっているようにも見える。だが小幡は市場と非市場とのズレと経済関係かどうかの確認をいわゆる開口部の存在の中にさぐる変容論的アプローチの解明のなかに、綜合的な社会科学の再建を求めるのである。そしてさらに、変容論的アプローチがそれまでの現実への理論の適用に対する批判を不可欠とするのは、多様な現実に対する独自の評価を改めて必要とするからであり、そのため自己のイデオロギー的な拘束性を対象化することが必要になるという。このように新しい変容論的原理論の成立への諸条件を提示して小幡は原理論の話は打ち切り、第二章「新たな資本主義の勃興」に移る。そこではマルクス経済学の原理論がグローバリゼーションにみられる資本主義の変貌を究明するのにどのようなアプローチが必要であるかを別の角度から見ようというのである、としてその意図が語られている。

(三)

順序として、小幡はまず「『新たな資本主義』の生成をグローバリズムの底流」として捉え、それがネオリベラリズムとともに冷戦構造の産物であるとして、冷戦構造の意味を考え、次に、そこまでの歴史的発展過程として見ることで資本主義というものが異なる時期にいくつかのところで発生するという多重起源説を宇野段階論の見方と対照してみる。そして最後に、このような「仮説的枠組」に即して構築された原理論がグローバリズムによる現代の経済問題をどのように解明し得るかを展望する、という。

はじめに「新たな資本主義の生成」というところで、グローバリズムとネオリベラリズムとの関係など種々論じているが、それらは小幡のいう通り単なる「レッテル」であり、「表裏一体説」であろうが「二層説」であろうが、概念的にも両者は明瞭さを欠いているので、議論そのものにあまり意味はないように考えられる。問題はグローバリズムによって世界資本主義に新たに進んだ資本主義の生成があったという小幡の認識の成立である。これは「二〇世紀の基底をなす大きなプレートの交替」(同上、四二頁)だというのである。そして次の「資本主義の歴史的発展」というところでこの歴史的発展をどう捉えるかということを問題にする。そしてそれはグローバリズムの現実を見れば、資本主義の発展は、例えば単一の資本主義の生成、発展、没落というような方向への時系列的な変化ではないということを、イギリスとドイツの比較などを通して、自明だとする。そして「資本主義化はそれぞれの『起源』の契機を宿し、固有の『発展』を生みだす」(同上、五三頁)所にポイントがあると指摘する。これは資本主義の「多重起源説」といってよいものであり、「当面の課題に対する暫定的な解答になる」(同上)という。そうなると次の「原理論の課題」が扱うように、「段階論の構成原理を多重起源説に切り替えるとすれば、それは原理論そのものの再構築が不可避となる」（同上、五五頁）ことも確かとする。従来の段階論のように、生成・発展・没落という単線的な形では整理できない。そこに登場するのが「変容論的アプローチ」にほかならない。そのようなアプローチによって得られた原理論は「たとえば利得追求に専念する主体の存在といった、所期の『内的条件』を前提に演繹的に構成される体系の内部に、それだけではきまらない分岐点を複数内包するかたちになる。このような分岐点を《開口部》とよぶとすれば、この開口部にそれぞれ外部から条件が作用し、それが分岐の方向を決めることになる。こうした分岐が絡み合って『段階』という一つの状態が生みだされると考えられる」（同上、五八頁）ということになる。そしてさらに「このようなかたちで再構築された原理論からみると、開口部には単純化していえば〝XはAかBかであるが、Yではない〟といったロジックが現れる。〝少なくともYのような事態は生じない〟という強い命題で外郭は示されるが、原理論の内部ではAかBかを決定することはできないというかたちである。分岐をいずれに進むかは『外的条件』に依存する。このような分岐点で、ある一方向に進むことを『変容』とよぶ。変容は原理論のレベルでは一種の可能性の問題として現れる。変容の結果として生じる『状態』の間には、優劣の区別も、後先の序列もない。論理のレベルでは等位なのである」（同上）と結論的に述べている。

ここには宇野の段階論とは決定的に違う側面が現れている。段階論での発展は不可逆的であるのに対して、小幡の考えでは、「変容」は複数の開口部が連動することによって複雑な様相を帯びて進む状態推移を意味する。その「発展」は逆転すら含むような複雑な様相で「遷移」することを意味する。小幡はいくつかの具体例を挙げてその関係を説明しようとするが、それは所詮不完全で偏った例示に陥ることになるだろう。要因を挙げれば挙げるほど問題はいたずらに複雑化するばかりで、論理の整理が進まないからだ。むしろそうした検討を通じて出てくるという見通しこそ重要である。小幡は言う。「開口部を通して眺めてみると、そこには共通する相貌が浮かびあがってくる」（同上、七一頁）という。それは柔軟性、分解作用、浸透力の三つにまとめられている。原理を支える内的要因と外的に与えられる要因とがそれらの作用を通じて内的要因として統合されると考えているように思われる。小幡はそのそれぞれについて解説を加えているのであるが、細かくてなかなか理解が難しい。ともあれその諸相の発展を小幡は《資本主義の熟成》と呼んでいる。「外部の社会制度に対して特定の内部状態を柔軟に変容させ、外的諸条件を分解し部分的に吸引することで、商品関係が人間生活の根幹にまで浸透するかたちで、熟成は進む。こうした熟成は、生産力の増進とは種類の違う、もう一つの資本主義的発展のすがたなのである」（同上、七三頁）。この指摘自身は面白い。だがこれが一九世紀末に匹敵するような資本主義自体の大きな地殻変動と言えるのだろうか。

小幡はそこで熟成した資本主義は商品経済的には処理が難しい複雑な領域を多く抱え込むことによって、「オールタナティブの存在を自然に炙り出す。その意味で、成熟した資本主義には、『社会主義』へ移行する条件が具わってくるのである」（同上、七四頁）と指摘している。「市場の失敗」にみられる歯止めのない商品経済の無理な拡大による変容の先が社会主義ということなのだろうか。社会主義がここに突然登場してくるのは、かつてのマルクス主義のイデオロギーがなお息づいているということなのであろうか。小幡の理念の表出は見られるとしても、理論的脈絡で問題が論じられているとはとてもいえないように思われてならない。

㈣

続けて第三章「原理論における外的条件の処理方法」において、小幡は山口のブラック・ボックス論を中間理論として退けつつ、自らの一元論的な変容論的方法の開示に向けて叙述を進める。

小幡は、はじめ、段階論の限界の指摘から「類型論が要請される理論的必然性を原理論の側から追究してみる」（山口『類型論の諸問題』三六頁）とする山口の問題意識に賛意を表しつつも、結局それは分析道具として原理論と類型論は並行して存在し、従来の段階論と区別されないものになるのではないかと批判し、「原理論と段階論との区別そのものも統合的に再構成するべきではないか」（小幡『マルクス経済学方法論批判』八四頁）という自らの考えについての見通しを述べている。

問題は現実の資本主義が商品経済的な原理だけで自律的に存在しているのではなくて、ほかのさまざまな条件によって支えられているという事実である。山口が先に提起したブラック・ボックス論に通底する問題意識といってよいが、そして小幡も山口の問題提起を一応評価するが、山口のブラック・ボックスに入れられている条件が明確には限定されていないといって結局それを批判する。原理論が自立的に展開しているように見えるが、そこには隠された条件があって、そういうブラック・ボックスの設置があってこそ原理論が展開できるのだという理解を一方に置きながら、原理論の展開とは離れた非商品経済的条件をもそこに混在させているのではないかという疑問である。納得できる論点といえよう。

小幡は、山口がブラック・ボックスに入れている外的条件の中身をさらに分析して、その多様性を明らかにすることに努める。ただそれは結局様々な条件からの例示に過ぎないように思われる。また列挙するにしても限りがあり、その内容も明確に分別して定義できるものとは限らないであろう。一種徒労の作業のように見える。結局、小幡は自らも影響を受けた山口のブラック・ボックスの比喩が、自らの「開口部」の理解の中での「資本主義経済の変容や多型化の契機であることを看過させる点でやはり賛成できない」（同上、一〇〇頁）と断じるのである。ブラック・ボックスに取り込まれた外的諸条件を吟味した結果は、原理論中に吸収される問題で、それに対していわば原理論の外部から外的条件を類型化という形で問題にしようとすること自身が、山口の理解が宇野段階論に戻る可能性を示していることになるとして小幡はこれを批評している。小幡は、ブラック・ボックスに取り込まれる外的要因を二つに区別しようとすること自体、いわゆる原理論と段階論を「総合的に再構成」（同上）しようとする立場からいって賛成できないのである。

㈤

山口の「ブラック・ボックス」論とそのあと出てくる小幡の「開口部」論はいわば同茎のものであるためであろうか、小幡の山口批判は詳細でかつ執拗であるが、残念ながら、小幡自身の積極的な解決がその批判の中からなかなか見えてこない。第四章の「原理論の適用方法と展開方法」も、相変わらず山口説への注文付けと批評に終始しているように見えるが、その中から本来の小幡の積極的な視点を探っていくことにしよう。

それは原理論を現実に適用するという宇野の問題意識はそのままに、その「原理論自身のうちに多様性を解読できる装置が内蔵されている」（同上、一〇八頁）ものとして、資本主義の変容を説明する理論でなければならないという主張に要約できるのではないかと思われる。それはより具体的に言えば、一方でのグローバリズムと他方での宇野崩壊論に代わって資本が生活過程の奥深く浸透するかたちでの社会主義化への期待という独自の課題を解決できるような経済学原理論を構築できるかという問題に集約されるだろう。

さらに詳しく見てみよう。

最初は、宇野の資本主義限界論が資本主義の純粋化が果たし得ない所にあるという理解から出発する。しかしこの不純化＝没落論なるものは宇野の理解とは言えないように思われる。宇野は資本主義の爛熟は言うが、没落を厳密にそれによって言い換えたことはない。「宇野は資本主義の発展はすでに帝国主義をもって限界に達しており、資本主義国の成立は極東の日本を終点とし、その後はみられなくなるという事実を重視していた」（同上、一一〇頁）という小幡の指摘はいささか早読みであるように思われる。しかし小幡にとっては、この「不純化＝没落論が原理論の適用方法の大枠をきめており、この適用方法によって原理論自体の論理展開の方法も規定される」（同上、一一一頁）ということこそが問題なのである。つまり原理論が不純化した現実の資本主義に直接適応できないという理解に立てば、原理論はそれ自身の内的な論理を追求すればよいし、現実の資本主義には資本主義の不純化＝没落論でとらえればよい。小幡はそういう従来の理解に対して原理論の現実の資本主義分析への直接適用論を主張しているわけで、そうなれば当然、前述したような「外的」・「内的」なグローバリズムの解明に耐えうるような原理論が要求されるわけで、そのため原理論の内部構造や展開方法にも拡充や変更が必要になるはずだというのである。

小幡はそのような見直しは「必ずしも未着手のものではない」（同上、一一三頁）として山口を「先鋒」に挙げて「『競争の補足的機構』に対する分化・発生論的な展開も、現実の多様な機構に原理論を直接適用しようとする理論的関心に基づく」（同上）ものとしている。確かに山口の関心を引く問題だとしても、山口は小幡と違って原理論のうちに多様性を論じるということはしていない。資本主義の多様性を論じる類型論という中間理論が原理論と厳格に区別されていることはすでに本論の中でみたとおりである。ここではむしろ例示されてあるような要因が、原理論の現実の資本主義分析への適用論、つまり資本主義の多様化や変化に結びつきうるものなのかどうかが問題である。同じように『資本論』の生産過程論で説かれているような具体的な事例も、原理論の外側に押し出すのでなく「内包されている諸契機を可能なかぎり抽象化し、資本主義的生産の原理として組立てなおすべき問題」（同上、一一四頁）とする小幡の例示もまた簡単には理解できない。それは「原理論と段階論との区別そのものも統合的に再構成するべき」（同上、一一六頁）というのが小幡の結論であることはわかるとしても、その具体的な展開の例示がみられないからである。

小幡にとってここでのとりあえずの関心は原理論の中でその展開を支える条件の性格の違いである。山口のブラック・ボックスの内容の吟味を行いながら、「非市場的な要因のうちには市場による社会的生産の編成という資本主義の原理からみて、強く作用する要因とそうでない要因、あるいは影響が一方向に作用する要因と複雑で拡散的な要因というような区別がもう一段あるのではないか、また逆に原理論の展開を追ってみると、それは始めから終わりまで一様で単調な論理で一元的に内部展開されているというのではなく、市場の内発的な原理で展開できる領域に対して、いわば開口部とでもいうべき外的条件を引き込みやすい領域がいくつかあるのではないか」(同上、一二三頁)と述べている。そしてその上で原理的に多様化の根拠となるような規定的な条件を絞り込むことを通じて、多様性を変容という視点で原理論の中で明らかにしようというのである。

参考になるのはマルクスの唯物史観だという。上部構造と下部構造との対抗的な契機が変化の一般論であり、他方、アジア的、古代的、封建的、および近代ブルジョワ的生産様式の推移の展開が、前者は変容の理論としての、後者はその例解としての類型論の提示になっているというのである。ただこのマルクスの方法は静態的な類型論を超えて多様性を生み出す原動力に焦点を合わせる理論構成の可能性を評価できるとした小幡の主張の真意はなかなか汲み取りにくい。しかし次に問題になるのは、このような視点を参考にしながら、変容の多様性を探ることである。そして「《変容》というのはあくまでも原理論の世界の内部での抽象的な変化であり、歴史上の複雑な現実の変化すなわち《発展》とは、はっきり区別されるべきもの」(同上、一三一頁)とされているのである。その説明として小幡が挙げるのは、「たとえば、自由主義段階から帝国主義段階への移行は、特殊な条件が複雑に関与しながら進行する歴史的な発展の過程であり、簡単な理論ですべてを説明できるようなものではない。これに対して、原理論の内部でもし固定資本がもつ効果を体系的に分析し、これをふまえてそれが相対的に制約要因とならないような規模から巨大化していった場合、価格機構、信用機構、資本の蓄積の態様や景気循環の特性がどのように変容するかをたどることは充分可能である」（同上、一三二頁）というものであり、そのような形で、現実の移行の分析に抽象的な変容の理論を適用することが可能だというのである。それはどのようにして可能なのか。変容の動力は何か。「純化・不純化論というのは、歴史的な変化の『内容』を論じていながら、結果的には変容の『動力』を原理的に説明することを自己否定する屈折した性格を有している点に問題を見いだしている」（同上、一三〇頁）と小幡は難解な回答を寄せるが、その内容の把握は難しいし、またそれによって山口とのこの問題についての議論に決着がついたようにも見えない。それに山口のブラック・ボックス論から出発してその機構論における分化・発生論に啓発され、それを原理論全体に拡張することで原理論の中に変容を解こうとする独自の見解に到達した小幡と、類型論を中間理論として原理論と区別する視角を崩さない山口との間に架橋する方法があるとも思えない。

この章の最後で小幡は「私は資本主義の変容の基本的な部分は、原理論によって説明できるし、もしそうなっていないというのであれば、段階論と見なされてきた領域の一部を取りこんででも、原理論は変容を説明できる方向に再構築しなくてはならないと考えている」（同上、一四二頁）と述べ、その説明と説得が「最後の作業」（同上）だと述べている。その説明を聞くことにしよう。

それは簡単に言えば、「AならばXとなる」（同上）いう推論である。といっても推論していれば結果に到達できるわけではない。そこには工夫が必要である。例えばAという規定的要因とされたものも、「それ自身のうちに、aならばxになるという下位の規定関係を幾層も抱えた複雑な再帰構造を有している。それは資本主義経済を一つの全体像として捉えるために不可欠な理論構成の特徴をなす。因果関係とか演繹性とかいっても、この特徴を考慮すれば、資本主義経済という複雑な全体像を解明するという目的に基づいて、その展開方法は柔軟に工夫するほかない。こうした制約はあるものの、理論を理論たらしめる第一原理は、特定の要因がある結果を規定しているという、明瞭な因果関係の存在を措いてないと私は考えている」(一四三―一四四頁)というのである。これが事態の説明になっているのかどうか疑問である。どうもそれを解くカギは小幡のいう開口部にあるらしい。その開口部なるものの中に違った条件を外部から取り込むことで、その条件の変化による異なる全体像が生じ、資本主義の全体像の変容をそれで解明できるということのようだ。もう少し具体的な説明があるのでそれを見ると、例えば利潤率均等化の法則は、それを成り立たせている条件に何らかの変化が生じた場合、利潤率の調整機能にも変化が生じ、以前とは異質な市場像が導かれるというものである。外的条件に変化があれば自ずからその結果に何らかの変化が出てくることは当然であるが、それは変容を意味するものではないのではないか。資本主義の多様性が、内在的に説明されたとは考えられないし、外的に異なる条件を開口部から取り入れるというのであれば、それは内在的な変化としての変容論とは言えないように思うからである。

(六)

さて、小幡は今までここで取り上げて来た『マルクス経済学方法論批判』の第五章「資本主義の多様性と原理論の一般性」において、それまでの議論を最終的にまとめているように思われる。それを最後に紹介しておこう。小幡は今までの議論を前提に原理論を現実の資本主義の分析に使うのであれば次のように考えなければならないと言う。「資本主義の変化や多様化は原理論から切り離し、段階論のなかでそれを引き起こした歴史的要因を特定すべきだといった通念の反省がまず必要なのである。このことは、従来の原理論が資本主義の変容を説明するうえで無力であり、別の原理論を零から構築しなくてはならないということではない。既存の原理論の一面にはそうした可能性が秘められているのであり、必要なのは、資本主義の基本原理を分析するものとして展開されてきた原理論が、歴史的に変容する現実の考察に実際にどのように用いられてきたかを見直し、原理論の適用方法と展開方法とを意識的に結びつけて再考することなのである」（同上、一六一―六二頁）と。まさにこの問題こそが小幡が解決を目指して進めてきた道にほかならない。

ここには二つの問題がある。ここで指摘されている「資本主義の変化」と「資本主義の多様化」である。山口が整理した資本主義におけるタテの変化とヨコの変化といっていいかもしれない。両者を変容という形で小幡は原理論で解くというのである。小幡はそこではとりあえず現代資本主義における景気循環の変形についての大内力の主張を取り上げて例解に役立てようとしている。これは必ずしも小幡の主張を補強するものではないが、大内がそこで述べていることは事実上、「原理論の展開を支えている外的条件を一部変更しても、なお原理論的な推論は成立するという立場をとっていることになる。それはいわば、原理論の外壁に貨幣制度論という開口部をもうけ、そこに『金本位制度』を導入し、あるいは『管理通貨制度』を導入すると、資本主義の内部構造にどういう相違が生まれ、また景気循環の運動にどういう変型がもたらされるのか、演繹的に考察してみる、といったかたちになっている」（同上、一六一頁）と評価するのである。そして「ここでは原理論をいわば『恐慌の変型』論というかたちで直接現実の資本主義の説明に用いているといってよいのである」（同上）と言う。しかもその大内の主張には「『国家政策や社会的諸制度』も『資本主義経済の運動原理』に即したかたちでその威力を発揮するのだという主張を内包していた」（同上、一六二頁）とまで言う。ただそこに研究の進展の可能性を垣間見ることができたとしても、その実現には「原理論の適用方法と展開方法とを意識的に結びつけて再考すること」（同上、一六二頁）が必要なのであり、小幡によれば、従来の通念を放棄せずにはその実現は不可能なのである。そして同時にそこに対照されるのは伊藤誠の「逆流する資本主義」という主張であるが、それは「『競争的な市場原理を広範に再強化する特性』が生じた〈結果〉として、原理論の意義が増大したという論理構成になっている。そして原理論の有効性は、分析基準として現実の資本主義に直接適用可能だという意味で主張されている」(同上、一六四頁)とし、それが「今日の資本主義の新たな変容を問題にしながら、原理論のうちにその解明の手がかりを求めることは無理であるという立場を再確認する結果になっている」(同上、一六五頁)とすれば、それは純粋資本主義論への回帰であったということで終わってしまうのであろうか。

小幡は次に「多様性と変容の関係について考えてみよう」(同上、一六六頁)として話を続ける。小幡がここで取り上げる論点は、前にも指摘したがユニークなものである。つまり現代の資本主義は非市場的な部分を広げつつ同時にそれを市場関係の中に吸収しようとして新たな機構を作り出しているというのである。「市場の失敗」と名付けられている現象は見事に小幡の問題意識と重なっている。そして小幡は現代の資本主義の分析を原理論でやろうとするならば、「市場と非市場の相克に焦点をあわせ、原理論を変容論として読みなおすことが不可避となる」(同上)というわけである。「相克」という表現がやや理解を難しくするが、ともあれ外的な諸条件を受け入れる「開口部」こそが、その外的変化を受け入れ資本主義の全体的な構造を変え運動を新しく展開してゆくことに大きな意味があり、それこそ「動的な変容論による展開」(同上、一六七頁)にほかならないというわけだ。

これで原理論で変容を説明できるというのは簡単すぎるのではないか。開口部なるものを設けてそこに外的条件を入れて原理論を適当に加工してゆくだけではないか、それで資本主義の変容を説明したことになるのか、それで資本主義の多様性を証明することができるのか、という安直な疑問が出てくることは、当然、著者は予想している。

著者は言う。「たしかにこういっただけでは、その変容も外的諸条件が外から作用して現実の資本主義を多様化させているだけで、非商品経済的要因の『合成物』といっているにすぎず、けっきょく大差はないのではないか、といった疑問が残ろう。外的諸条件の局所的変化が全体の構造や運動を変容させるという部分と全体の関係は了解できたとしても、出発点となる変化自体は与件と考えざるをえない以上、それを殊更に変容とよぶ必要はないのではないか、という疑問である。答えのポイントは、変容という概念の核心をなす、市場的要因が非市場的要因に及ぼす能動性にある。市場的要因をその本質とする資本主義は、独立に変化する外的条件によって、ただ一方的に不純化される受動的な存在なのではなく、外的条件に自らはたらきかけ、非市場的要因のうちに変化をよびおこす。個別的な利潤追求を目指す資本の活動は、たとえば既存の労働組織や生産様式をそのまま利用するだけではなく、それを分解し変質させるかたちで包摂するのであり、自然力をコントロールしてきた伝統的な土地所有の力を近代的なものに転換させ、また株式会社のような経営組織の展開や商品経済的『技術』性をもつ会計制度の発達を促し、市場機構を支える貨幣・信用制度に対しても革新を迫る。資本の活動に体現されるこうした市場的要因の能動性が、資本主義の自己変容の一方の契機をかたちづくっているのである。現実の資本主義が多様性を示すのは、生産様式や賃金制度、資本内部の意思決定方式や貨幣・信用制度などの開口部に異なる類型の外的諸条件がただ埋め込まれているからだけではない。市場によって社会的再生産を編成処理する資本主義には、労働力の商品化だけではなく、さらにいくつかの『無理』がある。もとより、無理は不可能を意味するわけではない。この無理を通す局面にこそ、個別資本が固有の特殊な利得を拡大できる可能性は潜む。そこでは諸資本の活動を通じて、既存の外的諸条件が繰り返し解体、再編されてゆくのである」（同上、一六八―一六九頁）と。

そして最後に小幡は次のように結論する。「要するに資本主義は、原理的に、市場的要因と非市場的要因の相克により変容する性質を具えており、資本主義の多様性はこの自己変容によるのだ」（同上、一六九頁）。そしてそれは「外部からの作用で不純化・多様化するのではなく、外的諸条件を分解吸収しながら自らの姿かたちを変えてゆくと捉える、いわば内因説といってもよい。資本主義の歴史は、資本が体現する市場的要因が、非市場的な外的条件を独自につくりかえ『包摂・内面化』する自己反応的過程である」（同上）というのである。最初の問題提起から始まって、これまで述べられてきたことを大きく超えるものではないが、とりあえず自説の総括的な宣言としてここでは紹介しておきたい。

私としては今まで彼の著作について学んだ限りでは小幡の試みは成功しているようには見えない。それは『資本論』の理論から歴史的規定を排除して論理的に整序し、課題として残された歴史的内容を支配的資本の経済政策の時代的推移として整理し、両者を区別した宇野段階論を、再び歴史と理論との統一的把握を目指して、開口部の設定から変容論として原理論を再構築しようとした小幡の野心的な試みが、もともと無理筋であったのではないかという単純だが根本的な疑問に帰着する。宇野自身がなぜ原理論と段階論を区別したかという問題に疑問は還元されてしまう。その方法の安直さに我慢がならないと小幡は考えているのかもしれない。だからもちろん宇野の段階論に戻るべきだと言っているわけではない。そしてその段階論では問題を解けないという発想からの問題提起が不当だというつもりもない。しかし変容の前提となる原理論自身の存在はどこに行ったのか、それ自身として存在するのか、それとも変容の中に吸収されてしまうのか、変容して膨満した理論は何と呼ぶべきなのか、各所に著者に学ぶところは多かったのだが、肝心の演繹的な理論をもって歴史的な資本主義の変容を説明できるものにしたいという小幡の試みは、残念ながらまだ成功するとは見えなかったのである。

【補論2】
加藤栄一教授の宇野段階論修正の試みについて

はじめに

宇野弘蔵のいわゆる段階論そのものについては、宇野自身の「段階論は案外に多くの諸君から十分には評価されないでどうも自分としては残念に思っている」（宇野『資本論五十年』上、四六四頁）という言葉に窺われるように、その方法を承認するものの間でも紹介は別として内容について詳しく評価・検討の議論が行われたことはあまりない。特に戦前、すでに出版されていた『経済政策論』の上巻で扱われている、その重商主義段階および自由主義段階についての批評さえもあまり見られなかった。なかには『帝國大學新聞』（一九三六年六月八日号）に載った向坂逸郎の書評「経済政策論の對象―宇野弘蔵君の近著を讀みて」のように、かなり正確に宇野の意図を捉えようとするものもあったが、何分にも短評で、丸山眞男がそれを「日本においてはめずらしいクオリティペーパー」だと評したとしても、所詮、多くの人の目に触れるような媒体での批評ではなかった。せいぜい戦前、『経済政策論』の上巻が出版された翌年に出た大塚久雄の批評が注目されたぐらいだった。ただそれはイギリス経済史研究上の羊毛産業についての文献の選択の適宜と解釈の問題が対象であって、宇野が本来展開しようとした方法論の問題として取り上げたものではなかった。(注18) もちろん、以前、拙稿「宇野経済学方法論に関する覚書（上）」（二〇一七年）で紹介したように、その研究がまったくないわけではないが、宇野の基本的な枠組を承認するものにとっては、問題があってもその革新的な主張の重みに対しては些細なものとして受け取られていたといってよかった。しかし、いわゆる帝国主義段階の問題になると、かなりの多くの議論がなされるようになっている。ただそれは比較的最近のことであり、もとはといえば宇野自身が戦後に刊行した『経済政策論』（一九五四年）の「結語」に付した「注」で述べた留保条件、そして特にその後、その改訂版（一九七一年）に付せられた「補記」におけるその拡張された説明に由来するものがそのほとんどであったといえよう。

（注18）大塚久雄「書評　宇野弘蔵著『経済政策論』」、『経済学論集』七巻一一号、一九三七年。なおこれに対する宇野の反論は、戦後一九四八年に復刊した『経済政策論』上巻の「再刊に際して」で発表された。

すなわち宇野は戦後新たに出版した『経済政策論』の初版（一九五四年）で、第一次大戦以後の「資本主義の発展が段階論的規定をなすのに如何なる程度にまで役立てられるかは極めて興味ある、重要な問題であるが、疑問として残しておきたい。一九一七年のロシア革命後の世界経済の研究は、資本主義の典型的発展段階の規定を與える段階論よりも、むしろ現状分析としての世界経済論の課題ではないかとも考えられるのである」（『経済政策論』一九五四年、二三一頁）と述べていたが、改訂版（一九七一年）の刊行に当ってその「注」を削除し、さらにその内容を同じように記してあった「序」を全面的に書き改めたのである。その理由として宇野は、第一次大戦後の資本主義の発展が段階論的規定を形成するのにどれほど役立つかを見ていたが、戦後の「資本主義諸国の発展は顕著なるものを見せながら、それはこれらの社会主義諸国の建設を阻止しうるものではなかったようであり、しかもその発展に新たなる段階を画するものがあるとはいえないのである。結局、段階論としての政策論に新たなる展開を規定することはできないのであって、『その対象の範囲を……』の『限定』は不必要のことであった。『むしろ現状分析としての世界経済論の課題』をなすものとしてよかったと思う」（『宇野弘蔵著作集』七、二四四―四五頁）と説明している。(注19)

（注19）その現状分析が帝国主義段階に属するかどうかということで、山口重克と他の論者との間で論争がある。相互の問題点が少しずれているが、新しい資本形態は依然登場していないという点では金融資本の段階であろう。宇野もそれを認めている。ただ他方で宇野は、すでに社会主義の時代を射程に入れた世界史的な意味での過渡期に入っているという認識の下で、社会主義に対抗する資本主義という捉え方をしており、したがってその時代が帝国主義段階にあると明確に位置付けているわけではない。むしろそのようなアプローチでは今の時代を捉えられないのではないかという意味であろう。

その両者の内容に共通なのは、第一次世界大戦後は新たな段階論の問題ではなく、社会主義に対抗する資本主義の問題として、現状分析としての世界経済論の問題として考えられるべきではないか、という見通しに立った宇野の問題提起であり、旧版で逡巡、留保したものが改訂版では確固たる信念に変わったということであろうか。その後のこの問題をめぐる議論はほとんどこの宇野の問題提起に刺激されたものであり、段階論につながる時代区分とその内容の検討について大いに新たな興味をそそられたといってよい。

しかし宇野のその指摘は、その後の資本主義の発展に即していえばはなはだ時宜に不適切な方向付けと受け取られても仕方なかった。世界史的にはすでに社会主義の時代に入っているのではないかという認識と、他方での現実の社会主義の内部での理念の変質、構造の疲弊、アメリカとの軍備拡張競争における敗北という事実に対して、いわばその根拠をなす資本主義諸国における技術革新とそれに基づく繁栄が、生産性の向上によって労働者の賃金の上昇を許容し、社会主義的政策を含む国の社会福祉政策が一段と強化されつつある状況をもたらした限りでは、社会主義に対抗する資本主義という図式が、もはやマルクス主義の古い呪縛のイデオロギー的な表出と見られても仕方のないものに代わってしまったからである。

ともあれその問題提起を受けて新しい課題を投げかけたのが大内力である。大内は「国家独占資本主義論ノート」という論文を『経済評論』（一九六二年八月）に寄稿した。それは「国家独占資本主義」の本質をどう規定するべきかという点の解明に焦点を合わせている。そして「国家独占資本主義」といういわばマルクス主義経済学の常套語をつかいながら、それを事実上、現代資本主義なる資本主義の新しい局面として捉え、それに「段階」に代わる新しい一般的規定を与えるべく問題を提起したのである。これはそれまでの日本の正統的なマルクス主義経済学の国家独占資本主義への位置づけとまったく違った、ほかならぬ宇野理論の継承者である大内の国家独占資本主義論であっただけに、大きな注目を集めることになった。

(一)

大内はもともと宇野の段階論をドイツの歴史学派の伝統の上に資本主義の発展段階を実体として特徴付ける研究[注20]と位置付けるとともに、その「研究に共通の方法の名称でもある」（大内『経済学方法論』一九八〇年、七四頁）とする理解であった。そして段階論は大内にとって、「資本主義の歴史的な展開の典型を明らかにする」（「段階論と現状分析論」、大内『「経済学」批判―Z君への手紙―』一九六七年、所収、一九一頁）ものであり、またそれは「一国ないしは二つの国について、資本主義の生成・発展・変質の過程を貫く法則性を明らかにする」（同上、一九〇頁）ものであり、「資本主義の歴史的発展を三つの段階に区切って、そのおのおのの歴史的規定を明確にするという方法」（大内『経済学方法論』七五頁）とされている。そして段階論は経済学原理論とともに、「資本主義の他の運動法則、すなわちその生成・発展・変質という歴史的運動の法則を一般的に解明することを課題とする」（同上、二一九頁）ものとされている。

（注20）「この研究段階が段階論と呼ばれるのは、……ここでは資本主義の歴史的発展を三つの段階に区切って、そのおのおのの歴史的規定を明確にするという方法がとられるからである。段階論 Stufentheorie というのは、一般的には経済の発展を、何らかの指標にもとづいていくつかの発展段階に区切って説明しようとする方法、ないしそれにもとづく学説であり、周知のようにリストが五つの発展段階を提起した（List, *Nationale System*, …… Vorrede）のがその嚆矢をなすといわれる。その後……ロストウにいたるまでさまざまの段階論があるし、マルクスの有名な「アジア的、古代的、封建的および近代的ブルジョア的生産様式」（Marx, *Zur Kritik* …… Vorwort ……）というのも、一種の段階論であろう。しかしそれらが人類経済一般の段階区分であるのにたいして、ここでいう段階論は、あくまで資本主義の歴史の区分である」（同上、七五―七六頁）。

なお宇野は「経済政策論は、資本主義の一般的法則を明らかにする原理論に対し、資本主義の発展の世界史的段階を典型的に規定する私の所謂段階論に属するものである」（『経済政策論』一九五四年旧版、二三〇頁）と述べ、さらに加えて「段階論はしかし資本主義の発展の歴史そのものではない。この発展の歴史の中から時代的に典型的な規定を抽象したものに過ぎない」（同上、二三〇―二三一頁）と述べている。資本主義発展の歴史的必然性を求めそれを歴史の時期区分として明らかにするというのではなくて、各段階を規定する特徴的な資本形態を検出するところに段階論があるという見方であると思う。見られるように、両者の間には理解に若干のずれがあるが、宇野以後の議論ではその辺の理解に異同が残ったままで、その後の議論の展開では資本主義発展の時代区分に傾斜する大内の説明は実際に一定の影響を与えたように思われる。

ところで、先の論文で大内は、レーニンが帝国主義と国家独占資本主義を完全に区別して、後者を一つの段階としていると述べ、それを銀行資本の時代である帝国主義に対し、資本主義が国家独占資本主義に成長転化する時代としていると指摘している。大内によれば、レーニンは第一次大戦中に執筆したいろいろのパンフレットの中でしばしば国家独占資本主義という言葉を用い、それが大戦中の戦時経済において経済に対する国家の干渉ないし統制という事実が目立ってきたことに関心を合わせてこの問題を論じているとする。国有化であるとか、あるいは「国有化に問題をかぎらず、むしろ経済全体にたいする国家統制・管理を国家独占資本主義の本質としている」（大内「国家独占資本主義論ノート」、『国家独占資本主義』一九七〇年、所収、二五八頁）と大内は解説している。そしてさらに大内は、レーニンには帝国主義と国家独占資本主義とを完全に区別して後者を一つの段階として規定している箇所があり、レーニンが帝国主義から国家独占資本主義の段階に到達した、という言い方を残しており、同時に前者から後者への「移行」という表現もしばしば用いていることに注意を向けている。要するに「レーニンは国家独占資本主義を帝国主義とかなりはっきり区別して、これをひとつの段階としてとらえているといっていい」（同上、二五八―五九頁）というのである。そこではもちろん「段階というのが自由主義段階にたいする帝国主義段階というほどの本質的な段階なのか、あるいはいわゆるサブ・ステージとしての段階を考えているのか、そのへんは明確ではない」（同上、二五九頁）とただし書きを加えてはいるが、レーニンが国家独占資本主義を一つの段階ないしサブ・ステージとして区分しているところを大内が評価しようとしていることは間違いないだろう。

そしてそのレーニンの考えは戦後旧東ドイツのツィーシャンクに受け継がれ、より明確に規定されることになった。大内はツィーシャンクがそのレーニンの規定を新たな段階として、新たな生産関係に対応した新しい段階として、明確に再構成したことから刺激を受けて、自らこの現代資本主義をいかに規定するかの課題に挑戦するようになったように思われる。そしてツィーシャンクの理論を継承する今井則義がそれを帝国主義段階の「小段階」と名付けたことに注目しつつ、またツィーシャンク＝今井理論が国家の二面性を強調し、階級支配の政治的国家としての面と経済の組織者で、搾取したり生産調整したりの経済的国家の役割に国家を二分していることに関心を寄せながら、それを批判的に検討しつつ国家の役割について改めて考察を加える。そして国家は画然と二分されるものではなく経済的国家は同時にまた政治的国家であるとして国家を一元的に把握することが必要ではないか、と方向を定めた。そして一九二九年に始まる大恐慌こそが国家権力の介入を招き、その結果としていわゆるケインズ的政策の必要性を生み、インフレーションによって労働者と資本家の関係に介入して安定を図り、また公共事業によって新たな需要を作り出して経済の回復を図るということが行われたのではないか、というように問題が絞っていかれた。同時にまたソ連社会主義が国家として成立したことは、不況下の資本主義世界にとってはまさに一般的危機の問題であったから、資本と労働との間の階級関係の緩和をインフレで図りつつ社会福祉制度の増強を図ることで、社会主義との対抗に努めなければならないことが明らかにされた。「国家独占資本主義への移行は文字どおり、資本主義自体がひとつの過渡期に入ったことを背景とし、あるいはそこから生ずる全般的危機を背景として、はじめて現われてくるという豊かな歴史的規定をもったものなのである」（同上、二八一頁）というわけだ。「資本主義の側からみれば帝国主義段階にあるにしても、世界史的にみればすでに新たな段階をいみしているというべきであろう」（同上）というのは、結局、一九二九年のアメリカの株式崩落に端を発した世界恐慌に対する危機対応として、国家による為替管理とそれに基づくケインズのいわゆるマクロ政策によってその時期の資本主義を何らかの形で段階づけようということであろう。

かくして大内は、このような理解を導きの糸にして、現実をどこまで説明できるかをテストする必要性を訴えてその論稿を終えている。

（二）

それはその後の大内の著作『国家独占資本主義』（一九七〇年）によってさらに敷衍される。基本的な内容には変わりはないが、ただ国家独占資本主義あるいは現代資本主義をいかに宇野理論の体系の中に位置づけるかという問題意識は高まっているということは言えるだろう。大内は一般的規定を持ちながら国家独占資本主義が「帝国主義論と同じように、段階論として、したがって典型国に即した類型の確定という形で構成されえないのはなぜか、という問題」（『国家独占資本主義』二〇頁）を立て、それに対して「第一に、国家独占資本主義は……資本主義の一段階をなすものではなく、その過渡的形態にすぎないものであることに由来するという点と、第二に、歴史的事実としても国家独占資本主義の時期には、中心に典型国が形成され、それをめぐって世界史が展開するという関係をみとめることが困難だという点を指摘しておくにとどめるしかない」（同上、二一頁）と述べている。

問題は国家独占資本主義の「本質的・一般的規定」（同上、二二頁）にある。大内は「国家独占資本主義の現状分析のために、ある一定の基準を設定し、それとの関係において本質的と考えられるものをぬきだしていかなければならないのであるが、この基準自身、あるていどまで仮説であり、現状分析の進展と深化につれて、再構成を迫られるものにならざるをえない」（同上）という。のちに日高普が段階論は「作業仮説」でいくらでも変更できると主張したこと（日高「段階論の効用は何か」一九九一年）の淵源になっているようにも思われる。

しかし筆者には宇野の段階論は「作業仮説」とは思われない。柴垣和夫も段階論は唯物史観の論証でなければならないという点で、その仮説という理解に反対していた。（柴垣「宇野理論と現代資本主義論」、柴垣他編著『宇野理論の現在と論点』二〇一〇年、所収）。だがこれは少し性質の違う問題なので、できれば別に問題にしたい。

実際、大内も、ここでは「資本主義の段階区分は、指導的な役割を果す資本の蓄積様式を基準にしておこなうのが方法論上正当であり、またそれ以外には基準はありえない」（同上、一一五頁）と述べている。ただこの表現にも問題がないわけではない。宇野は段階を基本的に決定するものとしては経済政策を規定する支配的な資本形態だけを問題にしており、その資本形態自体は自ら原理論の規定によって画されている。他方で大内は、経済学原理を自由主義段階の原理に矮小化しているために、金融資本の蓄積様式について原理ではもちろん触れることさえできない。ともあれ段階論の基本的考え方がいかようにも作り変えられるというのであれば別だが、宇野の三段階論の考え方を原則的にせよ踏襲している限りでは、いかなる意味でも段階論は「作業仮説」ということにはならないはずだ。

さて、大内は現在問われている危機の本当の意味は、資本主義の危機が現実の存在になってそのことが帝国主義国のそれぞれに内面化され、階級対立が激化したことだという。そのため金本位制の放棄と管理通貨制度の導入によって国家が経済へ介入し、スペンディング・ポリシーによるインフレ政策を通じて経済を国家管理することこそが、国家独占資本主義の本質になるというのである。

大内のこの『国家独占資本主義』の登場は、とくに大内ゼミで大内の指導を直接受けた若い研究者に多大の影響を与えた。彼らは内外の現代資本主義の研究に打ち込む者が多く、問題関心には共通性があり、それは宇野理論をもとにしていかに現状分析を果たし得るかということを模索しているということであった。とりわけ国家独占資本主義を現代の資本主義と見なし、その分析に宇野の方法をどのように適用するかが問題として問われていた。現代資本主義の現状分析に対する一般的な方法が彼らの研究にはどうしても必要だった。そこに大内の問題提起があったので、皆、師のその構想に飛びついた。

実際、馬場宏二によれば「宇野発展段階論と大内国家独占資本主義論とを繋いだうえで現状の理論的把握を果たすことが、マルクス＝宇野体系にとっては、残された最大の課題だと、師の教えには表向き反するにもかかわらず、言わず語らずのうちに双方で了解しており、各々の専門領域の中でバカ正直にその試みを推進していた」（馬場『もう一つの経済学』二〇〇五年、iii頁）ということなのであった。宇野自身も『経済政策論』の再版（一九七一年）で「補記」を加えたのもあるいは大内の影響かも知れない。ただ宇野は金融資本の政策としてケインズ政策が該当するかどうかについては否定的であった。そういうことを含めて現代資本主義を宇野理論の体系の中でどうとらえるかは、実際、宇野の方法論に関心をもつものにとっては焦眉の急となった。

ただそれはおおむね大内の理解による宇野理論の方法に基づくものであり、段階論は資本主義の歴史的発展段階の理論という解釈に基づいていた。先にも紹介したが、大内は「段階論が原理論を前提としたうえで資本主義の他の運動法則、すなわちその生成・発展・変質という歴史的運動の法則を一般的に解明することを課題とする」（大内『経済学方法論』一九八〇年、二一九頁）と述べており、またその「段階区分はそれぞれの段階に支配的な役割を果す資本の蓄積様式を基準としておこなわれなければならない」（同上、二二三頁）と規定していた。

また現代資本主義には帝国主義論を超える段階とは言えないが、サブ・ステージのような一定の一般的規定性が存在しうるという理解がそこでは共有されていた。しかもそれは社会主義への過渡期の「残存物」[注21]という理解が暗黙の裡に想定されていることも周知であった。

（注21）国家独占資本主義は「帝国主義段階の資本主義とみていいのであるが、これを世界史的にみれば社会主義への過渡期における残存物であり過渡段階の資本主義であると規定することができるであろう」（大内『経済学方法論』、三一四頁）。

しかしその過渡期の「残存物」の資本主義といわれる時代は、皮肉なことに資本主義の高度成長の時期に当っていた。ただ大内は彼の考えが仮の試みであって、これからなお修正できるものであるということで自由さが認められていた。そしてさまざまな技術革新を含む資本主義の現実の更なる展開が新しい次元での方法論の構築の試みとなって現れることになった。またその時代は福祉国家としての体制が整ったばかりか、急速な技術革新によって重化学工業が発展を見せ、生産性の向上によって、社会保障の負担の増加を吸収できるほどの経済成長を実現できた奇跡の時代ともいえる時期と重なっていた。求められたのはまさに資本主義の新しい時代区分であった。そして大内の思い切った時代の特徴づけとサブ・ステージという時代区分に秘められたアイディアは、その後の論者の展開に大きな示唆を与えたように思われる。

㈢

最初に大内の問題提起に反応したのは前述したように大内力の教えを受けた研究者たちであった。彼らは高度成長の現実の認識の上に立って大内の現代資本主義の世界史的な意味での過渡期説に疑問を呈し批判した。そして資本主義の社会主義への過渡期説をむしろ無視して、資本主義の成長の続伸への期待を抱くことに躊躇しなくなっていた。さらにその後のソ連社会主義の停滞と低迷がその傾向に輪をかけたことも明らかである。実際その方法論検討の歩みはソ連社会主義の低迷に続く崩壊という事実を抜きには確信できないものだったに違いない。大内秀明や馬場宏二の反応が早かったように思う。そして加藤栄一などが続いた。

ここではその問題について本格的に論じその後の議論をリードした加藤についてみよう。彼はワイマール期のドイツ経済の研究から出発したが、結局それがその後の方向を規定しているように思われる。それはこういうことである。加藤は社会主義との対抗の中で形成されたワイマール期のドイツに見られた社会保障制度の拡充を資本主義が社会主義に対抗する先駆的な実験として捉え、同時にそれが大戦後の経済復興の失敗による経済基盤の喪失によって短命に終わったことを明らかにした。そしてそれはその後社会主義に向かうことなく逆にナチスによって蚕食されてしまったとする。ナチスの下での経済はそこでは国家暴力によって統制される強権的な資本主義であり、組織された資本主義の一面を表わすものとされた。そのナチスの時期とほぼ同時期のアメリカのニュー・ディールの過程を経て、その動きは第二次大戦後の社会政策への継続的な発展と成熟への道筋を見出すことになる。その結果としての福祉国家の成立をもって加藤は資本主義が社会主義にもファシズムにも対抗できる新しい資本主義に生まれ変わったと見定めたのである。加藤にとってはその準備段階を形づくる一九世紀末の大不況期こそが資本主義の発展の歴史過程において画期をなすものであったと主張することになる。宇野のいう転機としての産業革命にしろ、第一次世界大戦にしろ、それはすでに進行している方向を飛躍的に発展させたという意味では画期といえるにしても、宇野の言う逆転の契機をそれ自身は含んでいない、と加藤は言う。だから加藤にとって画期は一八七三年から一八九〇年代半ばまでのいわゆる大不況期だとされる。なぜなら宇野の言う重商主義段階から自由主義段階への移行期がいわば連続的な発展過程に過ぎないのに対して、自由主義段階から帝国主義段階への移行期である大不況期は、それをつうじて産業構造の大きな変化、それに伴う独占形成、対外的には帝国主義政策、国内的には社会政策の登場など、資本主義の大きな転換の画期をなす時期にふさわしいと考えられたからである。

加藤はかくしてその時期をもって資本主義発展段階論の第二期の開始にいたる時期とした。そしてそれに対してその大不況期に先立つ宇野段階論の重商主義段階と自由主義段階を合わせて、資本主義確立の第一期としたのであった。その際、重商主義政策が自らが予期しないにもかかわらず資本主義的生産の発展を促進するという予期せざる効果をもった政策としてそれを評価するとともに、同じように第二期において拡大する社会政策も、資本主義の階級関係を安定させその発展を確実なものとする政策として意識され評価されたのである。

それではどうして大不況が画期とされることになるのか。なぜ第一次大戦期ではないのか。ワイマール期のドイツで試みられた社会福祉政策をもって早生的な福祉国家の規定とした加藤にとっては、大不況期よりも第一次世界大戦期の方が筋が通るように思われる。しかしその転機はあくまでも大不況期だとする。その理由は、大不況期以前の資本主義の基軸は純粋資本主義化傾向に対応する自立的労使関係であり、それ以後は、階級関係の多様化と政治化と支配体制の多極化と組織化が基軸になっている点に求められる。

しかし宇野のいう資本主義の純化傾向というのは彼の原理論構築のための想定であって、現実に資本主義自身に純化傾向があるということは、厳密には商品経済の拡大傾向以外には想定し難い。実際、自由主義段階といわれていても、労使関係がそこでは市場にすっかりゆだねられていたということはなく、国家は存在しその国内的施策がなかったわけではない。そしてイギリスの地主階級がいかに名望家として、また教区教会とともに、古くから貧民対策を立案し実行してきたかは周知のところでもあろう。一八世紀末から一九世紀にかけて工場法の制定など保守党が中心になって実行し改定を進めてきた歴史的経緯などを考えれば、労使関係についてもそのように単純化できるものではない。

実際、逆に考えると、ケインズの登場によってマクロ経済学が出来上がってくると経済学の利用ということが初めて経済学自身のテーマになってきて、それまでの国家の一方的恩恵の供与という問題から国民の意思を背景とした公共政策としての役割が明瞭に出てくるとすれば、福祉国家化は第一次大戦後のワイマール改革が出発点であり、大恐慌後のアメリカのニュー・ディール改革以後の話だということにもなって、第一次大戦とその後の大恐慌がその場合、転機となるはずである。

そういうところに加藤の説明に疑問が残るのだが、しかし加藤の「福祉国家化史観」によれば、大不況期こそが転機にならざるを得ないのだ。それは第一次世界大戦、第二次世界大戦を経て、中間層の温存と新たな形成など、階級関係の多様化が劇的に進行するとともに、市場の内包的、外延的な拡大が商品経済の浸透をさらに促進し、生活様式を大いに変革すると同時に、宗教、近隣、家族などの社会的結合を弛緩させ、それによって国家の介入を通じる階級関係の政治化と生活の組織化が社会福祉化として、福祉国家を実現する方向に導かれていく契機がそこにあったからだとされている。

加藤によれば、大不況期の三〇数年というのは、画期としては長すぎるように見えるかもしれないが、この間に石炭、鉄鋼などの重工業や電機、化学、機械などの新しい産業も形成され、第二期の展開を支える生産力構造の基盤を作り、その基礎的な原理の上にその後の産業の飛躍的な発展が可能になって、社会福祉化の実質的な根拠を獲得したという意味で、まさに画期というにふさわしいことになる。疑念が残らないではないが先に進もう。

加藤はなお併せて宇野の段階論の区分と宇野の先の問題意識についても触れ、宇野の『経済政策論』改訂版の「補記」にみられたような、第一次大戦のあとロシアに革命が起こって社会主義国が現実に誕生したことによって、以後は世界史的には社会主義の初期段階に入ったとして、第一次大戦以降を資本主義の段階論の問題として議論するのではなく、世界経済論として現状分析の問題として論じた方がいいだろうという宇野の考え方を否定し、それが科学的規定に基づくものではなく唯物史観によるイデオロギー的な判断にすぎないとして退けていることも付け加えておこう。

加藤は実際そこに宇野段階論を変更する新しい契機を見出そうとした。宇野の段階論の時代区分に対して自らの研究結果に基づき段階論の時代区分を、先に示したように、新たに提示してみせたのである。これが加藤の二段階論の主張の枠組みである。これは宇野の段階論の考え方とは根本的に違っていて、にわかに比較することができない。加藤のそれは段階を規定する支配的な資本形態とそれに関わる経済政策を基調とする段階規定ではない。むしろ資本＝賃労働関係を基軸にする社会関係の具体的なありようによって段階を区分しようというもので、宇野の段階論を修正するというよりも、別な問題意識で新しく資本主義の発展段階を規定しようという試みである。最終的には、宇野方法論の議論とは違う次元で評価すべき問題の提起だと考えられる。

だが、日高普は、「一九世紀後半に純粋資本主義化傾向から反純粋資本主義化傾向への逆転があった。宇野氏の段階論がこの逆転を軸にして考えだされたことを思えば、宇野氏の三つの段階よりも加藤氏の二つの段階の方がよほどすじの通ったもののように思える」（日高「段階論の効用は何か」、『経済志林』五九巻三号一九九一年所収、一三三頁）とこれを激賞した。

日高は「歴史学で何のために時代区分が必要かといえば、それは歴史的現実の認識のためにほかならない。ヨリ正しい時代区分が歴史的現実の認識をヨリ正しいものにする。……／経済学における段階論と現実論の関係も同様である。段階論は資本主義世界の歴史の時代区分であって、現実論のためにのみ存在する分野でありながら現実論への考察からしか生まれないのだ。資本主義世界の歴史は純粋化と逆転による不純化とで二分することも資本主義世界の歴史の動きから、とくに一九世紀後半の現実論的考察の成果を前提としそれの抽象化にほかならないであろう」（同上、一三四頁）として、その根拠を説明したのである。

そしてさらに日高は、「段階論も現実論の一部をなす現状分析のためのものであるいじょう、段階論はいわば現実論から出て現実論に帰る途中の作業仮説なのだといってよい」（同上、一二四頁）と述べている。「現実の動きに何の影響も受けない確乎不動の段階論が何の役に立つのであろうか」（同上、一三五頁）と、日高は攻撃の矛先を最後には大内の国家独占資本主義論にまで向けて標的にするのである。大内は国家独占資本主義論をこそ段階論として提起すべきであったのに、通説に譲歩し、「遠慮してその国家独占資本主義論に下座しか与えなかった。神聖なる上座を侵さないためである」（同上）として、批判されるのである。

段階論が資本主義の歴史的発展段階説であるかどうかについては、先に述べたように、もちろん宇野自身は否定的だが、宇野にとって十分評価の済まない福祉国家なるものが現実論からの反射規定として段階論のメルクマールになるというのも、本来の宇野段階論の解釈としても理解に苦しむところであろう。段階論は直接に資本主義の歴史的段階を規定するというより、どういう資本の形態がどういう経済政策をもって対象とする資本主義経済を特徴づけているか、ということの解明であって、それは政策が機能している限りでは世界史的な時期区分とは必ずしも直結するとは限らないもののようにすら考えられるからである。つまり重商主義的傾向は何時の時代にも現われるし、「自由貿易帝国主義」などというものはまさにそのような条件の中から生まれたものではないかということである。イギリスはまず貿易立国の国で、産業資本の成立はその存立の条件を大きく支えていることは確かだとしても、その商人的性格はイギリス資本主義の特徴として残っている。時代区分にまったく関係ないとは言わないが、それは第一に資本主義の特徴をまず明らかにするものとして考えた上で、その歴史的性格を位置づけた方がよい。

資本の利潤の取得形式は原理的に限られているのであって、日高の言うように、現実論の媒介は現実の経済の条件の変化によって不断に変化が可能であるとはいえないと考えられるのである。その点でいえば、日高の段階論の見方は誤っており、彼が高く評価する加藤の主張、あるいはそれによる宇野段階論修正の試みは少なくとも段階論自体の修正としては十分な成果を得ていないように思われるのである。段階論のめざすところが、今まで何度も指摘してきたように、結果的にはともかく発想自身資本主義の歴史的発展段階の区分を直接に目的とするというより、資本主義の特徴的な型を典型として明らかにして、それが現れる歴史的背景を解明するというものであったと考えられるからである。

とはいえ加藤のその問題提起が多くの研究者の関心を引き出したことも事実である。宇野の方法論の問題との関連は抜きにしても、確かに実証的な研究に裏付けられた意欲的で斬新な主張であったからである。

(四)

加藤の業績は方法論、実証研究と多岐にわたるが、ここでは遺著『現代資本主義と福祉国家』(二〇〇六年)に収められている福祉国家論を理論的に扱った諸論稿を中心に取り上げていくことにしよう。(注22) 彼の研究の後半の過程ではソ連社会主義の崩壊という大きな事実の変化が起こる。しかも同時に社会主義の破綻に至るその時期は、上でも述べたように、戦後の資本主義諸国の一九七〇年代までの高度成長期とかなり重なっている。そしてやがてそれが八〇年代以降、今度は資本主義との競争に敗れたソ連社会主義体制の疲弊から崩壊を導き、同時にその衛星国をかたちづくる他の東欧の社会主義国をも崩壊させた。これは明らかに宇野＝大内力の説いた社会主義に至る過渡期という期待とは矛盾する歴史的過程だったといわねばならない。大内門下生たちはそのような期待には肯んじなかった。確かに加藤は完全に事態を見据える方向を変えてしまっていた。福祉国家の完成が近づくことで、資本主義のさらなる定着を図ることに成功したとみるのである。それは暫時の維持なのか、とりあえずそうしたのか、それとも今後基本的にそういう存在たりうるのか。いずれにせよそこにはかつて彼も抱いていた社会主義への過渡という期待は完全に消えてしまっている。

(注22) 加藤の著作からの引用は上に記したように遺著『現代資本主義と福祉国家』(二〇〇六年)から行い、続篇の遺著『福祉国家システム』(二〇〇七年)は具体的な分析が中心なので特に引用することはしなかったが、中に重要

な指摘が含まれているところがあるのでそこからあえて引用しておくことにした。ここでは加藤の福祉国家についての一般的定義が述べられているので参考のため長いが、注記して以下に引用しておく。——「福祉国家とは、労働者階級の政治的、社会的、経済的同権化を中核にして形成され、全国民的な広義の社会保障制度を不可欠の構成要素とする、現代資本主義に特徴的な国家と経済と社会の関係を表現する用語である。その生成の端緒は前世紀末葉のいわゆる大不況期にまで遡るが、福祉国家が飛躍的な発展の基礎を形成したのは、第一次世界大戦から第二次世界大戦直後に至る激動の三〇数年間においてであり、戦後の高度成長期にそれは全面的に開花し、そして結実した。その際、社会主義がこうした資本主義の福祉国家化を促迫する最も重要な要素として機能したことは疑いなく、その視点から見れば、福祉国家とは、資本主義が、大不況期以降現実的な影響力を持つようになった社会主義との緊張関係のなかで、自己の原理とは異質の要素を取り込むことによっておこなってきた資本主義の自己改造であると規定することができよう。もちろん自己改造には犠牲と軋轢を伴うが、それでも資本主義がこれをおこないえたのは、これまた大不況期に端を発し、戦後高度成長期に完成の域に達する産業構造の重化学工業化が、そのための生産力的基盤をつくり出したからである。鉄鋼と石油を基礎にした多軸的な産業連関の展開によって実現された未曽有の生産力の発達は、一方では無限の価値増殖という資本の蓄積衝動を充足させながら、同時に他方では、場合によっては国民総生産の過半に達するほどの莫大な「余剰」を社会化することを可能にしたからである。したがって生産力的基盤が弱体化したり、社会主義のインパクトが減退したりすれば、福祉国家の発達は減速したり停止したりするのは避けられないであろう。一九七〇年代初頭以降の状況がそれに当たるが、その結果、福祉国家が現代資本主義に特徴的な国家と経済と社会の関係を表現するものでなくなるとは考えられない。しかし、福祉国家の発展期においては福祉国家の収斂傾向がみられたが、今後は福祉国家の分散傾向が生じ、その経済、社会生活、統治にとっての意義は国によって差異が大きくなっていくものと思われる（加藤「西ドイツ福祉国家のアポリア—社会給付の『効率化』と年金改革論」、『福祉国家システム』所収、一二八頁）。

加藤の盟友馬場の主張についても似たことが言えるのかもしれない。資本主義の成長の継続を金融資本の段階でなお自立的なものとして確言するとともに、馬場は過剰富裕化が地球汚染などの経済原則的な環境破壊を導くという形で世界的な危機論を提唱するに至ったのである。馬場は言う。「金儲けのための物作りの二〇〇年を過ごした挙げ句、資本主義は滅亡の危機に踏み込んだ。いうまでもないが、革命が起こって資本主義が別の体制に変わるのではない。そうなら人類にとっては慶賀すべきことだが、そうではなく、資本主義的な経済暴走の結果、何よりも地球環境が破壊され尽くし、この地球が人の住まぬ天体になる危険が迫っている。人類が滅びてしまえば、資本主義も存続できない。だから資本主義は滅亡の危機にあることになる」（馬場「資本主義の来し方行く末」、『もう一つの経済学』所収、三二三頁）と。だがそれでは明らかに資本主義の危機とはいえない。

馬場の主張を扱うには別の機会が必要であろう。ここでは加藤の主張に戻ろう。加藤の説明には社会主義への移行の過渡期説から資本主義安定説への転換ということを別にしても、宇野の方法論に照らしてみると、それ自身にいくつかの問題があるように思われる。その一つは、加藤が段階論の基準に政策、とくに社会政策を挙げたことである。宇野が段階を分ける基準を、その段階に支配的な資本形態が何かという点に置いていることは、すでに述べてきた。そしてまた同時にそれが、論者によってはしばしばその時代の国家の経済政策によって段階が決定されると理解されることがあることも指摘してきた。加藤はまさに政策を先に置く。おまけにその政策とは対外的政策を重視した宇野とは違って国内的な社会政策である。そして宇野が政策の主体であるべき国家を説いていないことを根本的な欠陥として批判している。

加藤はいう。「宇野の場合、経済政策の主体を国家というよりはむしろ支配的資本そのものと考える傾向が強く、この観念が彼の経済政策論の範囲を空間的にも時間的にも制約することになった。／空間的という意味は、宇野経済政策論は対象を対外経済政策にかぎり、対内政策、とりわけ社会政策ないし労働政策をまったく考慮していないということである。宇野にとって、経済政策論のもっとも重要な課題が支配的資本の蓄積様式の解明であり、資本蓄積様式の要諦は労使関係にあるとすれば、社会政策を経済政策論の対象から排除したのは不可解としかいいようがない。一つの理由として、宇野が一九世紀ドイツ歴史学派の社会政策論と実際におこなわれた社会政策とを混同し、前者の学問の『常識的な、実際家的な』性格を排斥するあまり、後者を経済政策論の対象からはずしてしまったということも考えられなくはないが、いずれにせよ、こうして社会政策はたんに経済政策論の埒外に置かれたばかりではなく、段階論を構成する一分野としても適切な位置付けを与えられないことになった。／時間的という意味は、経済政策論ないし段階論の対象時期を第一次世界大戦勃発以前に限定してしまったことである。その理由を宇野は二つの側面から説明している。一つは、ロシアにおける社会主義の成立によって『第一次世界大戦後の資本主義の発展は、それによって資本主義の世界史的発展の段階論的規定を与えられるものとしてではなく、社会主義に対立する資本主義として』理解しなければならないからだ、という理由である。すなわち現代はもはや資本主義の時代ではなく、資本主義から社会主義への過渡期であるという、唯物史観の発想に連なる宇野の世界観に基づく主張である。／いま一つの論拠は、第一次世界大戦後の資本主義は、管理通貨制下のインフレ政策など大きな変化を見せているが、それらは『金融資本の政策をなすもの』とはいえないし、また金融資本に代わる新たな支配的資本形態が形成されたわけでもない、したがって第一次世界大戦以降の時代は帝国主義段階のたんなる延長ではないし、また帝国主義段階に代わる新たな段階を画するものともいえない、というものである。経済政策と支配的資本の利害を直結する観念が、当然のこととして、支配的資本の利害に発しない経済政策はすべて段階論としての経済政策論の埒外になるという発想を生んだのであろう。／このように、宇野段階論がその考察対象を空間的にも時間的にも自己限定してしまった結果、『現代資本主義おける国家の役割』という課題に対する宇野段階論の有効性は、著しく制約されることになった。現代資本主義国家の歴史的特質がその福祉国家的側面にあることはいうまでもないが、この福祉国家システムを構成する諸要素、すなわち高度経済成長を可能にした生産力の持続的な上昇、景気・成長政策としてのフィスカル・ポリシーの展開、広義の社会保障制度の形成と拡充、労働者階級の同権化、冷戦体制とパックス・アメリカーナ的世界市場編成など、これらすべてが段階論の射程外に置かれてしまったのである」（加藤「福祉国家と資本主義」、『現代資本主義と福祉国家』所収、三三八―三三九頁）。ここには加藤の宇野段階論に対する批判点が明らかだ。この加藤の遺稿集の編者は「編者あとがき」で、「宇野弘蔵の発展段階論を批判的に継承しつつその全面的な改定を進めてきた著者の到達点を示している」（前掲書、三四一頁）と記している。

もちろん宇野の場合、政府の存在がなくて、政策は段階を代表する資本の政策であったという加藤の批判にはいささか疑問がある。政策は国家の意思で行われるもので、重商主義の政策であってさえ資本の利害を勘案する政府の国王を含む権力者にゆだねられていたはずである。もちろん個々の資本に任されているわけではないし、またそれでは政策とは呼べない。宇野はその『経済政策論』の「帝国主義の経済政策」の章で、組織的独占体が「自ら生産を制限し、価格を決定し、進んで国際市場に国内価格以下の競争価格をもって輸出増進をはかり、さらに資本の輸出をも積極的になすのであって、それはまさに資本自身が経済政策をなすものといってよい」（『宇野著作集』七、一一三―一一四頁）、と述べている箇所があるが、結局、宇野はこのような組織を資本は作ることができないとしてそれを否定している。宇野は政策の実施が「有力な社会的一般的支持を受け」（同上、一〇九頁）展開され拡大するものであることを明らかにしているのである。宇野がそのことに気付かないとは考えられないし、宇野の政策の説明がそれに矛盾しているわけでもない。加藤の場合にはさらに、その政策、つまり強調される社会政策というものが、宇野にとって金融資本の経済政策と呼ぶにはふさわしくない、というのも事実であろう。社会保障にせよ、労働条件の改善にしろ、国内的な政策で、そのようなコストの支出はむしろ資本の直接的利益には反する政策であるという理由によって、さらに大きな問題を含むことになる。それは宇野にとっては本来の資本の利益を代表する政策とは言えない政策だからである。宇野にとっては、国家の政策であってさえも、利益を求める資本の動きの前には抗しがたいものだということが、結果的に思わざる効果を生むということになるというのであって、宇野の主張と加藤の主張は論点が必ずしもかみ合っていないように思われる。

宇野はビスマルクのいわゆる社会政策は「社会事業主張者だ、……自由競争の時代に生ずる敗残者を救済するという」(「座談会『経済政策論』について」一九五八年、櫻井、山口、柴垣、伊藤編著『宇野理論の現在と論点』二〇一〇年、所収、二七九頁)ものだ、と考えている。社会政策はもともとは、帝国主義体制を保持するために「社会主義に対抗せざるを得なくなって出したもの」(同上、二八〇頁)であるが、それを失業問題などを軸にして一般的に資本主義という枠の中で「社会問題は解決し得る」(同上)ことを示すために打ち出されたのである、と宇野は言う。そしてイギリスの工場法にも「後ろ暗さ(対社会主義というような)はないというんですね。何か悲惨な工場生活に対する、ことに幼少年、婦人労働に対するヒューマニスティックな考え方というものが大きなバックになっているということをいいたい」(同上、二八一頁)というように述べている。「イギリスはポーパリズム(pauperism)を処理しなければならぬという、これも資本主義的に意図があってやったんだといえばいえないことはないけれども、無理にやろうとするといけないんじゃないのですか」(同上、二八二頁)という理解で通しているように思う。「あらゆる基礎をみんな経済学的なものに還元しようとすると、無理が出てくると思う」(同上、二八一頁)というのがいわば宇野の信念なのであろう。そこには恩給が国王の臣下に対する顕彰行為であったり、貧民の救済が地主、教会の慈善行為として行われたりしてきた歴史の記憶とも関係しているに違いない。筆者の理解では、経済が国家を自ら規制しうる関係にあると理解できるまでは、貧民対策ないしは女子、子供への保護対策は裕福な地主たちが支配する議会の人道主義あるいは個人の慈善のレベルにとどまり、多分、政治の民主化が進み、また経済学でもマクロ経済学が成立して、その経済政策が可能になるまで、国家の社会政策としては登場できなかったはずなのだ。

(五)

宇野は周知のように『経済政策論』の冒頭で、経済政策論の意義あるいはその「任務と方法」について明らかにしているが、そこでの政策は技術的な政策ではなくて、商品経済的に要請されるものである。宇野が言うように、「商品経済を基礎とする経済政策の科学的解明は、それが行なわれるその特殊の形態規定を明確にし、しかもかかる形態のもとに一定の歴史的発展に従って特殊の内容を与えられて展開される、その客観的根拠によってなされなければならない」（宇野『経済政策論』、『宇野著作集』七、一五頁）ものなのである。実際、資本主義社会という特殊の社会が「自らの基盤を形成するまでには一定の歴史的時期と、その時期に特有な経済政策とを必要とした」（同上、一八頁）のである。そして多くの旧社会の古い社会関係を残しながらもそれを自力で解消して、自らの社会体制を確立してゆくということになると、もう「なんらの特殊な経済政策をも必要としないものとなる」（同上）ということこそが、「経済政策がいかなるものであるかを示す科学的基準を与えるもの」（同上）というのである。これは実にわかりやすい説明である。ところが、「資本主義の一定の発展段階では、もはや十九世紀中葉までのような資本家的な社会関係の全面的展開への傾向を一途に進められるとはいえなくなる。労働力の商品化を増進しつつ労働の強化と、旧来の小生産者的な生産物の商品化の拡大や中小資本の収奪とに基づくいわゆる独占的資本を、資本の組織的独占体として形成することになる。労働力商品化の基礎をなす旧社会関係の分解を徹底的に推進しないで得られる資本の利益が重要性を増してくるわけである。それは資本主義の発生の初期の段階を裏返したものといってもよい」（同上、一九頁）ということになるとなかなか理解が難しくなる。「裏返したもの」というのは、資本主義的な分解作用（純粋化傾向）を逆に抑制しようとする性格をいうのであろうか。

ともかくそうなると「資本主義社会は、再び経済政策を重要な補強手段として要請することになる」(同上)という。だから宇野は「経済政策の科学的解明は、かくして資本家的商品経済の発展に応じて変化してゆくその歴史的な一般的な規定をもってなされなければならない。それはしばしば誤り解されているように、科学的になんらかの政策を樹立するというようなものであってはならないばかりでなく、個々の政策をとって直ちにその客観的意義を明らかにしうるというものでもない。そこにまた経済学としての経済政策論の特有な任務と方法とがある」(同上)というのである。しかし金融資本の政策の話になると重商主義政策を裏返したものというようなわけにはゆかない。

金融資本の段階の経済政策は、宇野によれば、資本主義の「補強手段」として説かれているのである。宇野がその『経済政策論』で帝国主義の経済政策として挙げているのは、「金融資本によって必然的に形成せられる独占的資本、殊に組織的独占体は、自ら生産を制限し、価格を決定し、進んで国際市場に国内価格以下の競争価格をもって輸出増進をはかり、さらに資本の輸出をも積極的になすのであって、それはまさに資本自身が経済政策をなすものといってよい」(同上、二一三―一四頁)という先に引用した言葉で示されるように、一方では組織化には消極的な見方を示す一方で、むしろ逆に独占的資本が組織的に「進んで積極的な発展策をもなすもの」(同上、二一四頁)とされている。しかも他方で、宇野は関税政策と資本輸出を帝国主義の国家的経済政策の典型として掲げているのであって、必ずしも金融資本に即した経済政策の説明としては明瞭とは言えない。

宇野が部分的組織化を論じたとしても、それが社会全体の組織化に否定的であるのは当然であろう。部分的組織化は、「国内的にはその不均等性が独占的組織の基礎をなすことになる。それと同時に対外関係においても帝国主義的政策の展開をみることになる」(同上、二一四頁)として、レーニンのカウツキーの「超帝国主義」批判から引用して自説を補強しているからである。その点では加藤の組織された資本主義への肯定的な評価とは初めから違っている。それだけでない。金融資本の政策が直接資本主義の発展を目指しているのに対して、加藤は労使関係の安定というところに資本主義の永続性を期待しているからである。加藤は、先に引用した文章の中で、宇野の「経済政策論のもっとも重要な課題が支配的資本の蓄積様式の解明であり、資本蓄積様式の要諦は労使関係にあるとすれば、社会政策を経済政策論の対象から排除したのは不可解としかいいようがない」と述べていたが、宇野自身は必ずしも段階論の課題が資本蓄積様式の解明であるとは見ていないのである。宇野は、加藤のいう労使関係の安定がどうして労働力の商品化の止揚につながっていくのか、疑問に思うであろう。宇野にとっては労働力の商品化こそが問題であるのに、加藤は労働力商品の矛盾が福祉国家の諸政策によってかなりと高い水準で解決に近づいているとみているからである。労働力商品の位置づけが両者においてすでに決定的に違うのである。

そこには両者のイデオロギーが介在しているとみることもできよう。加藤が言うように確かに宇野は唯物史観に代表されるようなイデオロギーを念頭において資本主義の将来を見据えているように見える。つまり現代の資本主義は世界史的には社会主義社会への過渡期だという理解である。それに対して加藤は、資本主義自身が社会主義との対抗の中で社会主義が目指したものを福祉国家として自らのものとして獲得している、という理解であるように見える。それは社会主義というものを何ら将来の前提とはしていない。(注23) 資本主義の根本的矛盾というような考えはそこにはないように見える。そうだとすると、宇野の段階論という問題とは位相が違った議論になって比較できないし、またそれはそれとして別個議論する価値のある問題提起になっているように思われるが、それはここでの問題ではない。つまり宇野の段階論の改訂という問題には迫ってこない。そうかといって宇野に問題が残っていないというわけでもない。

（注23）加藤は社会主義について次のように概括している。重要な指摘と思われるのでここに引用しておく。――「社会主義は、資本主義の次にくる未来社会の設計図（Gedankenbild）を説いたものではない。社会主義はそのようなものであるかのように主張されてきたが、そのようなものとしてはまったく貧しい内容しか持っていないのであって、社会主義は資本主義の批判思想としてみるとき初めてその歴史的意義が明らかになる。／社会主義を資本主義の批判思想として捉えると、それは次の三つの構成要素に区分できる。第一は、資本主義の反世界としての社会主義を主張する部分である。この部分は私的所有対公的所有、市場対計画、階級社会対非階級社会のように、ダイコトミーが支配する領域である。ここにおける社会主義は資本主義の反世界として意味があるのであって、正世界をひっくり返せば反世界がそのまま正社会になるなどということはないのである。したがってこの部分は通常いわゆる原則綱領として永遠に遥かな目標とされるか、たとえば『共同経済』とか『管制高地』というような発想によって読み変えられて、第二、第三の構成要素と結び付けられていく。／第二の構成要素は、資本主義的商品経済に不可欠の要素として組み込まれながら、元来商品経済にはなじまない二つの生産要素、すなわち労働力と土地にかかわる要求である。この二つの生産要素に対する社会主義的運動の要求とその実現は、資本主義経済の『無理』を暴露し、拡大もするが、結局はその欠陥を補完することになる。たとえば土地公有化の主張は、ヨーロッパ諸国で見られるような広大な公共用地の存在と用途別土地規制によって、土地の商品化が生活基盤を侵害することを防いできた。／労働力商品にかかわる要求は結局労働者階級の同権化要求として括ることができ、社会主義運動、とりわけマルクス主義的社会主義運動の要求は、第一の構成要素を除けばほとんどすべてこのジャンルに入る。そしてそのほとんどすべてが要求を超えた水準で実現されている。つまり『資本主義の反世界としての社会主義』を除けば、かつてマルクス主義的社会主義が要求した中心的な課題はすべて福祉国家システムのなかに包摂されてしまっているといってよい。……／第三の構成要素は資本主義的商品経済がその外部に前提し、かつそれに全面的に依存している条件、一言でいえば生活そのもの、あるいは生活を通じての人間の再生産にかかわる要求である。いま仮に人生を現役前と現役と現役後の三世代に分割すると、現役前に対する扶養と教育、現役後に対する経済的、物質的、精神的な生活条件の給付をいかなるかたちでおこなうかということが中心になる。この分野の要求は、元来マルクス主義的社会主義ではほとんど重視されてこなかった。その一つの理由は、マルクス主義的社会主義の綱領の基本的内容がマルクスとエンゲルスが活躍した時代に制約されていたからであろう。医学の水準が低く、また労働者階級の

同権化がほとんど進んでいない時代にあっては、現役前と現役後の期間はきわめて短く、彼らの肉体的、精神的な養育と養老は通常家族内で十分おこなわれ、せいぜいそれを隣保と教会、あるいは友愛組合や労働金庫など労働者の自治的組織が支援し、それでも支えきれない場合に地方公共団体の公的扶助が出動するという対応で足りていた。養育と養老がこのようなインフォーマルな対応ではカバーしきれなくなり、重要な社会問題になってくるのは一九世紀の八〇年代末以降のことであり、それはまた、マルクス主義に一元化され、理念化される傾向にあった社会主義が、現実的な課題を背負って多様なかたちで復活してきた時代でもあった。したがってマルクスの時代に制約される傾向の強かったマルクス主義的社会主義よりは、フェビアン社会主義のような新しい社会運動のほうがこの分野の問題により鋭敏に感応したのは当然であろう。……／……以上のような社会主義の構成要素はさまざまな濃度をもって資本主義的商品経済に溶け込んできたが、一九七〇年代中葉以降資本主義的商品経済の容量が急速に減少したために社会主義的要素が過飽和状態になった。プライヴァタイゼーションはいわば結晶化した社会主義的要素を福祉国家システムの外に排斥する試みであるといってよい。排斥の第一の対象になったのが社会主義の第一の構成要素が読み変えられた部分であり、その代表が公企業の民営化である。公企業は最初は通常殖産興業の手段として設立されたが、第一次大戦前夜からヨーロッパでは『共同経済』あるいは社会主義のための『管制高地』という発想によって再定義され、急速に拡大した。公企業の民営化は何よりもまず公企業のこの側面を切り落としていくことを意味している。排斥の第二の対象は福祉国家システムに取り込まれてきた社会的連帯の要素である。しかしもともと社会的連帯のあり方が違っていたから、その排斥の仕方も国によって異なってきている。……強固な連帯主義的コーポラティズムを築いてきたスウェーデンでは社会的連帯を堅持したまま福祉国家システムの構造調整を図ろうとしているのに対して、元来利益カルテル的なコーポラティズムを通じて利益の調整をおこなってきたイギリスやアメリカでは、社会的連帯は可能なかぎり弛緩せしめ、企業への連帯を強化し、これをもってコーポラティズムに代替する方向を追求しているといってよいであろう。したがって公企業の民営化も政府からまったく自由な私企業化ではなく、政策的な枠付けをされた民営化にならざるをえないのである。……」（加藤「福祉国家システムの再編」、『福祉国家システム』一六四―六七頁）。

宇野自身が明らかにしていたように、資本主義が帝国主義の段階に入ると、それまでのいわゆる純粋化傾向という動きは停滞あるいは鈍化して、三大階級への分化傾向も逆転することになる。農民をそのまま温存し、中小の自営業者を独占資本の周辺に形成、維持させるだけでなく、新しく必要とされる技術者、管理者などの中間層や熟練労働者の労働貴族化などの複雑な階層構造を作り出すことによって、社会階級間の利害関係が複雑になり、各階層、階級がそれぞれ自らの利害を反映させるような政治的行動に参加するようになると、政府も各階級・階層の利害の調整に走って、必ずしも基本的な資本の利害によって行動するとは限らなくなってくる。普通選挙などを通じて大衆民主化が進めば進むほど、ますます国家の政策は多面を向かざるを得ないようになってくる。そうならざるを得ないことになるとすれば、加藤のいう福祉国家体制の確立を目指す諸政策も現実的な話になって来るのである。

もちろん、加藤にとってそれは重商主義の政策が本来望まない方向に意識せずして引っ張っていったという理解と同様に、社会福祉政策が社会主義と同様の道を意識せずに資本主義に準備させていくものと考えていたはずである。しかしそこに社会主義国ソ連の破たんが生じた。加藤は同じ方向に向かっていたものが、社会主義国のさまざまな制度的、政策的欠陥によって敗退する結果を招いたと理解した。もちろんそこで社会保障政策の意義は宇野が考えるような本来的には資本主義の維持発展のための「補強手段」という考えとは違っている。しかしだからといって、それが社会主義体制を超えるものであったということの証明になるものなのだろうか。資本主義の維持発展を補強する手段以上のものといいきることができるのだろうか。

むしろこれはとりあえず、社会主義が資本主義との軍拡競争に敗れ、いわばアメリカ資本主義の一人勝ちという事態を招いて、いわゆるグローバリゼーション下の世界経済の新たな展開につながってくることになるものである。世界的にケインズ主義から新自由主義への転換として捉えられた時期にもつながる時代でもある。当時は、イギリス首相サッチャーやアメリカ大統領レーガンが主導して先進国では経済の需要サイドから供給サイドへの転換が叫ばれ、民営化と規制緩和が旗印となっていた。この辺の新自由主義への転換という事情を古典的資本主義への「逆流」と表現したのは伊藤誠であるが、規制緩和が徹底され金融の自由化が促進された事実はあるにしても、国境は維持され国の経済は依然として国家がマクロ的に管理しており、かつての自由主義への「逆流」とはならない。せいぜいマクロ経済学を捨てて新しい数学的意匠を凝らした一九世紀的新古典派への回帰が想像されるに過ぎない。だがマクロ経済学の登場以後に、経済学がミクロのそれに再び収斂することなどありうるはずがない。むしろサブ・プライム危機に端を発しリーマン・ブラザーズ社の破綻で表面化した二〇〇八年の金融恐慌が世界に伝播した事実が示していたように、まさにそれは「背骨の抜けた資本主義」の真実を語るにふさわしい事態の現れにほかならないと考えられるのである。マルクス経済学の洞察力が失われているとはまだ考えたくない。

実際、現状を見れば、先進資本主義国において社会保障体制自体が危機に瀕していることは各国で深刻に認識されているところである。もちろんそうだからといってその方向を閉じることは出来ない。これが残された問題になる。もちろん加藤はこの問題を見逃しているわけではない。

(六)

確かにこれはもはや社会主義を凌駕しようとする資本主義の姿とは言えないだろう。低成長にあえいでいる先進資本主義国家において、社会福祉政策そのものが財政難によって縮小を各国において余儀なくされているのが現状だ。もちろんそれをやめることも出来ない。柴垣和夫は「労働力商品化の無理を糊塗するケインズ政策と福祉国家が破綻した後では、もはや資本主義に本来の市場規律で労資関係を締めるしか方策がなかったことを示すものであった」(柴垣「宇野理論と現代資本主義論」、前掲『宇野理論の現在と論点』所収、一九〇頁)という。しかしいわゆる新自由主義による自助努力への期待も福祉政策の転換を必ずしも意味するわけでもないだろう。福祉国家体制が今や資本主義国そのものに必須の構成要素になってしまっていると考えられるからである。ただ国家財政における税収の縮小によって財源も縮小し財政も赤字で国債発行もままならないとすれば、福祉国家体制が破たんに瀕しているともいえるかもしれない。にもかかわらずそれに代わるべき社会主義への期待はすでに失われているとみられている。しかも対抗すべき社会主義の崩壊があっても、実際、福祉国家体制の継続の否定にはならないのである。林健久が強調しているように、「福祉国家体制は大衆の生活を国家ないし社会が保障するというのであるから、いったん手に入れた大衆がこれを放棄することは、まずありえないであろう。……／……契機としての社会主義理念と、いわゆる社会主義国の実態があまりにもかけはなれていることが判ってくるにつれて、社会主義を原理とすると自称するそれら『社会主義国』にくらべて、福祉国家化した資本主義国を大衆が選好し保守しようとしてもそれほど不自然ではないであろう」(林『福祉国家の財政学』一九九二年、一九―二〇頁)と述べていたように、もはや後戻りできないとされているのである。それが今危機に陥っているのである。それは林の指摘するその内包する不安定性に起因するのかもしれない。資本主義自体がその成長力を失ったため財政支出削減の最初の対象になったということであろうか。しかしだからといって市場原理がより徹底され、労資関係について市場の規律を一層締め上げることで問題を果たして解決することができるのだろうか。そこに資本主義に代わる未来社会を期待する動きは当然出てくることが予想できるのではないか。例えば、最近「ウェルフェア」から「ワークフェア」(自立支援)への転換に対する反対運動の盛り上がりとか、「ベイシック・インカム」の議論がかまびすしいのもまさにそのことに関係ある。

ともあれ、この時期を資本主義のどのような段階ないし小段階、あるいは局面として理解するか、あるいは聞き慣れた社会主義という形ではなくとも、何か資本主義に代わる社会を想像するのもあながち間違いともいえないのではないか。労使関係の規制緩和によっても労働力の商品化に代表される資本主義社会における原理的な矛盾が解決される見通しが出来ていないと考えられる以上、資本主義に代わりうる新しい体制の模索が続けられる必要性は残るはずなのではないか。まして宇野原理論を基礎理論として、その上にさらに段階論を修正しつつ資本主義の現状の分析を図ろうとしているのであればなおさらのことである。もちろんこのような事態の変化を鋭敏な加藤が見逃していたはずがない。彼の研究の最後のテーマは現代の資本主義の更なる変化をどう捉えるかにあった。

加藤は初めて自らの新しい歴史的段階区分を提起して注目された一九八七年の論文（もとは一九八六年にシンポジウムでの報告として準備され、のち論文に改められた）「福祉国家と社会主義」の末尾で、一九七〇年代以降の資本主義の変化について触れ、それが資本主義にとって何らかの転機であることは誰の目にも明らかであると指摘し、未曽有の高度経済成長の結果、世界市場の軍事的、政治的、経済的支配システムが崩壊したこと、そして重厚長大の産業構造から軽薄短小の産業構造への転換に伴う国際的な分業関係に動揺と再編の動きがあること、さらにまた、例えば労働組合運動の衰えに見られるように、人々の社会的結合の弛緩はまさに社会構造の崩壊を指示しているというのである。そして実際、新しい構造がまだ出来上がっているわけではない。アメリカに代わるような基軸国はまだ現れていないし、安定的な世界市場編成の見通しも立っていない。中国がその夢を追っているにしても、実現は遠い夢に過ぎない。このような状況こそが、ある意味で、「大不況期の一般的特徴は、ほとんどそのまま現在の状況にあてはま」（『現代資本主義と福祉国家』、一六一頁）る、ということになり、大不況期が逆転を意味すると同じ意味で「画期」、つまり「転換期」ではないかというのである。現在が不連続な変化を遂げつつある「転換期」であることを示していると加藤はいう。実際、すべての国で社会保障関係経費の縮減が行われており、ケインズ的成長政策は批判を浴びて後退していることがその直接的な証拠だと述べている。加藤はその原因は社会的結合の弛緩であり、「新々自由主義」のイデオロギーが世論の提唱者になっているからではないかと述べている。「新自由主義」ではなく「新々自由主義」という聞きなれない言葉をもちいて社会的結合の弛緩を強調しようとする理由がよく理解できないが、ここではその疑問は問わないことにして先に進もう。現在が「転換期」であるとすれば、その意味が当然問われるからである。

加藤はその後その状況についてさらに引き続いて考察を進め、新しく問題を再提起する。それは一九八八年のシンポジウムのための報告論文「現代資本主義の歴史的位相」（一九八九年）である。そこでは一九七〇年代後半から一九八〇年代中ごろにかけて、前述の第二段階の資本主義、つまり新しく彼の名付けた中期の資本主義の発展構造が崩壊期に入ったのではないかと、問題を投げかけたのである。それは転換期よりさらに立ち入った説明になるであろう。

その説明は一九八七年の論文と基本的なところで大きく異なるところはないようだ。あるとすれば、中期資本主義の発展期の特徴が高度経済成長と福祉国家の拡充であったとして詳しい説明が付け加えられていることである。そしてその上で、そのような構造が壊れることで第二期の崩壊ということになったというのである。ただそこで述べられている理由そのものは、産業構造、世界システム、産業組織と労使関係、イデオロギー問題などでとくに新しい指摘はない。そこで強調されているのは資本主義における組織の弛緩あるいは流動化という現象が、マネタリズムとかサプライサイドなどの名のもとに国家の介入を極力排除する小さな政府を要求して大きな政府に反対するという新自由主義のイデオロギー的実践によって集約され、民営化という方向を具体的に要求するイデオロギーの役割であった。加藤によればこの民営化（privatization）こそが第二期の崩壊期にふさわしい概念であり、その時期を象徴する現象であるとされた。

そしてまた同時に、この崩壊期も、資本主義の崩壊を意味するものではなくて、中期資本主義の発展構造が崩壊するという意味であることが強調される。そして今や事態は崩壊期を脱却して、転換期に入りつつあるのではないかという示唆でこの論文は終わるのである。

ただ、いかにしてそれが崩壊期でなくて転換期になったのか、その辺のところは十分説明されているとはいいがたい。加藤は「何に向かっての過渡か」（『ＵＰ』一九八八年三月、『現代資本主義と福祉国家』所収）という短い論稿の中で、宇野が現代を過渡期と規定できたのは過渡期の彼岸が胸底に常にあったからこそであって、「崩壊期に生きるわれわれにとっては、〈過渡期〉の彼岸は近づけば近づくほど遠ざかる陽炎のように見える」（「何に向かっての過渡か」同上、二二八頁）だけだ、と文学的表現で曖昧に語っているだけである。いずれにしても加藤にとっては過渡期の彼岸は決して社会主義ではないということであろう。

しかしその曖昧さはある意味ではすでに加藤自身が自覚していることでもある。「福祉国家と資本主義」（一九九五年）の中で、加藤は一九七〇年代以降に世界史が大転換期に入ったことの意味をやや詳しく述べようとしているが、その転換を象徴する出来事は社会主義の解体とその資本主義化だと述べている。また同時に、資本主義国でも公私の役割を見直そうという傾向、privatization（民営化）が世界史的な大潮流をなしたという。というのはそれが既存のシステムを解体するものではないが、一九世紀末以降、約百年続いた福祉国家体制を解体・再編する方向への推進力として作用してきたものだからである、という。その原因は組織資本主義を構成するさまざまな組織の弛緩であり流動化であり解体だとする。そして例えばその解体の実例として、国際通貨制度の破たんが挙げられ、さらにまた石油価格の暴騰によるいわゆる石油危機が挙げられている。石油価格は、加藤自身も認めているように、「低成長や石油原単位の低下やＯＰＥＣの結束の欠如などによって、石油価格は大幅に低下し、第二次石油危機の異常高騰は修正されてきている」（『福祉国家と資本主義』、『現代資本主義と福祉国家』二六八頁）とはいえ、周知のようにアメリカのオイル・シェール・ガスの生産の急速な拡大と石油に対する世界の需要の減少によってさらに価格低下を見ていることまでは加藤は知り得なかった。ただこのことの影響が石油価格の低下を必ずしも永久的なものにするとは言えない以上、それをここに決定的な条件として付け加えることができないにしても、時代はガソリンや軽油、重油を使用する自動車から電気自動車への急激な転換を予想させる動きがフランス、イギリス、ドイツなどの主要ヨーロッパ自動車生産国、そして世界最大の自動車生産国で、かつ最大の販売市場国である中国などにおいて急激に叫ばれ始めていることははっきりした事実だ。もちろん、石油価格の問題を除外したとしても、このような「組織の弛緩と解体によって、公共政策は、あるいはその膨張の節度を失い、あるいはその存在理由を問われ、経済成長の鈍化という条件のなかで根本的見直しを迫られている」（同上）という状況に追い込まれていることは確かであろう。いってみれば「公共部門の構造調整の手段としてプライヴァイタイゼーションという手法が採用され、その対象が福祉国家システムの中心部分にまで及んできているということは、福祉国家がいまやその正統性の危機に直面していることを物語っているのだ」（同上）ということになる。

他面で、世界システムや国民国家や国民経済というような中期資本主義を形成してきた骨組みが解体していく中で、ナショナリズム的傾向が随所で高まる傾向があるとすれば、組織資本主義が構成してきた組織の弛緩ないしは解体の結果として出てくるものは失われた組織に代わる新しい組織でなければならないというのが加藤の見通しになる。加藤は「産業構造の転換やＮＩＥｓの躍進による世界システムの新たな潮流など、新たな〈発展構造〉を構成する諸要素が、しだいにかたちを現わしてきており、世界史はようやく〈後期資本主義〉の〈萌芽期〉に入ってきたのであるが、その内容と意味の検討は別稿の課題である」（同上、二六九頁）としているが、それは失われた組織に代わる新しい組織への模索であるには違いないであろう。

これはすでに述べたように、もはや対抗すべき社会主義の自滅によって自ずと得た勝者としての資本主義の姿とは言えない。福祉国家体制自体を揺るがせつつある資本主義の姿にほかならない。転換期であるとすれば実際それはどこに行くのか。

ただ加藤は上に掲げた論文から九年後に発表された論稿、馬場と三和良一と共に自らも編集に携わった論文集『資本主義はどこに行くのか：二十世紀資本主義の終焉』（二〇〇四年）に寄稿した論文「二〇世紀福祉国家の形成と解体」の中で、福祉国家以後について加藤はさらに続いてある程度の展望を示そうとしている。それを見ていこう。

「元来、福祉国家は資本主義と相性がよいものでない」（加藤「二〇世紀福祉国家の形成と解体」、『現代資本主義と福祉国家』二七八頁）という言葉でその論文を書き起こした加藤は、その理由を福祉国家とは所得再配分国家であり、資本主義の原理が効率性や公平性を著しく損なうものとして排除している国家による資源配分や所得配分の人為的修正を、それが本務としているからだという。それなのにどうして資本主義は福祉国家を必要とするようになったのか、それをまず明らかにする必要があるとして、加藤は次にその課題の解明に進む。

加藤は主としてイギリスの例を挙げて、自由主義段階の資本主義における救貧制度の制度的特徴を施設外救済から施設内救済への制度的変化傾向の中に明らかにしつつ、この制度的変化が労働の自然価格の決定原理に矛盾するとして国家の政策としては望ましくないものとされ、せいぜい慈善の対象に過ぎないものとされていた事情によることを明らかにするとともに、救貧制度が国民の中の例外的な極貧者を対象に国家の秩序維持のために行われた救済であって、国民全体の生活保障というような二〇世紀の福祉国家の問題には直接つながるものではないことを指摘した。

そしてさらに加藤は、二〇世紀の福祉国家の形成の前提として、政治的、経済的、社会的同権化の問題を取り上げている。資本主義が本来的に有産者階級独裁のシステムだとすれば、大衆民主主義は資本主義になじまない性格のものだとする。それが普通選挙に傾いてゆくのは大衆課税化によるが、参政権を財産の多寡と切り離すことは「資本主義の精神が人間社会を全面的に支配することを拒否する発想に連なる行為」（同上、二八五頁）なのだという。「この点において政治的同権化は福祉国家の形成発展にとって枢要不可欠の役割を担っていた」（同上）のである。経済的同権化は労働者における団結権、団体交渉権、争議権などの労働基本権であるが、これらは「資本主義原理の核心である労働力の商品化が解き難い矛盾を内包していることの隠喩」（同上、二八六頁）とさえ見られる。「労働力も商品である以上、買い手である資本家が利潤の極大化を追求して労働力を利用し尽くすのは、なんら資本主義の原理に悖る行為ではない。しかしそれは人間存在を危うくする行為であって、なんらかの規制が加えられることを避けることはできない」（同上）。それは資本主義の原理からすれば背離ということになるが、労働力商品の存在自体がそのような背離を含んでいたようでもある。三番目の社会的同権化というのは、教育を通じた機会均等の話である。資本主義以前の社会では大衆の教育は日常的な職業活動の中ではぐくまれたのだが、福祉国家化以前の公教育の議論は、機械化による分業化などを通じて労働が劣悪化して大衆の理解力や徳性が低下してしまうのを、労働貧民にも公教育を施して愚民化の阻止に役立てようとするものであって、福祉国家における社会的同権化に立脚する公教育の問題とは始めから性格が異なることを加藤はここでも明記している。

　それでは福祉国家はどのようにして生まれたのか。加藤は収斂説と転換説との二つに分けて論じた上で自らの見解を披歴しようとする。収斂説とは「近代化と工業化に伴う社会変動が自ずから福祉国家を生み出す」（同上、二八九頁）という主張であるが、その「致命的な欠陥は、近代化と工業化を典型的に実現した一九世紀イギリス資本主義が福祉国家とは正反対の国家システムをつくり上げたという事実を説明できないことにある」（同上）と加藤はそれを否定する。他方、転換説とは「資本主義発展の一定の段階で経済構造や社会・政治システムや社会・政治理念に断絶的、構造破壊的な変化が起こり、その過程のなかで福祉国家が生み出されたのだという考え方である」（同上）とのことであるが、加藤はそのような思考の中で福祉国家のその大転換の中身をさらに突き詰めようとするもののようである。しかし残念なことに突然加藤を襲った病魔は彼とともに将来へのわれわれの期待をも奪い去ってしまったのであった。

（七）

加藤は自らの福祉国家論を構築しながら同時に、上に見たように宇野段階論の修正を目指していた。それは彼の研究と表裏をなす関係にあるといっていいだろう。

すでに長文の引用をもって示してきたところであるが、繰り返してその概要を示せば、彼は宇野段階論の意義と限界について次のように述べていた（加藤「福祉国家と資本主義」、『現代資本主義と福祉国家』二三五頁以下参照）。第一に、国家論が初めて段階論によって具体化されたということ。なぜなら段階論の基本的規定をなす経済政策論は国家の機能によって基礎づけられているからだ。ただその課題の実現に関して帝国主義段階では問題を残している。第二に、経済政策の目的と手段は各段階の支配的資本の利害関係に基づいて決定されるとしたこと。ただ宇野は支配的資本の利害関係でなぜ公共的な政策が決定できるのかを明示的には説明していないが、それぞれの段階を通じる資本蓄積運動がそれぞれの段階における独自の蓄積様式を展開するという形で、実質的に解答を与えていると見ることができる。第三に、際立った特徴として、複線的な資本主義の発展の構図を描いて見せたことだという。それはイギリスが産業革命を通じて綿工業で独自の資本主義を形成したことや、イギリスに対して後進国であったドイツやアメリカがイギリスを凌駕するような条件をもって鉄鋼業を発達させ金融資本化した事実を明らかにしたことに見られる。このように宇野段階論を評価した加藤は、しかし同時に「一九七〇年代初頭以来の世界史的な大転換の経験を踏まえ、あらためて現代資本主義の発展軌跡を検証してみると、宇野段階論にも修正すべき問題点が多々あることは否定できない」（同上、二三七頁）として、次に宇野段階論の問題点を指摘していく。

そのことについては前にも触れたが、改めてその概要もここで示しておこう。それは宇野が支配的資本の利害と経済政策の性格をあまりにも直結しすぎた点にあるという。支配的な資本の利害といえども国民経済の社会的・政治的統合の必要性からの制約を免れないというのである。つまり宇野は、加藤によれば、「経済政策の主体を国家というよりはむしろ支配的資本のものと考える傾向が強く、この観念が彼の経済政策論の範囲を空間的にも時間的にも制約することになった」（同上、二三八頁）というのである。そのことの意味はすでに明らかにしておいたが、宇野の政策論が対外経済政策に限られ、社会政策などの国内的政策が抜け落ちてしまい、また他方では、段階論を第一次大戦までに限定してしまったために、支配的資本の利害に直結しないような政策は経済政策の埒外に置かれると同時に、産業構造の更なる全面的な展開を見過ごす結果になり、ロシア革命によって資本主義は社会主義への過渡期に入ったという唯物史観に連なる世界観に流れてしまったというわけである。

加藤の視角は、宇野段階論の描く金融資本の蓄積様式の説明が、第一次大戦によって区切られたため、主としてドイツ重工業と銀行との関連に根拠づけられ、その後の電気、自動車、石油化学などの「多軸的産業連関の形成による内生的な市場の成立」（同上、二四〇頁）を宇野は見逃してしまったのであり、それは技術革新の発展とその先進工業国への普及があって初めて可能だった事実を理解できなかったということなのである。

そこから彼の新しい段階論の構想が語られる。内容的にはすでに述べてきたことではあるが、資本主義の発展段階を萌芽期から重商主義、産業革命、自由主義段階、そして大不況期までを「前期資本主義」とし、つづく大不況期以後の組織資本主義の萌芽期、そして第一次世界大戦、戦間期、第二次世界大戦を通じる福祉国家化の時期、パックス・アメリカーナの時期をもって「中期資本主義」と名づけ、一九八〇年代初頭から「後期資本主義」なる「構造調整期」に入るという構想である（同上、二四一頁参照）。これは「資本主義発展史を第一次世界大戦をもって切断しないということに」（同上、二四三頁）宇野段階論との違いを強調するものである。そして同時に、それは基本的には資本主義のいわゆる純粋化傾向とその逆転ないし鈍化という宇野の歴史認識を、資本主義発展の現実的な歴史過程と認識し、それに基づいて資本主義の段階を決定的な形で画そうという試みである限りでは、それは二段階に画される以外にないわけで、他方で福祉国家の成立をもって経済政策の違いによる段階区分する方法とも矛盾することになるわけで、このいずれも真摯な意図は別にして、少なくとも宇野の方法論の正当な道筋に従った修正とは言えないように思われるのである。

またそれだけではない。加藤の段階論を規定するはずの福祉国家論それ自身が現在崩壊期にあることを指摘し、さらにその結末として、その後の新たな段階としての「後期資本主義」を規定する内容をただの可能性としてしか述べていない限りでは、段階の指標をなす福祉国家制度自身、かえって段階論の規定性を表現するものとするためには、まだ概念的に不十分であることを示しているとは言えないだろうか。その先の展望がほとんど窺われることがなかっただけに、加藤の早すぎる逝去によって、段階論に対するその理論的発展の可能性が永久に閉じられてしまったのは誠に残念であるといわざるをえない。

結びに代えて

結局、宇野経済学の方法をその後の研究がたどってきた道はどのようなものでどこに進んでいくのか。宇野の方法をめぐってのその修正の試みは、加藤の福祉国家論のような斬新なアイディアをもってしても、かえって宇野段階論の道を見失う効果しか生まなかったようにすら見える。いったいどう考えていったらよいのであろうか。加藤の試みが現代資本主義の解明に大きな役割を果たし得るものであることは否定し得ない。しかしここで明らかになっているのは、それが宇野の段階論を革新するものとしては評価できないということであった。宇野の段階論とは位相を異にする議論だということであった。それは一方で資本主義の発展段階説であり、またその段階区分は宇野の資本主義純粋化というテーゼに乗せて基本的には段階説をとることになりながら、他方、その二つの段階を画する極めて重要な規定たる「福祉国家」はまだ命運の定まらない不安定な概念でしかないようにも取れる。宇野段階論に登場する諸経済政策が国家のものなのか支配的資本の政策とされているのか、やや不分明のところがあるにしても、それらは加藤の主張する国内的政策としての福祉国家政策とは性格を異にする対外的な政策であることもまた宇野段階論との違いを浮き立たせるものになっている。そういう点で宇野段階論そのものの改善にはならない。

宇野の段階論は資本主義の具体的な特徴を商人資本、産業資本、金融資本、として歴史的に配列して見せたが、それはそれぞれが現実に資本主義の歴史的特徴を主として担うものであったとしても、それが資本主義の多様な面を示している限りで、宇野自身は資本主義の発展の段階を示すものと考えているにもかかわらず、必ずしも歴史に制約されない特徴を同時に備えているとみることも可能であり、それがまた資本主義における支配的資本形態の性格のもつ一面でもあるように思われるのである。つまり例えば重商主義時代が商人資本の支配した時代であったとしても、商人資本の活動が重商主義時代に限られない以上、他の資本主義の段階でも共存して活動の余地を残すというような理解に途を拓いているように思われる。事実、それは『資本論』の叙述に見られるように、労働価値説による等価交換の成立によって商人資本的形式の存立が否定され、産業資本の流通過程を独自に担当する商業資本としてしかその形式が残らないなどと硬直的に考えるのでない限り、それぞれの規定も各段階に限定的に拘束されるものと考える必要はないのではないかと考えられるのである。株式会社の存在も形式的にみれば各時代に共通で、その内容は時代の生産力によって決まってくる。そのように考えてゆけば、宇野の規定ももっと歴史的時代性から解放されることができるし、そういうものとして理解してみる必要もあるように思われる。私見による宇野理論の読み込みすぎかもしれないが、段階論ももう少し広く緩やかに考えておきたいのである。

とりあえず宇野の段階論の骨子は資本主義の段階の特徴を最大限に示している商人資本的形態、産業資本的形態、そして金融資本的形態の支配という形に現れているということでここではまとめておくことにするが、その上で本論で紹介してきた加藤の内容に富む真摯な試みも、ここでは宇野段階論の改定の試みとしては成功していないという形で残念ながら結論するしかない。

あとがき

本書は宇野弘蔵先生の経済学の方法論について、以前から今日までいろいろ考えてきたことを書き綴った覚書を整理してまとめたものである。第一部と第二部はすでに武蔵大学経済学部の『武蔵大学論集』（二〇一七年三月）に発表した「宇野経済学方法論に関する覚書（上）」を大幅に書き直したものであるが、第三部については今回初めて発表するものである。なお［補論］の第一は未発表のもので、第二は先のものと同じく『武蔵大学論集』（二〇一八年八月）にすでに掲載のものとほぼ同じものである。いずれもこの二、三年の間に執筆したものであるが、体系的に展開したものではなく、個々の論点について覚書風に書き進めたものなので、広く文献を渉猟したというつもりはないし、新しくやり直した研究とも言えない。しかし、いままで長く学んできた宇野経済学方法論に対する現在の自分なりの理解をいくらかの批判も交えてできる限り正直に書き綴ったものであることに間違いはない。表題に「私解」と付したのは、現在さまざまな批評にさらされている宇野理論体系について、率直に私の理解をあえて示したつもりだからである。

私は高等学校在学中の末期に病気（肺結核）になり、希望の大学は受験してみたものの合格せず、そのまま長い療養生活に入っていた。幸いというべきかその高等学校につながる大学が一年前学制改革によって新しく設立されていたので、その大学に継続して籍を置いたまま、ほとんど登校することもなく療養生活を送っていたが、三年経ったとき、なぜか突然病気が治ったことが告げられた。勉強から離れ怠惰で安逸な生活に慣れてしまっていた私はむしろ突然の健康の回復宣言に当惑したが、とりあえず大学を卒業することに決めて単位の修得に努め、何とか二年後には卒業できた。旧制高校から新制大学の教授に転じていた高校時代の何人もの恩師の計らいなどがなければもっと時間がかかったことだろう。卒業後の方向については種々迷ったが、自分で勝手に好きな本を読む以外勉強らしいことは何一つやっていなかった私は、学問という世界を覗いてみたいという願望を捨てきれなかった。病後のことで親も了解してくれた。ほかの分野にも興味はあったが、卒業したのが経済学部だったので、選択肢は限られ、結局、経済学の大学院に行くことに決めた。受験勉強のやり方も判らず苦労したが、そのまま何とか東京大学の大学院に入ることができた。そして入学後、指導教授としてすすんで選んだのが宇野弘蔵先生だったのである。そしてその出会いがその後の私の人生を決めたのであった。

考えてみると私が宇野弘蔵先生について東大の大学院でマルクス経済学を本格的に学び始めたのが一九五五年だから、その時からすでに六五年近い歳月が流れていることになる。今回、あらためて宇野先生の数々の論文や著書を読み返し、かつての院生時代を回顧して感慨深いものがあった。本書の中でその内容を批評することも多かったが、そのことがかえって宇野先生への敬意をあらためて深めることになったのはまことに印象的であった。なぜなら私の先生を批判する観点そのものが、実は宇野先生から学んだ考え方の延長線上にあることに間違いないと感じたからである。本書は私が宇野先生から学んだその理論体系の理解の再確認の書であるとも言えよう。

私は宇野先生に教えられるまではいわゆる正統派のマルクス経済学の知識が多少あっただけだったが、宇野先生の経済学を知って本当に目が開かれる思いがしたものだ。というより学問の仕方というものを初めて学んだ気がしてとても新鮮だったのである。はじめは不勉強だった私は『資本論』のその高度な解釈について行けなかったし、当初、宇野理論の知識に欠けた私は学友の助けなしには演習での議論にもついて行けなかった。徐々に学ぶことで目が開かれていった。同時に少しずつ宇野先生と自分の理解との違いも芽生えていた。ただそれ自身宇野先生から学ぶことの中から出てきたものであった。

こういうことがあった。大学院で修士論文を出さなければならないことになって、そのテーマについて指導教授である宇野先生を研究室に訪ねてあらかじめ相談する必要が生じたことがあった。私は当時日本では不正確な紹介の論稿がやっと一つ二つ大学の『紀要』に現れたばかりだったが、欧米では議論が専門誌の上での論争としてかなり盛り上がりはじめていた「転形問題」論争について興味をもって、その問題について論文を書こうとしていた。その内容を先生に説明したところ、「君の言っていることはさっぱり分らんから、出直して来い」と言われた。私は相当のショックを受けて退室せざるを得なかった。ただそのままにはしておけなかったので、二週間ほどたった後もう一度研究室を訪ねた。大して代わり映えのしない私の説明に先生は内容が分からないと繰返されるだけで、テーマの決定にはとても至らなかった。困った私は、すでにある程度手を付けてあったリカードの『経済学原理』の初版と第三版の価値論の内容の変化を修士論文のテーマに変更しようと思いつつ、なお未練のあった「転形問題」について相談するため、あまり日を置かず宇野先生を研究室にまた訪ねた。三度目なので、スウィージーの『資本主義発展の理論』や宇野先生の『経済原論』などを説明の資料に加えて論じた。先生は暫く聞いておられたが、破顔一笑、「君の言っていることがやっと分かったよ」と言われた。今でもその時の嬉しさは忘れない。ただ論文は完成には時間が足りず修士論文はリカードにして、あとから先生に読んでいただいた。その問題の検討はさらに拡大発展してのちの私の博士論文のテーマにも含まれることになったが、大学院で学び始めて二年目の段階では正直難しい問題ではあった。でもその時の印象として、私の言いたいことは宇野先生の考えをもっと徹底するべきではないか、ということだったし、それはそれで先生のご賛同も得たものと理解しているのである。だからこそ、そのように批判的に考える余地、あるいは研究にまだ未解決の隙間のような部分をたくさん残して検討する機会をわれわれに与えてくれる宇野理論という偉大な遺産に対して、今でも尊敬と共に感謝の念を抱いているのである。

しかも本文の中ですでに明らかにしたように、宇野理論の体系の根幹をなす段階論というものは、資本主義のグローバリゼーションが成立したとしても、その持つ役割が消えるものとは思えない。時代が進み宇野先生が予見し得なかった局面に資本主義が立ち至ったとしても、その理論の有効性が直ちに失われるということにはならないというのが私の信念である。そしてそういう立場から現在の問題についてごく簡単なあらましを述べたのであった。体力や能力が許せば、そして時間が十分残っていれば、文献の渉猟などを含めてもっとその内容を充実させることができたかもしれない。それをいまは出来ないのが残念であるが、やむを得ない。実際、たとえ本書の主張がどのようなそしりを受けようとも、その過程で日本のマルクス経済学の前進への意欲を支える力に多少でも寄与することができれば、それはそれで十分であると思っている。大きな期待を抱いているわけではない。

実際の話、この二、三年、覚書として書き綴ってきた文章が、このような形で本になるとは以前には想像もしていなかった。いままで折に触れて考えてきたことを脈絡もなく気ままに書いておこうと思ったのは、年齢の限界を感じ始めたからである。事実、はじめはこの覚書をしばらく書き続けてその中から問題を採り出して、幾つかの独立の論文にまとめようと考えていたのだった。しかし急遽予定を変えて、一部発表した覚書のうち今まで未発表だった部分も加えて一冊の本にしようと考えを固めたのはわりに最近のことである。それは老齢による身体、頭脳の衰えを意識することが増えたことに加えて、とくに宿痾だった緑内障がいよいよ悪化してきて、幸いまだ残っていた右目のわずかに残存する視野の視力では字を読むのが非常に難しくなってきたという事情によることが大きい。パソコンの画面は大きく明るいので多少見られるのだが、小さな活字の本を読むのがとても不自由になったために、研究と論文執筆が事実上困難になって来たのである。それでちょうど今年で満年齢が八八歳になるのを汐に、仕事を続けることをあきらめなければいけないと考えるに至ったのだ。

そういうことがあってもちろん苦労はしたが、不十分ながら最後まで書きあげることができたのは本当に運に恵まれていたと思う。実際いままでのような仕事はもうできないと考えざるを得ない。読んだり書いたりするだけではない。耳もすでに補聴器の力を借りなければ、あるいはその力を借りても、研究会などでの議論を十分聞き取ることが出来ないのが現状である。年齢を考えればやむを得ないというのが現在の心境である。

ただそれでも、生きている限り考えることをやめられないのが人間の業である。私はいまだに未解決の理論的な問題をいくつか抱えている。そのことをどうするかが結局残された最後の課題ということになる。

本書を執筆するにあたって遡って多くの方々のお世話になったことを記しておきたい。宇野先生はもちろんのこと、鈴木鴻一郎先生、玉野井芳郎先生、大内力先生をはじめ、同学の諸先生、諸先輩、および同僚、後輩各位の学恩に対してはただ感謝申し上げるしかない。また、さまざまな文献を通じて多くの知識と理解を与えていただいた内外の研究者にも謝辞を捧げたい。さらに弘前大学名誉教授の鈴木和雄さんには、今回、はじめの原稿から、さまざまなチェックをしていただいた。ご教示とご尽力に心からお礼申し上げたい。そのほかいくつかの研究会での報告に際していろいろなご指摘を頂いた方々にも、一々お名前を挙げることは出来ないが、感謝申し上げる。

また手元の蔵書をかなり手放してしまった事情もあり、武蔵大学の図書館には図書の利用で大変世話になった。図書の充実に不熱心な昨今の大学の事情にもかかわらず、必要な図書の入手のために協力を惜しまれなかった図書館関係者にもお礼申し上げたい。

ただそれにもかかわらず文献収集に簡単に動きにくい年齢的な問題もあって、文献の探索には禍根を残さざるを得なかったし、それによる欠陥は本書に残されていると思うが、仕方のないこととあきらめざるを得ない。同じことは巻末につけた文献目録にも表れていると思う。手近なところで閲覧できた文献はよいが、気づかなかった文献や手に入らなかった文献は目録に入っていないから、決して十分なものではない。いずれもここでお詫びしておかなくてはならない。

本書を出版するにあたっては、今度もやはり社会評論社の松田健二さんのお世話になった。役割は違ってもともに同じ道を歩きともに老いを迎えながら出版一途に努力を続けている松田さんの姿にはいつもながら尊敬の念を禁じ得ない。出版界の絶不況に屈することなくさらなるご活躍を祈るものである。

二〇一九年四月一日

——平成から令和に代わる時代の行く末を案じつつ——

櫻井　毅

◎著者紹介

櫻井　毅（さくらいつよし）　経済学者

1931 年 7 月 13 日東京市（現東京都）に生まれる
1950 年 3 月武蔵高等学校卒業、同年 4 月武蔵大学経済学部に進学
1955 年 3 月武蔵大学経済学部卒業、同年 4 月東京大学大学院に進学
1961 年 3 月東京大学大学院社会科学研究科博士課程単位取得退学
1961 年 4 月より武蔵大学経済学部勤務、助手、講師、助教授を歴任
1967 年 3 月経済学博士（東京大学）
1968 年 4 月教授（経済原論および経済学史担当）
1971 年 6 月より 1972 年 3 月までロンドン大学の LSE で在外研究
1984 年 1 月経済学部長（1985 年 12 月まで）
1990 年 3 月より同年 5 月まで主にロンドンで在外研究
1992 年 4 月武蔵大学学長
2000 年 3 月学長退任、武蔵大学退職
現在、武蔵大学名誉教授

宇野経済学方法論　私解

2019 年 6 月 1 日　初版第 1 刷発行

著　者———櫻井　毅
装　幀———右澤康之
発行人———松田健二
発行所———株式会社 社会評論社
東京都文京区本郷 2-3-10
電話：03-3814-3861　Fax：03-3818-2808
http://www.shahyo.com
組　版——— Luna エディット .LLC
印刷・製本—倉敷印刷株式会社
Printed in japan

主要著書

『日本のマルクス経済学』上下（共著）青木書店、1967,1968 年
『生産価格の理論』東京大学出版会、1968 年
『資本論研究入門』（共編著）東京大学出版会、1976 年
『経済学の古典（上）』（共著）有斐閣、1978 年
『論争・転形問題』（共編訳著）東京大学出版会、1978 年
『宇野理論と資本論』有斐閣、1979 年
『経済原論』（共著）世界書院、1979 年
『経済学Ⅰ』（共編著）有斐閣、1980 年
『恐慌論の新展開』（共編著）社会評論社、1985 年
『イギリス古典経済学の方法と課題』ミネルヴァ書房、1988 年
『アダム・スミスの娘たち―６人の女性経済学者』（監訳）
　龍溪書舎、1988 年
『随想集　時代を流れる』方丈堂出版、1991 年
『自ら調べ自ら考える―変貌する大学の中から』方丈堂出版、2001 年
『講演集　経済学を歩く』新読書社、2003 年
『経済学史研究の課題』御茶の水書房、2004 年
『出版の意気地―櫻井書店と櫻井均の昭和』西田書店、2005 年
『随想集　思い出に誘われるままに』西田書店、2007 年
『女性経済学者群像―アダム・スミスを継ぐ卓越した８人』（監訳）
　御茶の水書房、2008 年
『資本主義の農業的起源と経済学』社会評論社、2009 年
『宇野理論の現在と論点―マルクス経済学の展開』（共編著）
　社会評論社、2010 年
『ヴィクトリア時代におけるフェミニズムの勃興と経済学』（共編著）
　御茶の水書房、2012 年
『経済学と経済学者―学ぶ喜びと知る楽しさ』社会評論社、2014 年

人名索引

【欧米人名】

（ア）
アルチュセール（*Louis Pierre Althusser*）*89*
アルブリトン（*Robert Albritton*）*254*
ヴィンクラー（*H.A.Winkler*）*225, 228*
ウェーバー（*Max Weber*）*43, 70, 77, 90, 116, 118, 119, 122-124, 129, 179*
ウェイリー（*Arthur David Waley*）*67*
エンゲルス（*Friedrich Engels*）*68, 214, 216, 217, 304*

（カ）
カウツキー（*Karl Johann Kautsky*）*25, 27, 184, 302*
カウフマン（Илларион Игнатьевич Кауфман）*83*
カンティヨン（*Richard Cantillon* ）*74*
カント（*Immanuel Kant*）*86, 123*
クズネッツ（*Simon Smith Kuznets*）*229*
クリントン（*William Jefferson "Bill" Clinton*）*239*
グロスマン（*H.Grossmann*）*55*
ケインズ ,J.M（*John Maynard Keynes*）*3, 16-18, 20, 22, 228, 239, 240, 248, 285, 288, 291, 306, 307, 310*
ケインズ ,J.N（*John Neville Keynes*：*J.M.Keynes* の父）*16*
ケネディ（*John Fitzgerald "Jack" Kennedy*）*239*
コッカ（*J.Kocka*）*230*

（サ）
サッチャー（*Margaret Thatcher*） *307*
サムエルソン（*Paul Anthony Samuelson*）*22*
シスモンディ（*Jean-Charles-Léonard Simonde de Sismondi*）*34*
ジーベル（Николай Иванович Эибер）*80*
シュモラー（*Gustav von Schmoller*）*129*
ジョンソン（*Lyndon Baines Johnson*）*239*
スウィージー（*Paul Marlor Sweezy*）*152, 207, 208, 323*
ステュアート（*James Steuart* ）*74*
スミス（*Adam Smith*）*14, 57, 74, 90*
ゾンバルト（*Werner Sombart*）*41, 171*

（タ）
ダンカン（*Colin A.M.Duncan*）*31*
チェンバレン（*Joseph Chamberlain*）*228*
ツィーシャンク（*Kurt Zieschang*）*284, 285*
テュルゴー（*Jacques Turgot*）*74*

（ナ）
ニクソン（*Richard Milhous Nixon*）*239*

（ハ）
バーシェイ（*Andrew E. Barshay*）*31, 66-68, 122, 191*

ハリス（A.L.Harris）55
バーリ＝ミーンズ（Berle and Means）221, 236, 237
ピケティ（Thomas Piketty）229, 230, 241
ヒットラー（Adolf Hitler）227
ビデ（Jack Bidet）89
ヒルファーディング（Rudolf Hilferding）26-28, 32, 36, 39, 43, 150, 172, 203, 205, 207-210, 213-217, 219, 220, 224-226, 231, 234-237, 251
ブハーリン（Николай Иванович Бухарин）222
フリードマン（Milton Friedman）22
ペイルルヴァッド（Jean Peyrelevade）242
ヘーゲル（Georg Wilhelm Friedrich Hegel）78, 81-83, 85-89
ベルンシュタイン（Eduard Bernstein）24, 25
ボクダーノフ（Bogdanov, Aleksandr）29, 30

（マ）
マクドナルド（James Ramsay MacDonald）228
マーシャル（Alfred Marshall）12-15, 18, 238
マーセット（Jane Marcet）12, 13
マーティノー（Harriet Martineau）12-15
マルクス（Karl Heinrich Marx）3-5, 17, 23-25, 30, 31, 33, 34, 36, 41-45, 48, 53-57, 59, 61-63, 66-70, 72, 74, 77-85, 87-89, 93, 98, 129, 172, 181, 183, 187, 190, 201, 213, 249-251, 258, 264, 265, 272, 283, 288, 304, 305, 307
マルサス（Thomas Robert Malthus）17
ミル J.（James Mill　J.S. ミルの父）12, 16, 20, 75, 80, 81, 85
ミル J.S.（John Stuart Mill）14, 15, 16, 74, 79, 80, 81, 85, 88
メディック（H.Medick）227, 228
メンガー（Carl Menger）129

（ラ）
ラシャトル（Maurice Lachatre）26
ラパヴィツァス（Costas Lapavitsas）241, 242, 245, 254
ラムジィ（George Ramsay）201
リカード（David Ricardo）12-18, 20, 57, 74, 75, 80, 81, 85, 87, 88, 323
リスト（Friedrich List）16, 283
リッケルト（Heinrich John Rickert）123
ルカーチ（Lukács György）87
ルーカス（Robert Emerson "Bob" Lucas, Jr.）19, 22
ルーズベルト（Franklin Delano Roosevelt）226, 231, 236, 239
レーガン（Ronald Wilson Reagan）307
レーニン（Владимир Ильич Ленин）26-29, 32, 34, 36, 39, 43, 116, 129, 150, 172, 184, 190, 191, 203, 206-210, 231, 233, 234, 251, 284, 302
ロー（John Law de Lauriston）98, 183
ロストウ（Walt Whitman Rostow）283

（ワ）
ワルラス（Marie Esprit Léon Walras）15

人名索引

【邦人名】

頻出する宇野弘蔵の名は省いた

中国人名をこの中に加え＊を付した

参考文献

【引用・参考文献（日本語）】

相原茂編『マルクス経済学の発展』、『経済学説全集』第 5 巻、河出書房 1956 年

石崎昭彦『アメリカ新金融資本主義の成立と危機』岩波書店 2014 年

伊藤　誠「カウツキー」、鈴木鴻一郎編『マルクス経済学講義』青林書院新社 1972 年、所収

伊藤　誠『逆流する資本主義』東洋経済新報社 1990 年

伊藤　誠『マルクス経済学の方法と現代社会』桜井書店 2016 年

猪俣津南雄『帝国主義研究』改造社 1928 年

猪俣津南雄『現代日本研究』改造社 1929 年

今東博文「段階論の論理性と歴史性」、山口重克編『市場システムの理論〈市場と非市場〉』御茶の水書房 1992 年、所収

岩田　弘「宇野三段階論の諸問題」、清水正徳他共著『宇野弘蔵をどうとらえるか』芳賀書店 1972 年、所収

岩田　弘『世界資本主義』未来社 1964 年、新版『世界資本主義―新情報革命と新資本主義の登場』批評社 2006 年

内田譲吉『日本資本主義論争』清和書店 1936 年

宇野弘蔵「講義ノート『経済原論』」（『宇野弘蔵著作集』別巻所収）

宇野弘蔵「資本主義の成立と農村分解の過程」『中央公論』1935 年 5 月（『宇野弘蔵著作集』岩波書店、第八巻所収）

宇野弘蔵『経済政策論』上巻、弘文堂 1936 年

宇野弘蔵「資本主義の組織化と民主主義」『世界』1946 年 5 月、（『宇野弘蔵著作集』第八巻所収）

宇野弘蔵「経済民主化と産業社会化」『新生』1946 年 12 月（『宇野弘蔵著作集』第八巻所収）

宇野弘蔵『経済政策論』上巻、再版、弘文堂 1948 年（『宇野弘蔵著作集』第七巻所収）

宇野弘蔵（鈴木鴻一郎、大内力、斎藤晴造と共著）『日本における農業と資本主義―共同研究』実業之日本社 1948 年

宇野弘蔵「『資本論』における社会科学的方法の確立」『評論』1948 年 3 月（『宇野弘蔵著作集』第三巻所収）

宇野弘蔵「社会科学の客観性―マックス・ウェーバーの『理想型』について」『社会科学研究』1948 年 2 月（『宇野弘蔵著作集』第十巻所収）

宇野弘蔵「世界経済論の方法と目標」『世界経済』1950 年 7 月（『宇野弘蔵著作集』第九巻所収』）

宇野弘蔵「『経済学』の方法について」『社会科学研究』1950 年 4 月（『宇野弘蔵

著作集』第三巻所収）
宇野弘蔵「『資本論』の弁証法―遊部久蔵・長洲一二両氏の批評に関連して」『思想』1960年6月（『宇野弘蔵著作集』第三巻所収）
宇野弘蔵『経済原論』上巻、岩波書店1950年（『宇野弘蔵著作集』第一巻所収）
宇野弘蔵『経済原論』下巻、岩波書店1952年（『宇野弘蔵著作集』第一巻所収）
宇野弘蔵「過渡期の取り扱い方について」『思想』1951年7月（『宇野弘蔵著作集』第九巻所収）
宇野弘蔵「経済学における歴史と論理―宮川実氏の拙著『経済原論』に対する批判に答う」『経済学』1953年3月（『宇野弘蔵著作集』第四巻所収）
宇野弘蔵『経済政策論』弘文堂1954年
宇野弘蔵「帝国主義論の方法について」『思想』1955年11月（『宇野弘蔵著作集』第十巻所収）
宇野弘蔵「経済学と唯物史観―経済学方法論覚え書」『経済評論』1959年4月（『社会科学の根本問題』青木書店1966年、所収）
宇野弘蔵編著『経済原論』（経済学演習講座）青林書院1955年、（演習部分のみ『宇野弘蔵著作集』第二巻所収）
宇野弘蔵他「（座談会）『経済政策論』について」1958年、（櫻井毅、山口重克、柴垣和夫、伊藤誠編『宇野理論の現在と論点』社会評論社2010年、所収）
宇野弘蔵「経済学と唯物史観―経済学方法論覚え書―」『経済評論』1959年4月（『宇野弘蔵著作集』第九巻所収）
宇野弘蔵「経済学における原理論と段階論―『金融資本論』における両者の混同について」『思想』1960年7月、（『宇野弘蔵著作集』第九巻所収）
宇野弘蔵「梅本克己氏の批評に答える」『日本読書新聞』1965年1月18日
宇野弘蔵「『資本論』と弁証法」『岩波講座　哲学』Ⅰ、1967年（『宇野弘蔵著作集』第四巻所収）
宇野弘蔵『経済政策論・改訂版』弘文堂1971年、（『宇野弘蔵著作集』第七巻所収）
宇野弘蔵『経済学方法論』東京大学出版会1962年、（『宇野弘蔵著作集』第九巻所収）
宇野弘蔵『経済学の方法』〈経済学ゼミナール(1)〉法政大学出版局1963年
宇野弘蔵他「（座談会）経済学の方法について」1963年、（宇野弘蔵『「資本論」と私』御茶の水書房2008年、所収）
宇野弘蔵『経済原論』岩波全書1964年、（『宇野弘蔵著作集』第二巻所収）
宇野弘蔵編著『資本論研究』Ⅰ～Ⅴ、筑摩書房1967～68年
宇野弘蔵編著『新訂 経済原論』（現代経済学演習講座）青林書院新社1967年（演習部分のみ『宇野弘蔵著作集』第二巻所収）
宇野弘蔵『経済学を語る』東京大学出版会1967年
宇野弘蔵『資本論五十年』上、下巻、法政大学出版局1970、73年
宇野弘蔵『経済学の効用』東京大学出版会1972年

宇野弘蔵『資本論に学ぶ』東京大学出版会 1975 年
宇野弘蔵・梅本克己共著『社会科学と弁証法』岩波書店 1976 年、こぶし書房 2006 年
宇野弘蔵『『資本論』と私』御茶の水書房 2008 年
宇野弘蔵『宇野弘蔵著作集』第一〜十巻、別巻、岩波書店、1973-74 年
SGCIME 編『グローバル資本主義と段階論』(SGCIME 編【マルクス経済学の現代的課題】第Ⅱ集「現代資本主義の変容と経済学」第２巻) 御茶の水書房 2016 年
榎本正敏『21 世紀社会主義化の時代 過渡期としての現代』社会評論社 2006 年
大内　力『経済学方法論』(『大内力経済学大系』第 1 巻) 東京大学出版会 1980 年
大内　力『「経済学」批判―Ｚ君への手紙―』日本評論社 1967 年
大内　力「国家独占資本主義論ノート」『経済評論』1962 年８月号 (大内『国家独占資本主義』東京大学出版会 1970 年、所収)
大内　力『国家独占資本主義』東京大学出版会 1970 年
大内秀明「転換期の資本主義とオルタナティブ ― 経済学方法序説」、村上和光・半田正樹・平本厚編『転換する資本主義 : 現状と構想』御茶の水書房 2005 年、所収
大内秀明・鎌倉孝夫・林健久・佐伯直美『宇野弘蔵　著作と思想』有斐閣新書 1979 年
大塚久雄「書評　宇野弘蔵著『経済政策論』」『経済学論集』第 7 巻第 11 号 1937 年、(『大塚久雄著作集』第 4 巻、所収)
奥山忠信「宇野理論の形成と展開」馬渡尚憲編『現代資本主義―構造と動態』御茶の水書房 1992 年、所収
小幡道昭『マルクス経済学方法批判―変容論的アプローチ―』御茶の水書房 2012 年
小幡道昭「宇野理論とマルクス」鶴田満彦・長嶋誠一編『マルクス経済学と現代資本主義』桜井書店 2015 年、所収
小幡道昭「段階論からみた原理論」SGCIME 編【マルクス経済学の現代的課題】第Ⅱ集「現代資本主義の変容と経済学」第 2 巻『グローバル資本主義と段階論』御茶の水書房 2016 年、所収
梯　明秀『ヘーゲル哲学と資本論』未来社 1950 年
梯　明秀『資本論への私の歩み』現代思想社 1960 年
加藤栄一「現代資本主義の歴史的位置―『反革命』体制の成功とその代価」『経済セミナー』1974 年 2 月、(『現代資本主義と福祉国家』ミネルヴァ書房 2006 年、所収)
加藤栄一「現代資本主義論の視角」『経済学批判』第 1 号 1976 年、(『現代資本主

義と福祉国家』所収）
加藤栄一「資本主義の発達と国家―帝国主義段階における国家の役割―」大内秀明・柴垣和夫編著『現代の国家と経済』有斐閣 1979 年、（『現代資本主義と福祉国家』所収）
加藤栄一「組織資本主義論と現代資本主義」『経済評論』1979 年 7 月、（『現代資本主義と福祉国家』所収）
加藤栄一「福祉国家と社会主義」『社会科学研究』第 38 巻第 5 号 1987 年、（『現代資本主義と福祉国家』所収）
加藤栄一「何に向かっての過渡か」『UP』1988 年 5 月、（『現代資本主義と福祉国家』所収）
加藤栄一「西ドイツ福祉国家のアポリア―社会給付の『効率化』と年金改革論」東京大学社会科学研究所編『転換期の福祉国家（上）』東京大学出版会 1988 年、『福祉国家システム』所収。
加藤栄一「現代資本主義の歴史的位相」『社会科学研究』第 41 巻第 1 号 1989 年、『現代資本主義と福祉国家』所収
加藤栄一「福祉国家と資本主義」工藤章編『20 世紀資本主義Ⅱ　覇権の変容と福祉国家』東京大学出版会 1995 年、（『現代資本主義と福祉国家』所収）
加藤栄一「20 世紀福祉国家の形成と解体」加藤栄一・馬場宏二・三和良一編『資本主義はどこへ行くのか　二十世紀資本主義の終焉』東京大学出版会 2004 年、（『現代資本主義と福祉国家』所収）
加藤栄一「福祉国家システムの再編」、『福祉国家システム』ミネルヴァ書房 2007 年、所収
加藤栄一『現代資本主義と福祉国家』ミネルヴァ書房 2006 年
加藤栄一『福祉国家システム』ミネルヴァ書房 2007 年
金子　勝「段階論と『世界市場』像の再検討―イギリス綿業の資本蓄積と植民地インド―」『社会科学研究』第 34 巻第 6 号 1983 年
鎌倉孝夫『経済学方法論序説』弘文堂 1974 年
鎌倉孝夫「経済学における論理と歴史」林健久・佐々木隆雄編『マルクス経済学・論理と分析』時潮社 1985 年、所収
上条　勇『ヒルファディングと現代資本主義―社会化・組織資本主義・ファシズム―』梓出版社 1987 年
河村哲二・柴田徳太郎編『現代世界経済システム〈変容と転換〉』東洋経済新報社 1995 年
河村哲二『パックス・アメリカーナの形成』東洋経済新報社 1995 年
河村哲二「グローバル資本主義の歴史的位相」、SGCIME 編『グローバル資本主義と段階論』御茶の水書房 2016 年、所収
木村一朗「『資本主の最高段階』の意味するもの――つの問題提起―」、武田隆夫・

遠藤湘吉·大内力編『資本論と帝国主義論』下、東京大学出版会 1971 年、所収
黒田寛一『宇野経済学方法論批判』増補新版、こぶし書房 1993 年
五味久壽編『岩田弘遺稿集』批評社 2015 年
向坂逸郎「経済政策論の對象―宇野弘蔵君の近著を讀みて」『帝国大学新聞』第 629 號、1936 年 6 月 8 日
向坂逸郎『日本資本主義の諸問題』初版 1937 年、黄土社 1947 年
桜井毅・降旗節雄・森恒夫・渡辺寛編『経済学批判』(報告と討論―宇野理論の成果と今後の課題) 宇野弘蔵追悼号、社会評論社 1977 年
桜井　毅「古典経済学の方法と歴史主義的批判」『武蔵大学論集』第 35 巻第 1 号 (1987 年)(『イギリス古典経済学の方法と課題』ミネルヴァ書房 1988 年、所収)
桜井　毅「ジェームズ・ミルとリカード理論の形成」『武蔵大学論集』第 23 巻第 1・2・3 合併号 1975 年、(『イギリス古典経済学の方法と課題』所収)
桜井　毅「ジョン・S・ミルの経済学の方法」『社会科学の方法』(御茶の水書房) 第 12 巻第 9 号 1979 年、(『イギリス古典経済学の方法と課題』所収)
櫻井　毅「経済学の有効性と方法論の提起― J.S. ミルの場合―」『武蔵大学論集』第 37 巻第 3・4・5 合併号 (1990 年)、(『経済学史研究の課題』御茶の水書房 2004 年、所収)
櫻井　毅「エンゲルスの経済学と『マルクス経済学』」Ⅰ、Ⅱ、『武蔵大学論集』第 43 巻第 3 号 1996 年、第 45 巻第 3 号 1998 年、(『経済学史研究の課題』、所収)
櫻井　毅「宇野理論から見た現代資本主義」、野口雄一郎編著『セミナー経済学教室11.・現代資本主義』日本評論社 1976 年、(『宇野理論と資本論』有斐閣 1979 年、所収)
櫻井　毅「1870 年代と古典経済学の危機」『武蔵大学論集』27 巻 3・4・5 合併号 1979 年、(『イギリス古典経済学の課題と方法』、所収)
櫻井　毅「報告・資本主義の自己組織化について」(『経済学を歩く』新読書社 2003 年、所収)
櫻井　毅『資本主義の農業的起源と経済学』社会評論社 2009 年
櫻井毅・山口重克・柴垣和夫・伊藤誠編著『宇野理論の現在と論点　―マルクス経済学の展開』社会評論社 2010 年
櫻井　毅「ヴィクトリア時代における経済学の展開と女性の立ち位置」、清水敦·櫻井毅共編著『ヴィクトリア時代におけるフェミニズムの勃興と経済学』御茶の水書房 2012 年、所収
櫻井　毅「覚書・『資本の商品化』にひそむ論点―宇野純粋資本主義論に関連して―」『武蔵大学論集』第 63 巻第 1 号 2015 年

櫻井　毅「宇野経済学方法論に関する覚書」（上）『武蔵大学論集』第64巻第3・4合併号2017年
佐々木憲介「宇野理論の科学論的考察」、馬渡尚憲編『現代の資本主義―その構造と動態』御茶の水書房1992年、所収
佐藤金三郎『「資本論」と宇野経済学』新評論1968年
重田澄男『マルクス経済学方法論批判』有斐閣1975年
柴垣和夫「唯物史観と段階論」鈴木鴻一郎編『マルクス経済学の研究』下、東京大学出版会1968年、柴垣和夫『社会科学の論理』東京大学出版会1979年、所収
柴垣和夫「第二部 討論」、『経済学批判―宇野弘蔵追悼号』1977年
柴垣和夫「宇野理論と現代資本主義論」（櫻井・山口・柴垣・伊藤編『宇野理論の現在と論点』所収）
清水正徳・降旗節雄編『宇野弘蔵の世界ーマルクス理論の現代的再生』有斐閣1983年
菅原陽心「中間理論としての段階論の課題と方法」、SGCIME編【マルクス経済学の現代的課題】第Ⅱ集「現代資本主義の変容と経済学」第2巻『グローバル資本主義と段階論』2016年、所収
杉浦克己「段階論の方法」、武田・遠藤・大内編『資本論と帝国主義論』下、岩波書店1971年、所収
杉浦克己「〈経済学の段階論〉の再検討」、山口重克編『市場システムの理論』所収
鈴木鴻一郎「帝国主義論と原理論―帝国主義論の方法について」、中村常次郎他編『世界経済分析』岩波書店1962年、所収
鈴木鴻一郎編著『経済学原理論』上下、東京大学出版会、上1960年、下1962年
鈴木鴻一郎・伊藤誠「経済学原理論」、『経済学研究入門』、東京大学出版会1967年
鈴木鴻一郎編著『セミナ―経済学教室１・マルクス経済学』日本評論社1974年
鈴木鴻一郎「宇野理論の方法」『経済評論』1977年7月号
関根友彦『経済学の方向転換』東信社1995年
武田隆夫「原理論と帝国主義論」、『経済学論集』第29巻3号1963年
武田隆夫「『原理論と帝国主義論』についての再論」、武田・遠藤・大内編『資本論と帝国主義論』下、所収
侘美光彦『世界資本主義―「資本論」と帝国主義論』日本評論社1980年
塚本　健「宇野段階論の再検討」、『経済学批判』第7号1979年
柘植徳雄「経済政策の展開方法」『研究年報・経済学』第75巻第4号2017年
対馬忠行『日本資本主義論争史論』黄土社1947年
同志社大学人文科学研究所「帝国主義論の方法―諸理論の分析と展望―」『社会

科学』別冊 1969 年
戸原四郎「『資本論』と修正主義論争—蓄積論を中心にして」『経済学論集』第33 巻第 3 号 1967 年
戸原四郎「第二部 報告」『経済学批判—宇野弘蔵追悼号』1977 年
戸原四郎「宇野段階論は躓きの石か」、『経済学批判』第 8 号 1980 年
新田俊三「戦後フランス資本主義の組織化とその問題点」『経済学批判』第 1 号、1976 年
新田　滋『段階論の研究』御茶の水書房 1998 年
野呂栄太郎『日本資本主義発達史』鉄塔書院 1930 年
馬場宏二「現代資本主義論序説」、『現代資本主義の透視』東京大学出版会 1981 年、所収
馬場宏二『富裕化と金融資本』ミネルヴァ書房 1986 年
馬場宏二『もう一つの経済学—批判と好奇心—』御茶の水書房 2005 年
馬場宏二「資本主義の来し方行く末」、『もう一つの経済学』御茶の水書房 2005 年、所収
馬場宏二「『経済政策論』の成立」、櫻井・山口・柴垣・伊藤編『宇野理論の現在と論点』社会評論社 2010 年、所収（馬場著『宇野理論とアメリカ資本主義』御茶の水書房 2011 年、所収）
馬場宏二『宇野理論とアメリカ資本主義』御茶の水書房 2011 年
林　健久『財政学講義』東京大学出版会 1987 年
林　健久『福祉国家の財政学』有斐閣 1992 年
日高普編『講座／戦後日本の思想、第 2 巻〈経済学〉』現代思想社 1962 年
日高普・降旗節雄・林健久・渡辺寛・櫻井毅・鈴木博著『日本のマルクス経済学』上下、青木書店 1967、1968 年
日高普・清水正徳・降旗節雄（座談会）「宇野弘蔵が哲学に残したもの」、『経済学批判』第 12 号、1983 年
日高　普「段階論の効用—時永に—」『経済志林』第 59 巻 1 号、1991 年 6 月
日高　普「段階論の効用は何か」『経済志林』第 59 巻 3 号、1991 年 12 月
藤井洋「国家独占資本主義としてのニューディール」『社会科学研究』1952 年 7 月、（降旗節雄編　宇野弘蔵・藤井洋著『現代資本主義の原型』こぶし書房 1997 年、所収）
降旗節雄「宇野経済学」『現代マルクス＝レーニン主義事典』上、社会思想社、1980 年、所収
降旗節雄「経済学と時間」林健久・佐々木隆夫編『マルクス経済学・論理と分析』時潮社 1985 年、所収
降旗節雄編『クリティーク経済学論争』社会評論社 1990 年
降旗節雄・伊藤誠編著『マルクス理論の再構築—宇野経済学をどう活かすか』社

会評論社 2000 年
降旗節雄「宇野理論と『国家独占資本主義』論」『社会科学のために』時潮社 1976 年春季号
降旗節雄『昭和マルクス理論・軌跡と弁証』社会評論社 1989 年
降旗節雄『降旗節雄著作集』第 2 巻〈宇野経済学の論理体系〉、社会評論社 2001 年
保住敏彦『ヒルファディングの経済理論―金融資本・帝国主義・組織資本主義をめぐって―』梓出版社 1984 年
松井安信編『金融資本論研究』(第Ⅲ篇第 2 章「論争点」第 5 節「『金融資本論』と『組織された資本主義』論」) 北海道大学図書刊行会 1983 年
見田石介「宇野弘蔵氏のいわゆる原理論と段階論について」、『宇野理論とマルクス主義経済学』青木書店 1968 年
薮田正喜「(構造主義) と宇野理論」『経済学批判』第 12 号、1983 年
山口重克『資本論の読み方〈宇野弘蔵に学ぶ〉』有斐閣 1983 年
山口重克『経済原論講義』東京大学出版会 1985 年
山口重克「段階論の理論的必然性」、山口編『市場システムの理論: 市場と非市場』御茶の水書房 1992 年、所収
山口重克「小幡道昭の宇野理論批判」、櫻井・山口・柴垣・伊藤編著『宇野理論の現在と論点』所収
山口重克「マルクス恐慌理論の全体像と今日的有効性」、『季刊 経済理論』第 51 巻第 3 号、2014 年
山口重克編『市場システムの理論：市場と非市場』御茶の水書房 1992 年
山口重克『価値論・方法論の諸問題』御茶の水書房 1996 年
山口重克『類型論の諸問題』御茶の水書房 2006 年
山田盛太郎『日本資本主義分析』岩波書店 1934 年
山本道夫「宇野理論の構造―科学論としての問題点」『経済学批判』第 12 号、1983 年
横川信治「管理資本主義の発展と崩壊」『武蔵大学論集』第 45 巻第 2 号 1997 年、横川信治・野口真・伊藤誠共編著『進化する資本主義』日本評論社 1999 年、所収

【引用・参考文献（外国語)】

Albritton, Robert , *A Japanese Approach to Stages of Capitalist Development, Macmillan, Basingstoke,* 1991. 永谷清監訳『資本主義発展の段階論』社会評論社 1995 年

Barshay,Andrew E. , *The Social Sciences in Modern Japan : The Marxian and Modernist Traditions,* University of California Press 2004.　山田鋭夫訳『近代日本の社会科学―丸山眞男と宇野弘蔵の射程―』NTT 出版、2007 年

Berle,Adolf A. and Gardiner C. Means, *The Modern Corporation & Private Property*, Harcourt,Brace & World,Inc.,1932,New Ed.,Transaction Publishers,New Brunswick, 1991. 森杲訳『現代株式会社と私有財産』北海道大学出版会 2014 年

Bernstein,Eduart：*Die Voraussetzungen des Sozialismus und die Aufgabe der Sozialdemokratie*,1899.　戸原四郎訳『社会主義の前提と社会民主党の任務』、『世界大思想全集（社会・宗教・科学思想篇)』15、河出書房 1960 年、所収

Bogdanoff, A. : *A Short Course of Economic Science, Devised and Supplemented by S. M. Dyolaitsky in conjunction with the Auther*, Translated by J. Feinberg, Communist Party of Great Britain, London,1923.　林房雄・木村恭一訳『経済科学概論』改造文庫、1930 年

Harris,A.l. : Pure Capitalism and Disappearance of the Middle Class, *Journal of Political Economy*, Vol.Ⅶ No.3, 1939

Hilferding,Rudolf : *Das Finanzkapital : Eine Studie über die jüngste Entwicklung des Kapitalismus* (1910) , Dietz Verlag,1955,.　岡崎次郎訳『金融資本論』上中下、岩波文庫

Hilferding,Rudolf : Arbeitsgemeinschaft der Klassen? , *Der Kampf*, 5.,1915

Kautsky,Karl : *Bernstein und das sozialdemokratische Programm*, 1899. 山川均訳『マルキシム修正の駁論』『世界大思想全集』第 47 巻 , 春秋社 1928 年、所収

Kautsky,Karl : Der Imperialismus, *Die Neue Zeit*,11,1914.　波多野真訳『帝国主義論』創元文庫

Keynes, J.N. :*The Scope and Method on Political Economy,* 4th ed., London1917. 浜田恒一訳『経済学の領域及び方法』春秋社松柏館 1940 年

Keynes,J.M.：*The General Theory of Employment Interest and Money, The Collected Writings of J.M.Keynes*,Vol.Ⅶ, Cambridge University Press, 1973.　山形浩生訳『ケインズ　雇用、利子、お金の一般理論』講談社学術文庫

Hilferding,R. : *Der moderne Kapitalismus*.　倉田稔・上条勇編訳『現代資本主義論』新評論 1983 年

Lapavitsas,Costas : *Profiting without Producing : How Finance Exploits Us All*, VERSO, 2013. 斉藤美彦訳『金融化資本主義：生産なき利潤と金融による搾取』日本経済評論社 2018 年

Lenin,V.I. : *Der Imperialisms als Höchstes Stadium des Kapitalismus*, *Bücherei des*

Marxismus=Leninsmus, Bd.14,1951. 宇高基輔訳『帝国主義』岩波文庫

Marcet,Jane : *Coversations on Political Economy, in which the elements of that Science are familiarly explained*, 5th ed., Longman,Hunt,Rees,Brown & Green,1826.

Marshall,Alfred : *Principles of Economics*,(1st.ed.1891),9th.ed.Mcmillan and Co.Ltd. 馬場啓之助訳『経済学原理』東洋経済新報社 1965 年

Martineau,Harriet:*Illustrations of Political Economy* (25pts,9vols, first printed monthly),Charls Fox,1832-34

Marx,Karl : *Grundrisse der Kritik der politischen Ökonomie*, Dietz Verlag 1953.　高木幸二郎監訳『経済学批判要綱』Ⅰ～Ⅴ、大月書店

Marx,Karl : Vorwort,Zur *Kritik der Politischen Ökonomie*,1859, *Marx=Engels Werke*, Bd.13.　大内兵衛・細川嘉六監訳『マルクス＝エンゲルス全集』大月書店、第 13 巻

Marx,Karl : *Das Kapital*,　Buch Ⅰ, Erste Aufl., Verlag von Otto Meissner, Hamburg,1867. 江夏美千穂訳『初版 資本論』幻燈社書店 1983 年 .

Marx, Karl : *Das Kapital,* Buch Ⅰ~Ⅲ,1867~1894,*Marx=Engels Werke*,Bde.23,24,25.『マルクス＝エンゲルス全集』第 23,24,25 巻

Marx,Karl : *Le Capital*, Maurice Lachatre 1872. 江夏美千穂・上杉聰彦訳『フランス語版資本論』上下、法政大学出版局 1979 年

Marx,Karl : Ein Brief von Marx an Engels, *Marx=Engels Werke* Bd.29,『マルクス＝エンゲルス全集』第 29 巻

Mill,James: Whether Political Economy is Useful? : A Dialogue between A and B, *The London Review* Vol.Ⅱ No.4,　1836.　櫻井毅訳「経済学は役に立つのか」『武蔵大学論集』64 巻 1 号、2016 年

Mill,J.S.: On the Definition of Political Economy and on the Method of Investigation Proper to It, *Essays on Some Unsettled Questions of Political Economy*,Parker1844. (J.M.Robson ed.*Collected works of J.S.Mill*,Vol.Ⅳ,Toronto University Press、1967). 末永茂喜訳『経済学試論集』岩波文庫、所収

Mill,J.S. : *A System of Logic: Ratiocinative and Inductive*,Parker1843　*Collected Works of J. S. Mill*, Vols.Ⅶ-Ⅷ, 1973,1974. 大関將一・小林篤郎訳『論理学体系』⑴～⑹、春秋社、1949~59 年

Mill,J.S. : Miss Martineau's Summary of Political Economy,Monthly Repository,Ⅷ,1834, *Collected Works of J.S.Mill*,Vol.Ⅳ, 1967.　熊谷次郎訳「マーティノーの経済学」、杉原四郎・山下重一編『J・S・ミル初期著作集（二）』御茶の水書房、所収

Peyrelevade,Jean: *Le Capitalisme Total*, Editions du Seuel et la Republique des Idees,2005. 宇野彰洋／山田雅俊監修／林昌宏訳『世界を壊す金融資本主義』NTT 出版 2007 年

Piketty, Thomas: *Le Capital au 21e siècle*, Seuil,2013. 山形浩生・守岡桜・森本正史訳

『21世紀の資本』みすず書房2014年
Ramsay, George : *An Essay on the Distribution of Wealth*, Adam and Charles Black, Edinburgh, 1836
Ricardo,David :*On the Principles of Political Economy and Taxation*, John Murry, London,1st ed.1817,3rd ed.1821, Piero Sraffa ed.,*The Works and Correspondence of David Ricardo*,Vol.1, Cambridge University Press,1951 堀経夫訳『経済学および課税の原理』、『リカードウ全集』1, 至誠堂1972年
Ricardo,David: A Letter of Ricardo to Malthus (22.Oct.1811)、*The Works and Correspondence of David Ricardo*, Vol.VI. 中野正監訳『リカードウ書簡集』、『リカードウ全集』VI, 1970年
Ricardo,David : A Letter of Ricardo to Malthus（18.Dec.1814）*The Works and Correspondence of David Ricardo*, Vol.VI. 中野正監訳『リカードウ書簡集』、『リカードウ全集』VI、1970年
Samuelson,Paul A. :*Economics*, 3rd Edition , McGraw-Hill,Inc1955. 都留重人訳『経済学』原書第三版、岩波書店1956年
Sombart, Werner：*Der modern Kapitalismus* 2Bde. Dunker und Humblot,Leipzig1902.
Sweezy,Paul,M.:*The Theory of Capitalist Development* (1942) Denis Dobson Limited, London,1946. 都留重人訳『資本主義発展の理論』新評論1967年
Winkler, Heinrich August, hrsg. : *Organisierter Kapitalismus*, Vandenhoeck & Ruprecht,Göttingen,1974. 保住敏彦・近藤潤三・丸山敬一・後藤俊明・川野裕康訳『組織された資本主義』名古屋大学出版会1989年
Zieschang, Kurz : Zu einige theoretischen Problemen des staatsmonopolistischen Kapitalismus in Westdeutschland, Deutsche Akademie der Wissenschaften zu Berlin, *Probleme der politischen Ökonomie*, 1957. 玉垣良典訳「国家独占資本主義の若干の理論的問題」、井汲卓一編『国家独占資本主義』大月書店1958年、所収